《湘江法律评论》编委会

湘江法律评论

XIANGJIANG FALÜ PINGLUN（DI 16 JUAN）

（第16卷）

主编：黄明儒

执行主编：周青山

编辑：肖锋 李锦 覃斌武
林艺芳 李兰

本卷执行编辑：林艺芳

中国政法大学出版社

2020·北京

图书在版编目（ＣＩＰ）数据

湘江法律评论. 第16卷/黄明儒主编. —北京：中国政法大学出版社，2020.12
ISBN 978-7-5620-9782-2

Ⅰ.①湘…　Ⅱ.①黄…　Ⅲ.①法律一文集　Ⅳ.①D9-53

中国版本图书馆CIP数据核字(2020)第241216号

- -

出 版 者　　中国政法大学出版社
地　　址　　北京市海淀区西土城路 25 号
邮　　箱　　fadapress@163.com
网　　址　　http://www.cuplpress.com (网络实名：中国政法大学出版社)
电　　话　　010-58908435(第一编辑部) 58908334(邮购部)
承　　印　　保定市中画美凯印刷有限公司
开　　本　　720mm×960mm　1/16
印　　张　　17.25
字　　数　　328 千字
版　　次　　2020 年 12 月第 1 版
印　　次　　2020 年 12 月第 1 次印刷
印　　数　　1～1500 册
定　　价　　66.00 元

主编絮语

　　美国著名法理学家 E. 博登海默指出:"我们的历史经验告诉我们,任何人都不可能根据某个单一的、绝对的因素或原因去解释法律制度。一系列社会的、经济的、心理的、历史的和文化的因素以及一系列价值判断,都在影响着和决定着立法和司法。"法治国家的建设历来都不是形而上的,其既需要立足于当前的经济社会现实,又需要从该国以及其他国家以往的历史发展中汲取营养,使立法与司法活动具备充足的实践基础,进而做到有的放矢。本期在法律文化与法律史专题中收录的目前仅有一篇文章,尽管有点遗憾,但该栏目依然予以保留,这篇有关战后日本解释修宪是非的文章,本着它山之石可以攻玉之旨意,探讨外国法律制度的发展变迁,可以为当代中国的法治建设提出可作参考的经验遵循与文化价值指引。

　　近年来,随着刑法参与社会治理程度与范围的不断加深与扩展,对犯罪现象的有效治理、对平稳社会秩序的维护以及对公民合法权益的保护逐渐成为国家治理的重要领域,刑事法律正逐渐扮演治国重器的关键角色。在本期收录的三篇刑法学论文中,既有讨论涉及刑法修正中的犯罪化与非犯罪化这种犯罪圈划定的宏观之作,也有从微观着眼,探讨刑法中前构成要件行为的体系构建以及在死刑案件中引入无效辩护制度等具体问题的文章,宏观与微观相结合,理论建构与实践答疑相呼应,为我国刑事法研究的发展贡献了自己的力量。

　　2020 年 5 月,《民法典》的出台是我国法治建设过程中具有里程碑意义的重要事件,整体来看,民事权利成为贯穿《民法典》始终的一条红线,这全面展现了《民法典》权利法的特质。在所有的民事权利中,自然人的生命健康权具有基础性地位,我国《民法典》第 1002—1004 条专门规定了自然人的生命、身体和健康受法律保护,任何组织或者个人都不得侵害他人的生命权、身体权和健康权。在本期民商法专题部分收录的三篇文章中,有两篇分别以食品电商平台的民事责任和食品消费惩罚性赔偿中公私益诉权的协调为切入点，深入讨论了食品安全的法律保护问题。另有李博、殷洁芳的《论留置权不适用于房屋租赁合同》一文，从实务的角度对房屋出租人是否享有留置权的认定及处理问题作了初步探索。

此外，作为较为重要的两个部门法律，刑民交叉问题历来都是不同法律思维的碰撞之地，成为学术研究的重镇。在本期收录的四篇刑民交叉论文当中，涉及的主题较为广泛，既有关于诸如"一物多卖"拒不返还财产等经典问题的讨论，也有关于近些年出现的"套路贷"相关问题的分析，张永江、曹岚欣和李树帅等的论文还分别讨论了刑民交叉案件中被害人的保护、诈骗罪与善意取得共存的困境与出路等问题，这些论文都兼具理论性、实践性和针对性。

本期收录的国际法学、体育法学的论文以及法学译文皆颇具见识且研究主题聚焦，蔡高强、蔡鎏的《论中国航天产品贸易法律制度的构建》一文从中国构建航天产品贸易法律制度的缘起入手，介绍了中国构建航天产品贸易法律制度的现实困境与摆脱困境应然的路径选择，其核心观点是，中国现阶段要想稳健完成从航天大国向航天强国的转变，加速推进构建航天产品贸易法律制度的进程来改变航天产品贸易滞后发展的现状是重中之重；焦园博、唐熳婷的《论美国航天服务贸易法律规范》一文认为，当前在探索与利用外层空间方面，美国一直占据国际领先位置，其航天立法紧跟国内航天发展的步伐，为美国的航天发展提供制度保障与支持，它的经验对于国际航天服务合作与发展以及对我国航天服务贸易领域的发展都具有重要的参考价值；周青山的《美国职业体育领域知识产权的法律保护及启示》一文将目光聚焦于美国职业体育领域知识产权的法律保护及其启示，指出对于职业体育而言，所涉及的主要知识产权法律问题包括商标的法律保护、运动员形象权的法律保护、赛事转播权的法律保护等。美国是世界上知识产权保护比较严格的国家，也是职业体育非常发达的国家，其对职业体育领域知识产权的保护对我们开展体育知识产权的保护具有一定的启示。此外，域外法学的译文《美国〈教育修正案〉第九章对跨性别学生运动员的保护》对于帮助我们了解美国的跨性别学生运动员的法律保护问题大有裨益。

新中国能够在成立几十年后便取得法治建设的长足发展，正是一代代心怀国家发展、热爱法学研究、充满钻研与奉献精神的法学人不断探索的结果。正如人民教育家高铭暄教授所说的，"我所做的一切，就是希望推动法治中国建设，保障国家安全、社会稳定，让人民权利得到保障……今后我还要继续做好本职工作，和法学界同仁一道，努力推动法学体系不断发展完善，为我国法学的发展作出新的贡献"。岁月转换之间，前辈与长者的谆谆教诲、悉心指导既是后辈开启学术之路的指路明灯，也是一种常伴左右的鞭策，督促青年学子不断进步。本期法意人生专题部分，湘江法律评论编辑部特委托西南政法大学的张运昊、张博等同学分别对获得中国行政法学"杰出贡献奖"的王连昌教授以及获得中国行政法学"从事行政法学教研三十年荣誉奖"的贺善征教授进行了专访。从专访的内容来看，两位教授都非常重视（行政）法学知识的本土化构建与运用，解决中国问题、形成中国特色，既有助于青年学子找到正确的学术发展方向，也对未来法学教育的发展具有积极的指导意义。

本卷末收录书评三篇，分别是吴汉东的《云计算专利法律领域的开拓性力作——评〈云计算专利法律问题研〉》、黄丽颖的《达玛什卡的司法程序模式与中国刑事诉讼模式——读〈司法和国家权力的多种面孔〉》与李熠的《比较法的范式转换及其多领域应用——读威廉·B. 埃瓦尔德〈比较法哲学〉》。莎士比亚早有名言，"一千个读者眼中就会有一千个哈姆雷特"，同一本书、同一篇文章，不同的读者阅读学习之后完全可能得出不同的、甚至完全相反的观点与看法，那么书评的意义又在何处？一方面，在当前浩如烟海的文献"海洋"中，书评能够帮助我们把最耀眼的几朵浪花撷取出来，使我们或能够享受前沿法律知识带来的思维冲击，或能够了解经典法学著作的写作背景、成书历程与核心主旨；另一方面，虽然说"一千个读者眼中就会有一千个哈姆雷特"，但就个人而言，剩余的九百九十九个哈姆雷特又何尝不是看待同一问题的九百九十九种不同的思路和切入角度，其对于发散思维、培养全面看待问题的能力意义非凡。

从本卷开始，基于领导的信任，决定由我接任主编一职，各种因素导致本卷到现在才面世，我应承担这一责任。希望本卷书稿的出版没有令对《湘江法律评论》寄以厚望的读者诸君与领导失望，并适当弥补时间拖沓带来的遗憾。本卷能够高质量地出版，得益于诸多同事、同仁的鼎力相助，得益于广大作者群体的信任有加，也得益于我们编辑部的各位老师。同时也要感谢中国政法大学出版社阚社长等领导的鼎力支持和艾文婷编辑的辛勤编辑。在此我们对所有对本刊给予支持、关心与帮助的人表达最诚挚的感谢与崇高的敬意！

《湘江法律评论》主编　黄明儒

2020 年 9 月 10 日

目录
CONTENTS

法律文化与法律史专题

战后日本解释修宪的是非

◎赵立新*

日本战后制定的《日本国宪法》在第十章用 3 个条文（第 97、98、99 条）规定了宪法的"最高法规"性，[1] 又在第 96 条规定了宪法的严格修改程序，即"本宪法的修订，须经各议院全体议员三分之二以上赞成，由国会提议，向国民提出，并得其承认。此种承认须在特别国民投票或国会规定选举时进行的投票中获半数以上赞成（第 1 款）；宪法的修订在经过前项承认后，天皇立即以国民的名义，作为本宪法的组成部分予以公布（第 2 款）"。依据该条款的规定，《日本国宪法》的修改需要经过国会提议、国民投票和天皇公布三个阶段。

与一般法律相比，《日本国宪法》的修改程序可谓非常严格，因此，自该宪法实施以来，其始终没有进行过修改。但这期间，围绕宪法修改问题，日本国内各种政治势力之间展开了长期的，有时甚至是非常激烈的斗争，迄今斗争仍在持续。虽然日本政府全面修改宪法的企图没有达成，但一些宪法条文的规定，如第 9 条 "不得保持战斗力量" 的规定，通过日本政府的解释、议会相关立法，已经逐渐变得空洞化，但该宪法条文本身的存在，毕竟也构成了对日本政府的某种制约。

---

* 作者简介：赵立新（1967—），男，河北故城人，河北师范大学法政与公共管理学院教授，法学博士。

　〔1〕《日本国宪法》第 97 条：本宪法对日本国民所保障的基本人权，是人类经过多年努力争取自由的结果，这种权利在过去几经考验，被确认为现在和将来都是国民不可侵犯的永久权利。第 98 条：本宪法为国家的最高法规，与其各款相违反的法律、命令、诏敕以及关于国务的其他行为之全部或一部，不具效力。日本国缔结的条约及已确立的国际法规，应诚实遵守。第 99 条：天皇或摄政以及国务大臣、国会议员、法官以及其他公务员，负有尊重和维护本宪法的义务。

一、日本政府关于"放弃战争"的解释变迁

对《日本国宪法》所体现的彻底和平主义，一方面，它表明了日本国民对和平的决心，同时也是美国初期占领政策对日本非军事化和民主化强大推进的表现。但是，随着东西方冷战的激化以及中华人民共和国的成立，美国的对日占领政策开始发生变化，即从过去压制日本军国主义东山再起转化为利用日本作为阻止共产主义的"堡垒"。因此，以规定不保持一切军备为出发点的宪法第9条体制，随着1950年朝鲜战争的爆发、1951年《日美安全保障条约》的缔结和1954年自卫队的建立出现了重大变化。

在宪法制定后的初期，日本政府对"放弃战争"的解释是包括自卫战争在内，但在1950年，随着朝鲜战争的爆发，驻日美军大量调往朝鲜，使日美关系逐渐缓和。麦克阿瑟在给时任日本首相吉田茂的信中，承认日本有防卫本国的权力，他要求日本建立75 000人的"警察预备队"，并增加海上保安厅人员8000人。在美国的允许和指导下，同年8月，日本建立警察预备队，从而为日本的再军备迈出了第一步。[1] 关于警察预备队的设立目的，《警察预备队法》第1条曾说，"为维护我国的和平和秩序，保障公共利益，在必要的限度内，补充国家地方警察和自治体警察的警察力量"，"警察预备队的活动应该限制在警察的任务范围之内"。但实际上，无论从装备还是训练上看，这都是一支地地道道的军队。

1952年4月，《旧金山对日和平条约》和《日美安全保障条约》生效，从此，美军结束了对日本公开的军事占领和全面控制，日本获得了政治和外交的自主权。同年7月，日本政府改警察预备队为保安队和警备队，并扩大了其规模。与此同时，日本政府关于宪法第9条的解释也发生了变化。日本政府在1952年11月公布的"有关战争力量的统一见解"规定：宪法第9条所禁止的是保持"战争力量"，而"战争力量"是指具备能够完成现代战争程度的装备和编制，其标准必须根据该国所处的时间和空间环境作具体判断；宪法第9条第2款所说的"保持"是指我国是保持的主体，美国驻军是在保卫我国，这是美国为此而保持的军队，所以与宪法第9条不发生关系，保安队与警备队不相当于"战争力量"。[2] 在这里日本政府的目的不言自明。

1954年7月，日本政府公布了"防卫二法"，即《防卫厅设置法》和《自卫队法》，并以此为基础建立了自卫队，即改保安队为陆上自卫队，警备队为海上自卫队，并新设航空自卫队，从而确立了真正的陆、海、空三军体制。对自卫队

〔1〕〔日〕浦部法穂：《（新版）宪法学教室》，日本评论社1996年版，第145页。
〔2〕〔日〕宫泽俊义：《日本国宪法精解》，董璠舆译，中国民主法制出版社1990年版，第145～146页。

的任务，该法第 3 条规定，"以在遭受直接或间接的侵略时进行防卫为主要任务，必要时，担当起维护公共秩序的责任"，这就从正面表明了，自卫队不是维持国内治安的"警察"，而是"抵抗外敌"的"军队"，日本政府对宪法的解释也改为"为了自卫，保持必要的、最低限度的自卫力不违反宪法"。此后，以 1958 年的第一次防卫整顿计划为开端，日本自卫队走向了不断加强的道路。

20 世纪 60 年代初，右翼代表岸信介在执政时曾扬言，即使日本持有核武器也没关系，但此后的佐藤内阁则发表了日本不拥有、不生产、不引进核武器的所谓"非核三原则"。1971 年，日本众议院通过了"非核三原则"。与此同时，日本国内围绕宪法修改进行了激烈的斗争，关于第 9 条的修改与自卫队的设立更是斗争的焦点。尽管由于广大进步势力的斗争，修宪势力未能得逞，但政府的解释和一系列判决，[1] 造成了对自卫队既成事实的承认，从而使宪法第 9 条的含义发生了变化。

20 世纪 90 年代以后，随着苏联及东欧社会主义国家的巨变以及海湾战争的爆发，此前围绕宪法第 9 条的争论虽然还在继续，但争论的状况已发生很大变化，即不再围绕自卫队的存在是否违宪，而是争论自卫队能否被派往海外，在国际上发挥其应有的作用。1992 年，日本议会通过了《联合国维持和平活动合作法》（即"PKO 法案"），该法规定：日本自卫队可以以自卫队员的身份携带武器装备，以部队的形式参加联合国的维和行动，当自卫队员的人身安全受到威胁时，可以用武器自卫。对于自卫队参加联合国的维和行动是否属于宪法第 9 条第 1 款禁止的"武力行使"，日本政府提出了"武力行使"与"武器使用"相区别的论调，并认为，自卫队的活动只要不是和外国军队的武力行使"一体化"就没有问题，[2] 这一论点也为此后一系列法案所继承。

20 世纪 90 年代中期以后，关于日本自卫队海外派兵的法律不断增加。1997年日美确定了"新防卫指针"，此后，日本于 1999 年制定《周边事态法》，2001年制定《恐怖对策特别措施法》，2003 年制定《伊拉克复兴支援特别措施法》（简称《伊拉克特别措施法》）、《武力攻击事态法》，2004 年 6 月制定《国民保护法》《支援美军行动措施法》《特定公共设施等利用法》《限制外国军用品等海上运输法》《自卫队法修改法》《俘虏等处理法》《违反国际人道法行为处罚法》七项法律，即所谓的"有事法制"，从而为在武力攻击事态发生以前构筑日本全国的军事态势提供了法律依据。此后，日本于 2006 年 12 月通过《自卫队海外活动化法》，2007 年 5 月通过《驻日美军整编特别措施法》，2008 年 1 月通过《新

〔1〕 何勤华等：《日本法律发达史》，上海人民出版社 1999 年版，第 66 页。
〔2〕 ［日］小泽隆一：《聚焦宪法》，法律文化社 2008 年版，第 38 页。

供油特别措施法》，2009 年 6 月通过《处罚与应对海盗行为法》。2012 年 12 月安倍第二次上台后，加快了解禁集体自卫权的步伐。于 2013 年 12 月通过《国家安全保障战略》和新"防卫计划大纲"，2014 年 4 月将"武器出口三原则"修改为"防卫装备转移三原则"，同年 7 月 1 日，安倍内阁决定承认"集体自卫权的行使"，此后又制定和修改了相关法案。[1]

这样，通过以上法令和措施，《日本国宪法》的部分内容已经发生了变化，虽然第 9 条仍然存在，但已逐渐变得空洞化。尽管如此，它的存在对日本扩大军事力量仍有一定的限制作用，因此，在今天日本政府的修宪草案中，第 9 条仍是修宪派和护宪派争论的焦点之一。

二、战后关于宪法第 9 条的系列诉讼

日本违宪审查制确立初期，对日本政府建立的作为今自卫队前身的警察预备队，日本社会党曾向最高法院提起违宪诉讼，但被最高法院以不符合受理条件为由驳回了诉讼。该判决虽然最终确立了日本违宪审查制的性质，但对于日本政府借行使自卫权重新武装却没有进行宪法和法律上的判断，客观上纵容了日本政府重新武装的决心。[2] 此后，日本军事力量不断发展，从而构成了对宪法第 9 条的挑战。而关于第 9 条的诉讼也不断出现，通过不同时期各级法院的判决，大体上可以从一个侧面反映日本国内对第 9 条的复杂认识及其变化。

关于第 9 条的第一个主要判决是前述 1959 年最高法院关于涉及美国驻军的"砂川事件"判决。[3] 在该判决中，关于"自卫权"和"战力"问题，最高法院认为：宪法第 9 条关于放弃战争、不保持战力的规定，没有否认我国作为主权国家所固有的自卫权。宪法的和平主义规定并非指不防御、不抵抗，因此，为了维护本国的和平与安全，保持国家领土的完整，国家采取必要的自卫措施是行使其固有权能的当然结果。"宪法所禁止的战力主要指我国作为主体所行使指挥权和管理权的战力，实际上也就是我国自己的战斗力量，外国军队即使驻扎在我国，也不属于宪法所禁止的战力。"以此为基础，最高法院以《日美安全保障条约》属于"具有高度政治性的问题"为由，驳回了被告的违宪主张。

继上述事件后，在 1967 年的"惠庭事件"判决中，札幌地方法院对被告提出的自卫队法及自卫队的存在本身违反宪法第 9 条及前言的问题，没有进行宪法

---

〔1〕〔日〕本秀纪："军事法制的展开与宪法 9 条 2 款的现代意义"，载〔日〕《法学论坛》2015 年 1 月。

〔2〕有日本学者认为：自卫队是否合宪是宪法议论的核心问题，在警察预备队违宪诉讼判决中，最高法院没有就此作出宪法判断，使人产生一种违宪审查形式化的印象。

〔3〕〔日〕最判昭和 34 年（1959）12 月 16 日，《刑事审判集》13 卷 13 号，第 3225 页。

判断，只是以被告破坏的电线等不属于自卫队法所说的军事物资为由，宣告了被告的无罪。因此，虽然就自卫队的合宪、违宪问题，检察机关和辩护方在长达3年多的多次庭审中进行了激烈的争论，学术界也给予了很大的期待，但法院却适用回避宪法判断的方法结束了审判。[1]

正是在上述背景下，1973年札幌地方法院就"长沼事件"作出的违宪判决[2]才格外引人注目。

该事件起因于1968年5月，日本防卫厅计划在北海道长沼町的马追山设立航空自卫队的导弹基地，因当地有国家设立的"水源培养保护林"，为此，农林省决定解除该保护林。当1969年7月正式决定作出后，当地居民迅速向札幌地方法院提起诉讼，要求取消解除决定并停止执行该处分。对该诉讼申请，札幌地方法院经充分审理，于1973年9月7日作出判决（因审判长为福岛重雄法官，故该判决又被称作"福岛判决"），判决在承认了居民请求的同时，就涉及的自卫队问题，指出了自卫队正是宪法第9条第2款所禁止的战争力量，因而是违宪的。

在该案件中，原被告双方就各自的观点展开了激烈的争论。原告认为：①宪法第9条明确规定了放弃作为国权发动的战争和放弃以武力作为解决国际纷争的手段，并不承认国家的交战权，这实际上是宣布放弃一切战争。②自卫队无论从其规模、装备还是能力等方面看，都属于该条所禁止的战争力量，设立导弹基地也是违反宪法规定的，因此解除保护林的行为是无效的。与此相对，被告方则主张：①虽然取消了保护林的指定，但因为设立了其他替代设施，当地居民的利益不会因此而受到侵害，其提起诉讼的要件并不存在。②宪法第9条所禁止的只是侵略战争，并不包括自卫战争。③自卫力量的内容是依据国会、内阁来决定的，属于具有"高度政治性"的问题，因此，不属于司法审查的范围。

针对双方的意见，法院以自卫队是否符合宪法为中心，在充分调查证人并进行法理分析的基础上，基本承认了原告方的主张。

判决主要从五个方面进行了分析：①关于当地居民的利益。该居民的利益是通过森林法予以保护的利益，原告属于行政事件诉讼法所说的"具有法律上的利益者"。设立保护林的目的是保护当地居民的和平生存权，但导弹基地的建立，使该地很容易成为攻击的第一目标，原告为预防和平生存权受到侵害，要求停止执行本件处分符合法益的要求。②关于司法审查。从法治主义来说，不服从司法审查的国家行为只能是例外。关于是否保持军事力量，宪法前言和第9条有明确

---

〔1〕 [日]芦部信喜："法律解释中的回避宪法判断"，载《宪法判例百选》，jurist专刊，第130号，1994年版，第354页。

〔2〕 [日]札幌地判昭和48年（1973）9月7日，《判例时报》712号，第24页。

的法律规定，其解释也应该在客观上确立。本案件仅仅进行单纯的法律判断是不够的，应该积极地进行宪法判断。③关于和平的生存权。和平的生存权产生于和平主义的基本思想，表现为公民个人在和平中生存，并具有追求幸福的权利。因此，宪法第三章各条款，对个别的基本人权进行了具体规定。④关于第 9 条。判决明确指出自卫队是违反宪法的，宪法的和平、民主、人权三原则是一体的，宪法第 9 条第 1 款规定了放弃战争，第 2 款禁止陆海空军和其他战斗力量、完全否认交战权，从而使一切战争都成为不可能。⑤关于自卫队的实际状况。判决在考察了自卫队的发展历程，对其组织、编制及行动的相关法令及自卫队的实际装备、行动进行分析后认为，自卫队相当于"陆海空军"这一战斗力量。因此，判决最后认为：《防卫厅设置法》《自卫队法》都违反宪法第 9 条第 2 款，是无效的。本件解除保护林的处分缺乏森林法所说的"公益上的理由"，是违法的，应予取消。

由于本判决是日本历史上第一次，也是唯一一次作出自卫队违宪的判决，因此，在日本评价很高。在该判决作出几天之后，被告农林省向札幌高等法院提起上诉。二审札幌高等法院没有就自卫队是否符合宪法进行事实审理，就在 1976 年 8 月作出判决，取消了一审判决，驳回了原告的起诉。[1] 二审法院在承认原告适格的同时，不承认以和平生存权为理由所主张的法益，并认为具体替代设施的存在使原告的诉讼利益丧失。对自卫队是否符合宪法的问题，只是在旁论中进行了分析，认为：自卫队的存在是否符合宪法，属于"具有高度政治性的问题"，除非明显地违宪、违法，都不属于司法审查的范围。对判决不服的原告又上诉到最高法院，最高法院没有触及宪法问题，在 1982 年作出了支持二审的判决结论。[2]

"长沼诉讼"在《日本国宪法》史上具有比较特殊的意义。对于自卫队的存在是否符合宪法这一问题，日本政府上下长期处于激烈的争论状态，而法院长期以来也一直回避对这一问题的宪法判断。"福岛判决"可以说是日本反对再军备的进步力量的一次公开表达。正如有学者所说，"它给了日本政府对再军备、加强军事力量政策一次反省的机会"。[3] 但是，由于日本右翼势力的不断增强，在"福岛判决"之后，日本国会成立了"法官追诉委员会"，以福岛法官加入"日本青年法律家协会"，该协会为政治团体，从而违反了限制法官加入政治团体的规定等为理由，试图对福岛法官进行追诉，只是迫于反对呼声，又改为缓期追

---

〔1〕 ［日］札幌高判昭和 51 年（1976）8 月 5 日，《判例时报》821 号，第 21 页。

〔2〕 ［日］最判昭和 57 年（1982）9 月 9 日，民集 36 卷 9 号，第 1679 页。

〔3〕 ［日］浦田贤治："和平的生存权与自卫队"，载《宪法基本判例》，有斐阁 1996 年版，第 182页。

诉，最后不了了之。这反映了日本司法反动化倾向的加强。而在案件上诉到札幌高等法院之后，握有司法行政权的最高法院又迅速更换了该高等法院负责本案件的法官，结果使二审作出了与一审完全不同的判决。

在"长沼判决"之后，虽然日本学界仍存在自卫队违宪的观点，但日本政府大多数实际已经默认了第9条内容的实质变化。[1] 此后争论的焦点也转向了自卫队的核武装、海外派兵、输出武器、引入征兵制等具体的"自卫战力"问题。

与上述事件不同，"百里基地诉讼"[2] 主要涉及宪法第9条与私法关系的问题。该事件起因于自卫队百里基地买用耕地的民事诉讼。双方争论的宪法焦点是：本件买卖合同是否相当于宪法第98条第1款的"关于国务的其他行为"，并因违反宪法第9条而无效；如把本合同视作私人间的私法上的行为，是否可以直接认为因违反宪法而无效。

对此，最高法院判决认为："关于国务的其他行为"，是与同条列举的法律、命令、诏敕具有同一性质的国家行为，换句话说，意味着行使公权力确立法律规范的国家行为……在与私人对等情况下进行的国家行为，没有伴随上述法律规范的确立，因此，不属于"关于国务的其他行为"。

宪法第9条具有宪法规范的性质，其目的不是对私法上的行为效力进行直接限制，它与关于人权的规定一样，不能直接适用于私法行为。当国家不是作为行政主体，而是站在与私人对等的立场上，与私人之间签订私法上的合同时，从该合同订立的经过及内容上看，不存在公权力的发动问题，则不能直接适用宪法第9条。

该判决涉及自卫队的合宪性问题，但与"惠庭事件""长沼事件"不同，该事件主要针对买卖合同这一国家的私法行为。对于第98条第1款的规定，最高法院认为其只限于国家的公权行为，国家的私法行为应该除外。对此，虽有支持的观点，但更多的是批评意见。批评者认为：宪法的拘束力应及于国家的私法行为，考虑到具体情况，可以对其拘束力设定一个差别。而对宪法第9条的直接适用一般予以否认。[3]

进入21世纪后，围绕日本海外派兵的名古屋高等法院判决具有一定的代表性。

2003年3月，美国以伊拉克开发大量破坏性核武器为借口发动了伊拉克战

---

〔1〕 ［日］高野真澄：《现代日本的宪法问题》，有信堂1988年版，第66~67页。

〔2〕 ［日］最判平成元年（1989）6月20日，《民事审判集》43卷6号，第385页。

〔3〕 ［日］浦田一郎："宪法第9条与国家的私法行为"，载《宪法判例百选》，jurist专刊，第130号，1994年版，第361页。

争，为了支援美国的作战，日本政府在同年7月制定了《伊拉克特别措施法》，并以该法为基础，从同年12月开始向伊拉克及相关地区派遣自卫队。对此，日本国内多地就基于《伊拉克特别措施法》派遣自卫队到海外违反宪法第9条提起了诉讼，全国加入原告方的人数达到5800余人，合计形成了800人的律师团。此后，从2004年2月开始，在"名古屋诉讼"中，原日本驻黎巴嫩大使等原告向名古屋地方法院提出了确认向海外派遣自卫队违宪、停止派遣和对侵害原告和平生存权给予各1万日元损害赔偿的诉讼请求。一审名古屋地方法院以确认违宪和停止派遣之诉不合法为由驳回了该起诉。作为二审法院的名古屋高等法院于2008年4月17日作出了上诉人（一审原告）败诉的判决。但是，名古屋高等法院在二审判决中认为：航空自卫队在伊拉克的航空运输活动违反了《伊拉克特别措施法》第2条第2款禁止武力行使和该条第3款活动地区限制在非战斗区域的规定，同时，含有违反宪法第9条第1款的活动。虽然该判决最后没有承认本次派遣侵害了作为上诉人具体权利的和平生存权，最终导出了驳回起诉的结论，但因为承认了自卫队向伊拉克派遣活动的违宪性以及承认了和平生存权的具体权利性，在日本国内被看作"划时代的判决"。而日本政府因为胜诉也没有再上诉，从而使该判决成为确定判决。[1]

---

〔1〕 ［日］辻村良子：《比较中的修宪》，岩波新书2014年版，第154页。

刑事法前沿

犯罪圈的划定：刑法修正中的犯罪化与非犯罪化[*]

◎黄明儒　曹培浩[**]

当立法者以"犯罪"之名禁止某项行为时，国民即失去了为该行为的自由。"犯罪"越多，则国民的自由空间越小，国家权力与公民权利之间的对立也就愈显紧张。因此，从公民权利和自由保障的角度而言，犯罪圈自然是越小越好。但值得注意的是，我们似乎已经迎来了立法的时代。美国刑法学家道格拉斯·胡萨克在评论美国联邦和州刑事司法制度近况时，就将"刑法规模和范围的爆炸性扩张"作为其显著特征之一。[3] 从 20 世纪 80 年代末开始，日本立法机关也打破

＊ 基金项目：本文系国家社科基金项目"风险社会背景下行政犯扩张及其适用限缩研究"（19BFX061）的阶段性成果。

＊＊ 作者简介：黄明儒（1967—），男，湖北监利人，湘潭大学法学院教授，博士生导师，法治湖南建设与区域社会治理协同创新中心平台研究人员；曹培浩（1996—），男，湖南岳阳人，湘潭大学法学院2019 级法律硕士研究生。

〔3〕 参见［美］道格拉斯·胡萨克：《过罪化及刑法的限制》，姜敏译，中国法制出版社 2015 年版，第 1 页。

"沉默"，频繁地修改刑法典与相关法律，立法上呈现出明显的犯罪化倾向。[1]
自 1997 年《中华人民共和国刑法》（以下简称《刑法》）颁行以来，我国在二
十余年内完成了对刑法的十次修正工作，频率之高，入刑范围扩大之宽亦引发了
学界对刑法立法问题的广泛关注。但遗憾的是，我国关于犯罪圈的大小以及刑法
是否过罪化的研究大多是在犯罪化与非犯罪化相互对立的立场上展开的，这忽视
了立法上正常的犯罪化活动与必要的非犯罪化活动之间的相互作用之于构建科
学、合理的犯罪圈的价值。要在法律层面上构建一个既能充分发挥刑法的行为规
制机能、法益保护机能以维护社会秩序，又能切实发挥刑法的人权保障机能以维
护国民自由，国家与国民各得其所的犯罪圈，就不得不以具体的时代和社会为背
景为转移，综合考虑我国立法上的犯罪化和非犯罪化活动。

一、影响犯罪圈大小的两个变量：犯罪化与非犯罪化

近年来，《中华人民共和国刑法修正案（八）》（以下简称《刑法修正案
（八）》）和《中华人民共和国刑法修正案（九）》（以下简称《刑法修正案
（九）》）对我国《刑法》的总则和分则部分进行了相当规模的修改，分则修改
的内容涉及公共安全领域、市场经济秩序领域、人身安全领域、社会管理秩序领
域以及贪污贿赂犯罪。这种立法活动表明了我国刑法的两个面向：其一，回应社
会需求，积极参与社会治理。比如危险驾驶罪、组织出卖人体器官罪和拒不支付
劳动报酬罪的增设所针对的就是治理上的难点、舆论关注的焦点和民生问题的痛
点。其二，刑事政策刑法化，刑法的工具意义凸显。比如污染环境罪的设定，反
恐怖活动系列规范以及有关考试和贪污贿赂相关犯罪的增设和修改都反映了刑法
对刑事政策的迎合。

面对上述变化，学者们在刑法立法应当是非犯罪化还是犯罪化的问题上针锋
相对。持非犯罪化观念的学者分别以刑法的谦抑性、刑法工具主义、法益保护原
则与中国重刑的法律文化等为论据，论证了当前刑法典的过度犯罪化现状和刑罚
权过度扩张的弊端。[2] 主张我国刑法立法应坚持犯罪化导向的学者则从风险社
会与刑法功能、刑罚结构由"厉而不严"向"严而不厉"的结构转变、社会转
型与法益观念转变等方面出发为刑法立法的犯罪化正名，并继而提出了一系列配

---

〔1〕 参见张明楷：《刑法格言的展开》，北京大学出版社 2013 年版，第 175 页。
〔2〕 参见刘艳红："'风险刑法'理论不能动摇刑法谦抑主义"，载《法商研究》2011 年第 4 期；谢
望原："谨防刑法过分工具主义化"，载《法学家》2019 年第 1 期；刘艳红："我国应该停止犯罪化的刑事
立法"，载《法学》2011 年第 11 期。

套的立法思路和技术。[1] 周光权教授更是以"积极刑法观在中国的确立"为题，详细地分析论证了我国当代刑法立法应冲破传统刑法观的束缚，结合社会发展的实际情况并借鉴国外刑事法治经验，以犯罪化为导向，在积极刑法立法观的指导下，于刑法典之外制定一部内容科学合理的轻犯罪法。[2]

然而，犯罪化与非犯罪化尽管是相互对立的两个方向，但这并不意味着二者不可调和。事实上，由刑法规范所构筑的"犯罪圈"永远处在一个动态变化的过程中，行为的犯罪化与非犯罪化是影响犯罪圈规模大小的两个常量。犯罪化与非犯罪化看起来性质相悖，实则相伴相生。英国功利主义大家吉米·边沁在其著作中讨论如何将某些犯罪确定为犯罪时认为，使我们将某行为归为"犯罪"的理由不能是习惯，而只能是具体的规则。[3] 这样一个具体的规则，不论是边沁的"最大多数人的最大幸福"，还是美国刑法学者帕克尔于 1968 年提出的"六项具体标准"，[4] 抑或是我国学者所提出的行为犯罪化的"五个条件"，[5] 对其运用必然产生两个方向的结果，也即行为在符合规则时的入罪和不符合规则时的出罪。立法者的任务是要随着时代的更迭和社会的发展，从刑法规范作用的情况、社会刑事法律事件和公众的法律价值观中敏锐地捕捉刑法信息，利用立法技术对社会失范行为做及时地犯罪化和非犯罪化地处理。刑事和谐状态的达成有赖于犯罪化与非犯罪化的双向作用。及时、科学地犯罪化能够满足社会治理对刑法规范的需求、确立一定的价值导向以及更好的保护国民权益；适时、合理地非犯罪化是国家公权在国民私权领域内的收束，对于确立公民权利、促进公民的自由发展和提高社会的整体活力具有举足轻重的作用。因此，对于立法者而言，刑法修正的正确指导思想应该是在结合社会治理实际情况与刑法理论的基础上，兼顾犯罪化与非犯罪化以建构合适的犯罪圈。

二、犯罪化：未来刑法修正中的主旋律

尽管犯罪化与非犯罪化两者对于构建科学、合理的犯罪圈都有其独特而不可缺失的价值，但我们仍需注意到其二者在具体时期下的主次矛盾表现以便我们提出合时宜的对策或建议。就目前的社会治理状况和刑事法律供给情况而言，我国

---

[1] 参见劳东燕："风险社会与功能主义的刑法立法观"，载《法学评论》2017 年第 6 期；付立庆："论积极主义刑法观"，载《政法论坛》2019 年第 1 期；周光权："积极刑法立法观在中国的确立"，载《法学研究》2016 年第 4 期。

[2] 周光权："积极刑法立法观在中国的确立"，载《法学研究》2016 年第 4 期。

[3] 参见［英］吉米·边沁：《立法理论》，李贵方等译，中国人民公安大学出版社 2004 年版，第 72 页。

[4] 参见张明楷：《外国刑法纲要》，清华大学出版社 1999 年版，第 8 页。

[5] 参见张明楷："论刑法的谦抑性"，载《法商研究（中南政法学院学报）》1995 年第 4 期。

刑法并没有陷入"过罪化"的境地，实际的犯罪圈可能比应然的犯罪圈要小。因此，我国自不必在"过度犯罪化"的议题下担忧。相反，未来的刑法修正工作应当以犯罪化为主旋律，在科学、成熟的立法技术下严密我国的刑事法网。

（一）坚持犯罪化的根据与理由

通过观察刑法修正案可以发现，立法者用增加犯罪行为、扩充犯罪主体和行为对象以及降低现有犯罪的入罪门槛的方式使得我国刑法对社会生活的介入程度大大增加，这反映出了当前刑法修正工作思路中的犯罪化导向。面对刑法的扩张以及刑法立法者的对社会失范行为的犯罪化倾向，一部分学者表达了自己的担忧并认为刑法修正中过度的犯罪化是无益甚至是有害的。对这些观点进行归纳整理，可以发现对犯罪化的质疑主要来自以下几个方面：其一，从刑法谦抑性入手的学者认为，在其他社会治理手段尚未饱和之前就动用刑法进行规制是对刑法之补充性的突破，容易诱发国家刑罚权的不当扩张、增加公权侵害私权的可能。[1]其二，从刑法工具主义切入的学者认为，立法上频繁修改和广泛犯罪化的动作表现了国民和国家的重刑情节，是社会管理者刑法工具主义的体现。持"新刑法工具主义"论点的学者更是认为，在鲜明的犯罪化立法动向之下，"刑法在形式层面上成为国家统治的手段工具，但刑法的应然价值目标并没有被作为实质层面的犯罪化标准"。[2]这样的刑法不过是对政策的回应和对公众刑法心理的满足，外表看似华丽，实则陷入了"象征性刑法"的立法陷阱。[3]其三，从法益角度展开的学者认为，刑法防线的前移造成了法益保护的早期化和法益保护本身的抽象化。刑罚权的扩张针对的不是犯罪的增长，而是人们与日俱增的不安感和工具感。[4]其四，从犯罪圈的限定着笔的学者认为，犯罪圈作为刑法所划定的需要追究刑事责任的危害性行为的范围，随着社会的发展，其在一定范围内的扩张无可厚非，但目前我国刑法修正的结果是犯罪圈的不合理扩张，犯罪率的上升可能与轻微越轨行为入刑有关。[5]其五，从刑事法治环境角度进行观察的学者认为，我国刑法基本上还是偏向于以公正和法治为价值追求的古典主义刑法观的，强调

〔1〕 参见刘宪权："刑事立法应力戒情绪——以《刑法修正案（九）》为视角"，载《法学评论》2016 年第 1 期。

〔2〕 参见魏昌东："新刑法工具主义的批判与矫正"，载《法学》2016 年第 2 期。

〔3〕 参见魏昌东："刑法立法'反向运动'中的象征主义倾向及其规避"，载《环球法律评论》2018 年第 6 期；彭辅顺："回应性刑法修正反思"，载《山东警察学院学报》2019 年第 2 期；刘艳红："象征性立法对刑法功能的损害——二十年来中国刑事立法总评"，载《政治与法律》2017 年第 3 期。

〔4〕 参见储陈城："刑法立法向法益保护原则的体系性回归"，载《刑法论丛》2018 年 2 期；肖扬宇："从'刑法谦抑'到'刑法前移'——我国刑事立法的活性化趋势探析"，载《上海公安高等专科学校学报》2012 年第 5 期。

〔5〕 参见齐文远："修订刑法应避免过度犯罪化倾向"，载《法商研究》2016 年第 3 期。

刑罚权的自我克制。但是晚近刑法修正案的做法带有刑法实证主义的特征，这与目前我国刑法的基本属性不相符合。[1] 另外，针对支持增加大量的轻罪的建议，也有学者从"大国法治"和"小国法治"的差异出发，认为"在当前社会背景下我国刑事立法不可能实现小国法治之下严而不厉的立法模式"。[2]

虽然以上观点中不乏切中要害的有力论述，如刘艳红教授提出的"中国刑事法治道路未必要与德日道路相同"的命题。但是深入剖析这些对立法动向上犯罪化的批判与担忧可以发现，这些论述都是以过罪化为前提的。那么，我国目前的刑法真的过罪化了吗？就此，有学者针对犯罪圈非理性扩张的问题，运用统计学方法在理论上建构了一个犯罪圈的"三环结构"模型，通过该理论工具使得对犯罪圈的研究变得具体可视化。就该研究的结果而言，可知近 20 年来的刑法修正内容绝大部分都落在了犯罪圈"三环结构"的中心，也就是说我国刑法目前并没有过罪化。[3]

那么，我国刑法立法"应该停止犯罪化"吗？答案显然是否定的。刑法作为一种规范而言，"如果要用来正确有效地解决社会问题，就应当显现出与社会不变的同一性"，[4] 因此适时性是刑法立法的基本原则之一。当前我国仍处在加速发展的时期，面临着社会经济方式的转型、社会治理方式转型和价值观转型的问题。[5] 同时，不同于西方国家渐进式的发展轨迹，中国社会的发展带有明显的跃迁性，所以中国社会同时带有现代社会与后现代社会的基本特征。食品、药品安全问题、生态环境保护问题、市场交易秩序问题、网络犯罪问题、恐怖活动犯罪问题、社会信用问题、新技术的应用与防范问题等就是涂尔干笔下社会"失范现象"[6] 的最好印证。从"犯罪饱和论"的角度观察，每一个社会都有其对应的犯罪，而犯罪的质与量是与每一个社会的集体发展相应的。中国社会的多重特征导致中国比其他国家面临更多的社会矛盾，而社会对刑法规范的需求就在这一个特定时期内被集中地表达了出来。时代印记使法律亘古而常青，社会的前进和时代的发展要求刑法必须更加积极地调整其作用范围，从这一立场出发，我国刑法不是过罪化而是犯罪化不足。

从刑法理论本身出发，谦抑性也不是阻止立法者做犯罪化活动的理由。刑法之谦抑性并不排斥立法者根据社会情势，合理地变更犯罪圈，以便刑法能更加有

---

〔1〕 参见王牧："我国刑法立法的发展方向"，载《中国刑事法杂志》2010 年第 1 期。

〔2〕 刘艳红："我国应该停止犯罪化的刑事立法"，载《法学》2011 年第 11 期。

〔3〕 参见白建军："犯罪圈与刑法修正的结构控制"，载《中国法学》2017 年第 5 期。

〔4〕 参见黄明儒：《刑法总则思与辨》，湘潭大学出版社 2018 年版，第 18 页。

〔5〕 参见周光权："转型时期刑法的立法思路与方法"，载《中国社会科学》2016 年第 3 期。

〔6〕 参见［法］埃米尔·涂尔干：《社会分工论》，渠东译，生活·读书·新知三联书店 2000 年版，第 366 页。

效地对抗犯罪。如果以谦抑性捆住立法者在刑法立法上的积极性与能动性，那是对谦抑性最大的误读。因为刑法的谦抑性不是一味要求刑法自缚手脚，其更重要的目的是强调刑法作为第二次法与其他部门法保持界限。最后，关于刑法的法益保护原则，其应该与社会风险的成本增加连在一起思考。如果说刑法的任务在于保护法律所确定的利益，那么为了保护这种利益，刑法立法者采取的合目的性、合理性手段就是可接受的。如果说故意杀人罪保护的是被害人的生命权益，那其实刑法发动之时，被害人权益就已经不存在了。环境污染犯罪，恐怖活动犯罪，食品、药品犯罪等犯罪所带来的风险已经超出了个人所能够防范的范围，法益的抽象化使刑法能够提前介入风险，为国民提供更好的保护。

（二）犯罪化的立法技术

西原春夫教授在讨论刑法的根基一题时最先追索到的是立法者的作用。[1]不论刑法规范是来源于社会共同体的价值认同还是统治者的统治意愿，它都必须经过立法者之手上升为具有国家强制力保障的行为规则。从立法的角度理解罪刑法定原则，只要一种行为被立法者以诸多确定的构成要件要素所定型，并配置了一定的法律后果，那么一经生效，这种行为就已然确定地成为国家刑罚权发动的理由。综合考察晚近我国的数次刑法修正案，比较成熟的将行为犯罪化的立法路径主要包括以下几种：

第一，新设犯罪行为。犯罪行为是罪状的重要部分，行为只有符合了某罪刑规范的行为定型，国家刑罚权才有发动的可能。通俗地说，新设犯罪行为就是立法者在国家开给国民的"行为负面清单"中径直增加了新的禁止行为。立法者新设犯罪行为有两种不同的模式，第一种是在刑法典内新设条文，第二种是在原有条文下新增款项。前者会导致刑法上独立罪名的产生而后者则会继续沿用之前的罪名。以《刑法修正案（八）》和《刑法修正案（九）》为例，危险驾驶罪，虚开发票罪，持有伪造的发票罪，组织他人买卖人体器官罪，拒不支付劳动报酬罪，准备实施恐怖活动罪，宣扬恐怖主义、极端主义、煽动实施恐怖活动罪，利用极端主义破坏法律实施罪，强制穿戴宣扬恐怖主义、极端主义服饰、标志罪，非法持有宣扬恐怖主义、极端主义物品罪，虐待被监护、看护人罪，代替考试罪，帮助信息网络犯罪活动罪等都是典型的产生了新罪名的罪状修改方式，而《刑法修正案（八）》中将"强迫他人参与或者退出投标、拍卖"，"强迫他人转让或者收购公司、企业的股份、债券或者其他资产"，"强迫他人参与或者退出特定的经营活动"列入强迫交易罪中，以及《刑法修正案（九）》将"殴打诉讼参与人"，"侮辱、诽谤、威胁司法工作人员或者诉讼参与人"等列入扰

---

〔1〕 参见［日］西原春夫：《刑法的根基与哲学》，顾肖荣等译，法律出版社 2004 年版，第 5 页。

乱法庭秩序罪中都属于对原有罪名的行为扩充。

第二，扩充犯罪主体或行为对象。在刑法中，构成某些犯罪需要行为人特殊的身份，当增加特殊身份的类型或者变特殊主体为一般主体时，犯罪圈也就相应的扩大了。例如《刑法修正案（九）》将危险驾驶罪的责任范围扩张到了机动车的所有人和管理人，将出售、非法提供公民信息罪的犯罪主体由原来的特殊主体改为一般主体，特殊主体升格为加重处罚条件以及在《刑法》第 283 条非法生产、销售专用间谍器材、窃听、窃照专用器材罪中和第 285 条非法侵入与计算机信息系统罪中增设单位为犯罪主体。行为对象的扩充也意味着刑事法网日渐严密的趋向。比如《刑法修正案（八）》将《刑法》第 237 条强制猥亵的犯罪对象从妇女修改为他人，将《刑法》第 283 条规定的身份证件扩张至居民身份证、护照、社会保障卡、驾驶证等以及将医疗秩序加入《刑法》第 290 条聚众扰乱社会秩序罪中，等等。

第三，降低入罪门槛。我国刑法对犯罪采用的是形式加实质的定义法，认为犯罪是具有严重社会危害性，依照法律应当受到刑罚处罚的行为。同时，依据我国《刑法》第 13 条"情节显著轻微危害不大的，不认为是犯罪"的规定，可以认为我国刑法对犯罪的认识中含有定量的因素。通过刑法修正案降低犯罪门槛实现犯罪化主要有以下几种表现方式：

1. 帮助行为、预备行为的独立罪名化。如《刑法》第 120 条之一帮助恐怖活动罪与刑法第 120 条之二准备实施恐怖活动罪。从刑法理论上来说，预备行为与帮助行为的独立罪名化意味着刑法对行为管控范围的进一步扩大。

2. 法益保护的提前。法益保护提前有两种表现形式，即结果犯的危险犯化以及具体危险犯向抽象危险犯的变更。如《刑法修正案（八）》删除了《刑法》第 338 条污染环境罪中原有的"致使公私财产遭受重大损失或者人身伤亡的严重后果"的结果要素，使得行为本身只要违反国家有关环境保护的规定即有可能构罪。又如《刑法》第 141 条生产、销售假药罪原本要求生产、销售假药"足以危害人体健康"，是一个典型的具体危险犯，而《刑法修正案（八）》则去掉了这一构成要件要素，使得行为人只要生产、销售假药就构成该罪，从而使该罪变成了抽象危险犯。

3. 删除消极构成要件要素。消极构成要加要素与积极构成要件要素相对，其作用在于阻却犯罪成立。在我国的犯罪化立法实践中不乏通过删除消极构成要件要素来扩大处罚范围的做法。比如《刑法修正案（八）》删除了《刑法》第 343 条非法采矿罪中的"经责令停止开采后拒不停止开采"的情状，以及《刑法修正案（九）》将收买被拐卖妇女、儿童行为一律入刑而不再考虑其是否阻碍解救的情况。

三、非犯罪化：未来刑法修正的重要一极

非犯罪化虽然不是我国目前刑法立法的主旋律，但对于刑法的健康生长却有至关重要的作用。在刑法立法论上，犯罪的内在规定性就是社会危害性。然而，"社会危害性"是一个历史的范畴，[1] 对行为的社会危害性评价必然要以时代的价值观为注脚。立法者在立法活动中的能动性不仅要体现在给罪刑规范及时"添增量"，也即跟进社会发展增设相应的罪刑规范以此来维护社会秩序，而且还应当适时地"去存量"，也即及时去除一些不必要的罪刑规范以还给国民更多的自由领域。刑法修正工作中，立法者即使是朝非犯罪化迈出小小的一步，也是刑法在公民自由保障上取得的巨大成就。

（一）非犯罪化之于刑事和谐的重要价值

相对于犯罪化而言，对非犯罪化本身的研究都是十分鲜见的。立法上的非犯罪化没有司法上的非犯罪化内涵丰富，其仅指立法者通过立法活动将一定的行为排除到"罪刑表"之外，不再受到刑法评价的过程。非犯罪化的结果可以分为行为合法化、行为行政违法化、行为民事违法化和国家态度中立四种类型。[2] 行为的合法化是指立法者不仅使行为不再受到刑法的评价，而且还使行为受到法律上的承认，具有一定的法律效力。行为的行政违法化是指，行为对于社会的危害性程度不足以用刑法进行规制或者刑法前置法能够对该行为进行有效规制的时候，立法者将该行为从罪刑规范中去除但是仍将该行为保留在公法领域内作一般违法处理。行为的民事违法化是指将原本属于刑事违法的行为直接从公法领域调整到私法领域，救济与惩罚充分考虑当事人之间的意思自治。态度中立是指立法者在将行为从刑法中剔除的同时也暂缓用其他法律调整该行为，对该行为既不做法律上的否定评价也不肯定该行为在法律上的效力。

有学者认为，立法上的非犯罪化具有两个方面的价值：一是作为犯罪化的"反方向张力"可以促使国家的刑罚权对国民生活的干预保持在一个合理的范围内；二是能够保障刑法的健全发展。[3] 笔者认为前者可以从刑法的谦抑性和法益保护主义中推导出来，但后者还必须联系刑法立法的有效性进行论述。法律的权威源自人民的内心拥护和真诚信仰，刑法作为国民重要的行为规范之一，其被遵守的前提是要获得国民的广泛认同。如果某刑法规范所体现出来的价值观已经是不合时宜的，那么其正当性和继续存在的必要性就会受到国民质疑，当刑法成了人们"批评的对象"时，刑法的权威就会下降，刑法对不法行为进行规制的

---

〔1〕 参见高铭暄、马克昌：《刑法学》，北京大学出版社、高等教育出版社 2017 年版，第 46 页。

〔2〕 参见贾学胜："非犯罪化与中国刑法"，载《刑事法评论》2007 年第 2 期。

〔3〕 参见贾学胜："非犯罪化与中国刑法"，载《刑事法评论》2007 年第 2 期。

有效性就会下降。另一方面，"刑事立法必须能使其所创设的刑事法律规范给社会带来实际效果，而不能将其作为一种摆设"。[1] 真正的"刑法肥大症"不是因为刑法规范随着社会的发展有所增加，而是因为立法者增设了或者没有及时去除那些没有实际效果的刑法规范。总之，立法者不积极地对刑法典中的部分行为进行非犯罪化，对刑法的健全发展而言也是一大威胁。

（二）行为法非犯罪化的主要目标

1. 法益不明的犯罪。所谓法益不明的犯罪，可以从两个方面进行理解：一是指法益是否存在是不明确的，二是指法益是否应由刑法调整是不明确的。值得一提的是，"无被害人犯罪"与法益不明的犯罪在范围上存在交叉关系，但是由于"无被害人犯罪"这一概念本身即存在刑法学、犯罪化和刑事政策上的不同解读，并且在刑法学内部也有着法益无法益侵害说、纯自愿行为说、纯伦理保护说、被害人不明显说四种不同的看法，[2] 因此立法上的非犯罪化思考还是应该回归法益这一基础性概念。我国《刑法》"妨害社会管理秩序罪"一章中存在大量法益不明犯罪的情况，以下分别以毒品类犯罪、赌博类犯罪和与性道德有关的几类犯罪为例作具体说明。

毒品类犯罪中最常被讨论的问题是吸毒的犯罪化问题，然而在我国吸毒并不是一种犯罪行为，不得不说这是刑法谦抑性的胜利。但是，尽管吸食毒品的行为在我国刑法中不构成犯罪，容留他人吸食毒品却构成《刑法》第354条所规定的容留他人吸毒罪。考察容留他人吸毒罪的构成要件会发现该罪在行为上包括允许他人在自己管理的场所吸食、注射毒品或者为他人吸食、注射毒品提供场所的情形。理论上认为，这种行为既可以是主动的也可以是被动的，既可以是有偿的也可以是无偿的。[3] 一言以蔽之，只要行为人有容留他人吸毒的行为就构成本罪。一个问题是，容留他人吸毒所侵害的法益是什么呢？传统刑法理论认为，本罪的犯罪客体是国家对毒品的管制制度和他人的身心健康权利。[4] 但是就目前对该罪的解释来看，行为人只能容留他人在自己所管理的场所内吸毒而不能有提供毒品的行为，否则就应当与贩卖毒品罪数罪并罚。这样一来，被容留的吸毒人员所吸食的毒品只能由吸毒人员自带。既然吸毒行为所造成的对国家毒品管理秩序的妨害不被刑法所禁止，那么没有对毒品管理秩序造成新的侵害的容留行为被刑法所禁止就是缺乏法理的。此外，容留他人吸毒的行为人仅仅是给他人吸毒提供场所，其并没有强迫他人吸毒，更没有引诱他人吸毒的行为。吸毒人员对吸毒会给

〔1〕 参见黄明儒：《刑法总则思与辨》，湘潭大学出版社2018年版，第43页。
〔2〕 参见黄大威："论域观下的无被害人犯罪概念"，载《北方法学》2013年第3期。
〔3〕 参见张明楷：《刑法学》，法律出版社2016年版，第1158页。
〔4〕 参见高铭暄、马克昌：《刑法学》，北京大学出版社、高等教育出版社2017年版，第602页。

自身生理、心理造成的危害存在正确认识和支配力，其自愿将自己陷入该风险当中，不能由此将吸毒对身体的损害归责到容留他人吸毒的行为人。所以，以刑罚禁止行为人容留他人吸毒存在较大的法理缺陷，宜考虑对该罪做非犯罪化处理。

不论古今中外，赌博都被视为是一种具有一定危害性的行为，但是否将其规定为犯罪并用刑罚加以制止则取决于当权者的态度[1]。我国《刑法》第 303 条分别规定了赌博罪和开设赌场罪，而前者也面临着法益不明的问题。一方面，赌博罪中是否存在一个现实的法益是不明确的。从个人法益的角度分析，赌博行为最有可能侵犯的就是个人的财产权利。但是赌博的本质是一种射幸行为，行为人对参与赌博的行为事实和行为可能的后果都能够形成自己的认识，若这种认识没有遭受到欺骗，并且参与到赌博中没有威胁、强迫等因素的影响，那参与赌博就是行为人对自我财产的自由处分而已。因赌博而遭受的财产损失属于参赌者自决范围内的事情。从社会法益的角度分析，传统理论认为赌博罪侵犯的是国家对社会风尚的管理秩序，[2] 这里面包含两个问题。其一，"国家对社会风尚的管理秩序"是一个大概念，在这个概念之下，赌博罪是如何侵犯"国家对社会风尚的管理秩序"以及侵犯的是社会风尚中的哪一具体秩序并不明确。其二，以侵犯社会风尚为名规定赌博罪的理由不充足，难以说明赌博具有脱离于社会道德谴责之外的独立的刑事违法性。另一方面，从刑法谦抑性的角度而言，赌博是否以刑事处罚为禁止必要也是不明确的。现行刑法规定的赌博罪是典型的无被害人犯罪，包含于其中的更多的成分是道德的否定评价。因赌博而带来的家庭矛盾、个人心智沉沦等社会问题不应该反向推动刑法去积极地禁止，用刑法来矫正这种不良行为缺乏刑罚权发动的正当性。实际上，从刑法规范方面分析，我国《刑法》第 303 条第 1 款关于赌博罪的规定略显粗糙，与《德国刑法》第 284、285 条，《意大利刑法》第 718、720 条相比，缺少了有关公开赌博与秘密赌博以及是否有未成年参与等影响赌博行为社会危害性大小的规定。[3] 我国刑法修订下一步可考虑对赌博罪进行有限的非犯罪化处理，将单纯的聚众或者以赌博为业的行为排除出犯罪圈，而仅禁止那些会对其他法益造成连带侵害的赌博行为。

与性相关的犯罪大部分都与社会的善良风俗与对性的羞耻感有关，应当说在这一类犯罪的伦理性最强，也最值得立法者进行非犯罪化的考虑。《刑法》第 301 条聚众淫乱罪从罪状上看没有限制行为的秘密性或者公开性，同时也没有对行为人的意志因素作出规定。如果是数人基于自愿在非公开的场所进行性行为，

〔1〕 参见章惠萍："论我国赌博行为的刑法规制"，载《法学评论》2006 年第 3 期。
〔2〕 参见高铭暄、马克昌：《刑法学》，北京大学出版社、高等教育出版社 2017 年版，第 554 页。
〔3〕 参见《德国刑法典》，徐久生译，北京大学出版社 2019 年版，第 202 页；《最新意大利刑法典》，黄风译，法律出版社 2007 年版，第 257 页。

很难说这样的行为侵犯到了公众对于性的感情，同时国家也不应该对国民的性自主权做过多的干涉。《刑法》第 361 条容留卖淫罪和介绍卖淫罪也有进行非犯罪化审视的必要。与吸毒一样，我国没有规定卖淫行为是犯罪行为，那么围绕卖淫行为的容留行为和介绍行为也缺乏入刑的正当性，更何况卖淫与嫖娼作为相对的两种行为，介绍嫖娼也没受到刑法规制。

2. 经济领域犯罪。我国现行《刑法》以共计 92 条刑法规定的规模搭建了市场经济秩序的刑事高压网，内容涵盖商品的生产销售、国家的海关秩序、公司和金融市场的管理秩序以及国家税收征管和知识产权保护领域。市场经济强调的是市场这只无形的手在资源配置中的决定性作用，因此自由、灵活与效率是市场经济最重要的价值，市场交易对安全的需求不应该过多的委诸刑法。我国现行《刑法》于 1997 年颁布，距离党的十四大报告正式确定我国经济体制改革目标是建立社会主义市场经济体制不过 5 年光景，因此一些罪名仍带有计划经济色彩的残余。随着市场经济体制的完善，这些罪名已经完成了他们的历史使命，需要及时得到清理。[1] 举例而言，非法经营罪经常和寻衅滋事罪一起被批评为口袋罪。然而，非法经营的行为并没有负面的经济效果，其通常也表现为促使经济价值增值的经营行为。如果说该行为侵犯了部分人的专营利益，那么用行政法上的手段予以调整即足够，无需从刑法的角度对其作出否定评价。并且非法经营罪的设置给司法机关将其他游离于现行法律规定之外的民间金融行为认定为犯罪留下了无法控制的空间，在一定程度上阻滞了国民开展经济活动积极性。除非法经营罪外，虚假广告罪，串通投标罪，虚报注册资本罪，抽逃出资罪，骗取贷款罪，高利转贷罪，擅自发行股票、公司、企业债券罪等经济领域的越轨行为都不应直接以刑法作为保障法。在非犯罪化的道路上，刑法对这些行为作行政违法化、民事违法化抑或是保留中立的态度以观后效都是必要且可行的。

四、结语

刑法在所有社会控制手段中应处于补充性地位，其不能无理性地将所有的社会失范行为都纳入自身的规制范围。立法者要合理地使用犯罪化和非犯罪化两种相向的思维方式以在实定法上建构合理的犯罪圈，促成刑法发挥介入社会生活的最大效用。中国的社会背景决定了当前以及今后刑法修正的主要导向是犯罪化。在这一问题上，有学者建议中国刑法的犯罪化道路可以仿效德国刑法，在刑法典之外另立《轻犯罪法》。[2] 将一些轻微的越轨行为全部转进《轻犯罪法》中，

---

〔1〕 参见孙国祥："20 年来经济刑法犯罪化趋势回眸及思考"，载《华南师范大学学报（社会科学版）》2018 年第 1 期。

〔2〕 参见周光权："积极刑法立法观在中国的确立"，载《法学研究》2016 年第 4 期。

由此可以实现避免"刑法肥大"、回应社会治理需要以及以司法途径加强人权保障三大优点。

然而，在中国设计一部《轻犯罪法》的提法是值得商榷的。理由之一在于中国刑法对犯罪的理解与德国刑法存在差异。中国刑法承袭前苏联刑法，对犯罪多作实质性的理解，也即犯罪是具有严重的社会危害性的行为，反映到立法层面，我国在立法过程中即已完成对犯罪行为的定性和定量工作。但是德国刑法对犯罪的理解多偏向于"规范违反"，立法上仅对犯罪行为进行定性，定量的工作则交给司法机关完成。如果要在中国《刑法》之外另立一部《轻犯罪法》，就会导致国家层面上的犯罪观分裂。理由之二在于《轻犯罪法》与《刑法》所反映的是罪刑关系，二者在本质上并无差别。然而立法工作中的部门化利益的存在，极易导致行政管理上的利益诉求经立法者之手不当地通过国家刑罚权得到实现，这存在使得刑法变成彻彻底底的社会管理法的风险，不利于刑法"第二次法"定位的保持，是为刑法谦抑性埋下的最大的隐患。理由之三在于《轻犯罪法》的设定会将大量原本属于行政权处理的事项转入司法领域，而我国的司法资源目前并不具备担起这样重任的能力。[1]

非犯罪化提供的反向张力，对于调整国家刑罚权介入的范围和程度、及时修正犯罪圈、维护刑法自身的健康发展都有重要价值。我国刑法虽然现在没有陷入过罪化的境地，并在将来一段时间内会继续以犯罪化作为刑法修正的主要导向，但这并不意味着刑法修正中非犯罪化的工作不重要。立法者应敏锐观察社会动态，以社会危害性和处罚必要性为标尺，提高立法质量，及时和有魄力地修正刑法，使得刑法有所为、有所不为。

---

〔1〕 参见刘艳红："我国应该停止犯罪化的刑事立法"，载《法学》2011 年第 11 期。

行为理论：从价值到规范

◎王振华*

"无行为则无犯罪"是近代就已确立了的刑法准则，然而作为刑法理论核心与基础的行为概念，在我国却没有受到足够的重视，行为论[1]的体系定位也存在较大争议，实有检讨之必要。

---

* 作者简介：王振华，湘潭大学法学院教师，同济大学法学博士。

[1] 需要说明的是，此处的"行为论"是指认为要在构成要件符合性判断之前先进行行为的判断，即主张行为论与构成要件符合性判断相分离的理论；下文所称"构成要件行为论"是指主张行为性判断应融合于构成要件符合性判断之中的观点。二者聚讼的焦点在于是否应该承认在构成要件符合性判断之前还存在独立的"裸的行为论"的判断。

一、问题的提出

有一案例为：某日凌晨 3 时，杭州某旅馆的王老板在熟睡中忽然感觉到脖子一阵剧痛，惊醒后，一摸竟满手是血。王老板慌忙起身却不见一人。他搜索到 108 房间门口时，发觉里面灯亮着，便冲了进去，与老板娘和周围赶来的邻居将行凶者制服。在讯问过程中，行为人童某称对深夜持刀行凶伤人一事记忆不清。浙江省精神卫生研究院对童某进行了一系列的反复测试后，认为此次童某"作案"时正处于梦游状态，对自己的行为完全没有意识，属"意识障碍"。

上述案件，经过公安机关的调解，最终以童某赔偿王老板 1.5 万元的误工费而告终，童某也没有受到进一步的刑事处罚。表面上看，是因为童某在"作案"时尚处"梦游"状态而免于被刑事追责，但问题的核心是，童某到底是因为没有犯罪行为而无责，还是因为陷入"梦游"状态而免责？换句话说，不追究童某刑事责任的真正原因，到底是童某的伤害行为根本就不是刑法意义上的行为，还是刑法虽承认其行为性，但考虑到童某当时陷入无刑事责任能力、无法控制自己举动状态的事实而免责。对这一问题的回答看似对案件处理的最终结果没有影响，实则意义重大。今后此类行为在其他场合再次发生时，如果说是童某并没有实施刑法意义上的行为，意味着刑法根本不关心此类行为，无论何时何地，行为人均免除刑事责任；如果说童某只是因为缺乏刑事责任能力而免责，则可能因为不同情况下不同行为人陷入无刑事责任能力的原因和程度上的差异而受到轻重不同的刑罚处罚。

不难看出，"无行为则无犯罪"的法谚恐怕并不止于一句宣誓性的口号，其背后涉及对刑法意义上行为内涵的理解。"不同的行为理论，体现着不同犯罪成立理论背后的不同时代的刑法哲学和刑法学方法。行为概念作为犯罪理论体系基石的同时，行为论也成了犯罪成立理论的基调。"[1] 行为作为一切刑法理论的起点，影响深远。不仅如此，理论中对某种行为是不是刑法意义上行为的判断结论，似乎也在刑事司法实践上举足轻重，不但直接影响到公安机关是否要将案件移送审查，也决定了检察机关是否要提起公诉，这对于目前我国刑事司法实践中"案多人少"、司法资源紧张局面的缓解将大有裨益。再进一步讲，在作出行为性判断时，究竟是坚持在运用阶层犯罪理论之前，先对行为进行独立的审查[2]，还是放弃行为概念的犯罪论前阶段审查，直接在构成要件符合性判断过程中一并

---

〔1〕 邹佳铭：《刑法中的行为论纲》，中国人民公安大学出版社 2011 年版，第 1 页。

〔2〕 我国也有观点称之为"前构成要件行为"，参见杨柳："前构成要件行为概念之提倡——兼评可罚违法性理论和我国《刑法》第 13 条但书规定"，载《法学论坛》2012 年第 3 期。考虑到理论研究的惯性和概念的可接受程度，本文仍旧沿用"行为论"的概念。

解决行为的问题？

为了回答这一系列问题，下文将在对行为理论当前发展图景进行归纳和整理的基础上，提出符合现阶段社会需求和刑法发展要求的行为概念并阐述其理论和实践意义。

二、行为理论的发展脉络

如有学者所言，"我国古代刑法中并无行为的概念，犯罪被认为是触犯刑律的一种情形，更注重从法条上理解犯罪，而未能揭示犯罪的本体性要素……我国近代刑法学中的行为概念是从日本传入的"。[1] 行为概念之于我国，从一开始就是舶来品，即使发展至今，也未能完全脱离他国（主要是大陆法系国家）刑法理论的影响。因此，对现阶段行为理论发展图景的勾勒，也只有从国外相关理论的介绍开始。

一般而言，认为行为概念在整个刑法理论中占据显著地位的提法肇始于黑格尔，但他由于将行为与道德归责理论杂糅在一起，使二者之间的界限难以划分而受到批判。后来的学者也正是在对此一行为概念界定修改完善的过程中把对行为理论的研究逐渐引出并推向高峰。

（一）存在论到价值论：行为理论的纵向发展[2]

首先登场的是因果行为论。该说认为，"行为是一种因果事实，应该作为生理的、物理的过程来把握。具体又包括身体动作说与有意行为说两种不同的学说"。[3] 典型表述如"行为就是相对于外部世界的任意举止，这一任意行为能够改变外部世界"。[4]

由于因果行为论将行为看作人的有意识的举动，行为具有"有意性"和"举动性"两个基本要素，但此处的"有意性"和一般意义上的"故意"存在较大差异，其内涵只限定在"使行为发动"这一客观层面，至于行为人意识的具体内容，则是在有责性的判断阶段才需要讨论的内容。正是这一论点，给因果行为论招致了猛烈的批判，批判观点认为"因果行为论只是将以意思而行使的举动理解为因果的过程，所以将形成犯罪的大部分意思行为，即对故意行为的意义不

---

〔1〕 陈兴良："行为论的正本清源——一个学术史的考察"，载《中国法学》2009 年第 5 期。

〔2〕 需要说明的是，经过学者的不断努力，现阶段关于存在论与价值论中各种具体行为学说的优势及不足已得到广泛讨论，无需赘言。故此处仅作简要介绍，重点在于不同理论之间的关系及其发展脉络的梳理。

〔3〕 陈家林：《外国刑法：基础理论与研究动向》，华中科技大学出版社 2013 年版，第 47 页。

〔4〕 ［德］弗兰茨·冯·李斯特：《德国刑法教科书》，徐久生译，法律出版社 2000 年版，第 176 页。

能够正确地掌握"。[1] 而且，更为重要的是，人的行为，本身就是主观与客观的结合体，因果行为论仅将行为看成根据单纯的意思决定而惹起的因果现象，完全忽视了诸如动机、目的等要素在行为形成过程中的重要意义。因此，一种主张把"过去在责任论中作为问题对待的故意观念视为行为本质要素，并将其视为主观的违法要素，认为故意不外是欲实现行为人预定东西的意思"[2] 的行为理论——目的行为论应运而生。

目的行为论认为，人的行为是对目的活动的执行，人能够按照他对因果关系的认识，在一定范围内预测其活动可能造成的结果，并在此基础上设定不同的目标，以有计划地引导其活动朝着实现该目标的方向发展。行为的目的性操控具体分为两个阶段予以贯彻，因而具有目标意识的、引导因果事件发展的意志就构成了目的行为的支柱。[3] 可见，目的行为论并不是彻底推翻了因果行为论的主张，只是对前者的延伸和完善，在肯定行为"有意性"和"举动性"的基础上，不仅重视二者之间事实上的引起与被引起关系，还突出强调了行为人意欲通过行为达成的目的在串联行为人主观意识和客观行为之中的重要作用。但随之而来的问题是，由于目的行为论非常重视"目的性"在行为性判断过程中的主导作用，如果将这种主张贯彻到底，"无目的则无行为"就成为必然结论。这便导致了目的行为论在解释过失行为、不作为行为、偶犯，激情犯等因偶发性或激情性所导致的、明显缺乏足够的目的导向性的身体动作的行为性时发生了困难。[4] 而且，"过失性构成行为的这个目的性更不适宜作为体系性连接因素"[5]，从而限制了行为概念机能的发挥。

讨论至此，学者们逐渐发现，考虑到社会现实生活的复杂性和多样性，单纯从事实的角度出发来定义行为可能很难实现面面俱到，总有挂一漏万的可能。基于此种考虑，社会的行为概念，或称社会行为论，在替代因果行为论的"无价值的因果性"和目的行为论的"存在论意义上的目的性"的基础上，逐渐把作为规范和评价要素的"社会的意义性"或"社会的重要性"视为了行为概念的重要判断标准。这种观点与其说是在行为概念的构成要素中完全排斥了因果行为论

---

〔1〕 参见 [韩] 李在祥：《韩国刑法总论》，[韩] 李相敦译，中国人民大学出版社 2005 年版，第 67~68 页。

〔2〕 参见 [日] 大塚仁：《刑法概说》，冯军译，中国人民大学出版社 2003 年版，第 98 页。

〔3〕 参见 [德] 汉斯·韦尔策尔：《目的行为论导论——刑法理论德新图景》，陈璇译，中国人民大学出版社 2015 年版，第 1~2 页。

〔4〕 参见金昌俊：《韩国刑法总论——延边大学朝鲜韩国研究论集》（第Ⅸ辑），社会科学文献出版社 2016 年版，第 34 页。

〔5〕 [德] 克劳斯·罗克辛：《德国刑法学总论》（第 1 卷），王世洲译，法律出版社 2005 年版，第 152 页。

的有意性和目的行为概念中的目的性，倒不如说是把这些概念包括在了"社会的意义性、重要性"这种上位要素之中，从而具有了构建折中的行为概念的倾向[1]。

不难看出，社会行为论依旧没有彻底否定因果行为论与目的行为论，仍是在二者基础上的补充和再完善，只不过在这两种纯粹的事实判断中纳入了规范性要素，认为行为不仅要具备"有意性"和"举动性"，更为重要的是这种"有意性"和"举动性"必须在社会生活中具有重要意义。行为概念的界定，"从社会的意义出发，以犯罪结果的发生在客观上具有预见的可能，且客观上具有回避的可能为已足"[2]。因此，作为、不作为、故意、过失行为，只要是人的"有意性举动"且具有"社会意义"，就是行为。这也成为社会行为论长期占据日本刑法理论通说地位的重要原因。如果说社会行为论还存在哪些不足的话，对"社会重要意义"内涵的界定可能是为数不多的解释困难。

除以上三种行为理论之外，近来在德国又出现了以罗克辛教授为代表的人格行为论，该学说从保障行为概念机能得以充分发挥的角度出发，认为如果把行为理解成为"人格表现"，就能得出一种具有恰当功能的行为概念。这意味着行为首先是指能够归于作为心理和精神的动作中心的自然人的一切[3]。与前述的见解相同，人格行为论也没有放弃自因果行为论以来所取得的理论成果，只不过关于行为内在核心的主张由自然因果关系、目的、社会重要性转换成了价值判断更为浓厚的人格概念。但不可否认的事实是，由于此种学说给行为下的定义是多义的、不明确的，行为概念的界限机能也不能得到充分发挥，因而未受到多数学者的支持[4]。

在人格行为论后，刑法理论还没有再提出一种被公认的行为论的学说观点。从既有的四种观点来看，在由最初因果行为论到人格行为论的发展过程中，后出现的观点基本上都是对前一阶段观点的补充和完善，并不存在完全"另起炉灶"的现象。而且学者对行为的观察经历了一个由浅入深、由直观到抽象、由概括到评价的过程。行为概念的界定不再是简单的对既存现实的直观归纳与总结，而是逐渐渗入了更多的价值评判要素，行为理论再也不是"价值无涉"的对人身体

[1] 参见[韩]金日秀、徐辅鹤：《韩国刑法总论》，郑军男译，武汉大学出版社2008年版，第108页。

[2] 参见[日]松宫孝明：《刑法总论讲义（第4版补正版）》，钱叶六译，中国人民大学出版社2013年版，第39页。

[3] 参见[德]克劳斯·罗克辛：《德国刑法学总论》（第1卷），王世洲译，法律出版社2005年版，第160页。

[4] 参见[日]川端博：《刑法总论讲义》，成文堂1997年版，第138页。转引自马克昌："刑法中行为论比较研究"，载《武汉大学学报（社会科学版）》2001年第2期。

活动的直观反映，而是将更多的人的看法与评价纳入其中，这也是社会行为论和人格行为论产生的根本原因。

从对行为论纵向发展的考察结果来看，目前已基本达成共识的有：①行为必须是人的行为，即必须是人的身体动静；②行为必须是人的"有意识"的活动，但此处的"有意识"既不同于目的行为论中的目的，也不同于在构成要件和有责性阶段才有意义的故意与过失，只意味着某种特定的行为是由特定的个人"有意识"地引起，"有体性"与"有意性"存在引起与被引起的因果关系即可，但对此处的因果关系该作何理解则讨论较少；③行为引起了外部世界的变动（现实的变动或变动的可能）；④行为论的判断必须适当纳入价值评判要素。

（二）行为论与构成要件行为论的博弈：行为论发展的横向考察

目前，"随着我国刑法学理论的不断发展，深入思考犯罪论体系建构，一体地解决犯罪成立条件与共犯论……等关系的必要性逐步浮现出来"。[1] 刑法学各具体问题的研究都逐渐被纳入到犯罪论中进行体系性地思考，就事论事的个体研究方式逐渐受到冷落，对某一具体问题研究结果的作出，不仅要在此特殊问题的领域实现自圆其说，还要考虑到犯罪论体系的和谐与顺畅。关于行为论的讨论自不例外。有学者就对此指出，在具体的犯罪评价过程中，作为犯罪概念基底的行为只是一个观念形象，其重要性有限，甚至可以认为，取消这一意义上的行为概念，认定犯罪基本不会出现偏差。但是，实行行为的概念，在犯罪评价过程中，尤其是危害性评级阶段，则至关重要。[2] 随着刑法理论对构成要件、实行行为概念的强调，行为论在犯罪是否成立判断过程中的独立地位正受到前所未有的挑战。事实上，关于行为概念与阶层犯罪论的关系问题，早在阶层犯罪论被提出之日就受到学者的关注，"拉德布鲁赫较早认识到各学者就行为概念在犯罪论体系中地位的不同思考路径，并将其区隔为范畴论体系与目的论体系，前者将行为作为犯罪构成之前的概念予以把握，而后者更多地将行为视为构成要件内的概念予以诠释"。[3] 对行为论体系定位的差异，造就了行为论发展的另一脉络，即行为论与构成要件行为论的博弈。

上述争论显然始于阶层犯罪理论被提出之后。由此，阶层理论的首创者——德国学者贝林，最早形成了对行为论与犯罪论关系的认识。他认为行为是有意的身体举止（有意行为），确定了行为人是有意地作为或者不作为，就足以认定行为已经出现，至于他希望什么，则无关紧要，仅在进行责任问题的讨论时才有意

---

〔1〕 参见周光权："阶层犯罪论及其实践展开"，载《清华法学》2017 年第 5 期。

〔2〕 参见周光权：《刑法总论》，中国人民大学出版社 2016 年版，第 105 页。

〔3〕 阎二鹏："行为概念的厘清——以行为论机能之反思与再造为视角"，载《法制与社会发展》2013 年第 5 期。

义。而构成要件只是描述性地勾勒出刑法中相关的客观事实，与违法性、有责性正如相互分割的两个领域。因此，在判断犯罪行为成立与否之时，在方法论上，犯罪要素的合目的排列顺序和结构应该是行为、构成要件、违法性、有责性、相应的法定刑罚威慑、刑罚威慑处罚的条件。[1] 这意味着行为在构成要件之前具有独立判断的必要。

而持相反观点的学者则认为，构成要件本来就包含了刑法分则条文中所描述的行为、方法、结果、因果关系等各种要素，根本没有必要在构成要件符合性判断之前先进行行为论的单独评价，这不仅逻辑上难以自洽，实践中也复杂而难以操作。较早的观点如日本学者小野清一郎认为，历来的行为论之所以难以实现理论的自洽，根本原因就在于把行为当成了法律的构成要件评价之前的东西来考虑了。[2] 随着阶层犯罪论在大陆法系国家确立并取得支配地位，此种将行为性判断融入阶层犯罪论（主要是构成要件阶段）的主张得到了越来越多学者的支持。如日本学者山口厚认为，所谓行为，即是"基于意思的身体动静"，而关于行为论的体系位置以往亦有争论，但只要确认行为属于构成要件要素这一点就足够了，关于行为论独立性的讨论作用是有限的[3]；日本学者西田典之也认为，行为这一概念本身并无太大意义，但实行行为这一概念则非常重要[4]；日本学者松原芳博指出，在构成要件该当性的内部研究行为是日本刑法理论的通说观点，而且行为先于构成要件判断的主张混同了不同理论层面的要素，有损犯罪论本应具有的理论明晰之虞，将行为置于构成要件该当性之前的意义何在值得商榷[5]；等等。

行为论与构成要件行为论之间的关系，展示了行为论在发展过程中的横向图景，也可以认为这是行为论发展至今遇到的最大挑战与难题。行为论与构成要件行为论虽都主张"行为是犯罪的起点"，但究竟是在构成要件内部，还是先于构成要件进行行为性的判断则争议巨大，且至今没有达成较为统一的结论。

综合行为论横向与纵向的发展脉络来看，二者涉及行为论的不同领域。纵向发展中的因果行为论、目的行为论等学说观点，探讨的是行为论是什么的问题；

---

〔1〕 参见［德］恩施特·贝林：《构成要件理论》，王安异译，中国人民公安大学出版社2006年版，第62～68页。

〔2〕 参见［日］小野清一郎：《犯罪构成要件理论》，曹子丹、樊凤林译，中国人民公安大学出版社1991年版，第45页。

〔3〕 参见［日］山口厚：《刑法总论》，付立庆译，中国人民大学出版社2011年版，第41页。

〔4〕 ［日］西田典之：《日本刑法总论》，王昭武、刘明祥译，中国人民大学出版社2007年版，第68页。

〔5〕 参见［日］松原芳博：《刑法总论重要问题》，王昭武译，中国政法大学出版社2014年版，第33～34页。

而横向发展中行为论与构成要件行为论的较量，讨论的则是行为论有没有独立存在价值的问题。两条发展路径在具体内容上并不存在一一对应的关系，支持行为论独立说的学者可以主张因果行为论、目的行为论等四种观点中的任何一种，赞同构成要件行为论的学者也可以在判断构成要件符合性时讨论上述四种学说的优势与不足。两条相互交叉的发展脉络共同构成了行为论的发展图景。因此，如果要在行为论内部提出一种新的观点，不仅要克服既有学说的不足，还要阐明行为论之于构成要件符合性判断的独立地位，并尽可能地对司法实践的开展有所裨益，也才能符合行为论在当前的发展趋势。

三、行为理论的中国展开与规范的社会行为论的提出

（一）行为理论在我国的发展

如上文所述，我国古代刑事律例中并没有关于刑法中行为的独立概念，近代以来，刑法意义上行为的概念由日本引入后，部分刑法教材、刑法读本中才出现了关于这一问题的探讨。如 1931 年由黎藩所著、ABC 丛书社出版社的《刑法总则 ABC》一书将行为置于"普通的犯罪要件"中加以讨论，认为犯罪行为是犯罪成立的实质要件，是指"违反刑法规定的不法行为"[1]。又如由欧阳溪所著、上海法学编译社出版的《法学通论》一书，该书将刑法中的行为定义为"因犯罪之目的所为之行为也"。[2] 可见，此时对行为论的研究尚显粗陋，对行为概念的界定也基本属于循环定义，所谓的犯罪行为就是刑法上规定为犯罪的行为。

新中国成立后，我国刑法借鉴前苏联立法经验，四要件犯罪构成理论长期占据主导地位，犯罪被认为是符合四个构成要件、具有严重社会危害性、触犯刑律、应受刑罚处罚的行为[3]。刑法中的行为通常被置于犯罪的"客观构成要件"中进行讨论，并与我国刑法特有的社会危害性理论结合，形成"危害行为"概念。但正如有学者所言，当时"我们对刑法上的行为，还缺乏比较全面、系统和深入的研究。其中许多问题，目前还没有触及或者较少专门研究"。[4] 原因在于，我国多数刑法学者将刑法意义上的行为限定为"危害行为"，并将其定义为侵犯犯罪客体的行为，因为不侵犯任何客体的行为，就不具有社会危害性，也就不能被认定为犯罪。[5] 但"危害行为与犯罪客体是一种相互依存的关系，没有

〔1〕 黎藩：《刑法总则 ABC》，ABC 丛书社出版社 1931 年版，第 29 页。

〔2〕 欧阳溪：《法学通论》，上海法学编译社 1931 年版，第 362 页。

〔3〕 参见高铭暄、马克昌主编：《刑法学》，北京大学出版社、高等教育出版社 2017 年版，第 45~47 页。

〔4〕 马克昌、鲍遂献："略论我国刑法上行为的概念"，载《法学研究》1991 年第 2 期。

〔5〕 参见高铭暄主编：《刑法学》，法律出版社 1984 年版，第 106 页。

犯罪客体就不存在犯罪行为，没有危害行为也不存在犯罪客体"。[1] 我国早先的行为理论由于陷入与社会危害性、犯罪客体的纠缠之中，其独立的研究价值没有受到学者们足够的重视。

后来，随着大陆法系国家刑法理论的渐次引入，有部分学者开始反思刑法意义上行为的真实含义以及行为论在我国刑法理论体系中的地位，这又以 1992 年熊选国博士所著《刑法中行为论》一书的出版为主要标志。该书认为各种行为理论的根本缺陷就在于仅将行为视为一种无色的、单纯的心理或物理过程，忽视了行为的法规范性（刑法评价性），虽众说纷纭，但实际上热闹有余而意义不大，故仍旧坚持把研究的重心放在隶属犯罪客观方面的危害行为上。[2] 虽未彻底摆脱四要件理论和社会危害理论的藩篱，但这毕竟是我国刑法学者较早从比较法的视野，将我国刑法意义上行为的研究与大陆法系行为理论相结合的有益尝试，推动了我国刑法中行为论研究的进程。书中的大部分内容虽经二十余载，仍旧具有现实意义。不过这也反映出行为论在我国刑法理论研究中不受重视、发展缓慢的现实。

有学者在回顾现行刑法颁行 20 年以来的发展历程时指出，"自 20 世纪 80 年代以来，我国刑法学界关于犯罪构成要件理论的争论就一直没有停止过。最近十多年来，关于犯罪论体系的争论达到了较为激烈的程度"。[3] 这种论断也折射出近年来我国刑法理论的发展趋势，即随着阶层犯罪理论的引入并逐渐得到学者的认可，越来越多的刑法问题被置于体系之中进行思考，行为理论自不例外。如有学者认为，从理论上看，采取何种行为理论，并不必然决定采取何种犯罪论体系；从实务上说，通过否认行为性而宣告无罪的现象极为罕见，大多是因为否认构成要件符合性而宣告无罪。更为重要的是，不能单纯期待行为概念决定罪与非罪、此罪与彼罪，概言之，"裸的行为论"没有重要意义。[4] 这种立场基本代表了目前我国刑法学界对行为论的态度与看法。体系中的行为，即实行行为概念，大有取代行为论而成为刑法理论和实务所唯一重点关注的对象之趋势。

经过多年沉寂，2011 年和 2012 年我国相继出版了两本关于行为理论的专（编）著，即 2011 年由邹佳铭编著、中国人民公安大学出版社出版的《刑法中的行为论纲》以及 2012 年由刘士心教授所著、人民出版社出版的《刑法中的行为理论研究》，本文以后者为例进行说明。该书创造性地提出了"社会的因果行为论"概念，并指出了所谓"基础行为"（构成要件前行为）与危害行为概念的

---

〔1〕　陈兴良："行为论的正本清源——一个学术史的考察"，载《中国法学》2009 年第 5 期。

〔2〕　参见熊选国：《刑法中行为论》，人民法院出版社 1992 年版，第 23 页。

〔3〕　参见周光权："犯罪构成要件理论的论争及其长远影响"，载《政治与法律》2017 年第 3 期。

〔4〕　参见张明楷：《刑法学》（上），法律出版社 2016 年版，第 142 页。

区别，认为基础行为是危害行为赖以建立的基础，危害行为是对基础概念进行价值过滤和规范限制以后得出的下位概念。[1] 这也是当前我国为数不多的、主张承认行为论具有独立价值的观点之一。

（二）行为论独立性辩证

从上述行为论在大陆法系国家和我国的发展历程来看，构成要件行为论成为多数学者所认同的观点。如我国有学者在对日本学者关于行为论体系地位问题的最新论述进行研讨后断言，"近年来，日本关于行为论的研究出现了新的趋向。几位持不同行为论的中坚学者却不约而同地从更宏观的角度看待该问题。其基本思路是强调行为论与犯罪论体系的结合"。[2] 但本文认为，这可能是基于定位不准而产生的对行为论应有之功能的严重误解，这种误解在我国由于社会危害性理论的纠缠而表现得更加明显。从否认行为论具有独立价值的理由来看，虽表述各异，但实际上差别不大，归根结底其实就是部分论者认为，就算不进行行为论的独立审查，也可以实现罪与非罪、此罪与彼罪的区分，因而没有必要给予行为论过高的体系地位和过多的关注。但这显然是对行为论功能与作用的一种严重误读。这一结论可以从以下一些角度加以论证：

第一，即使是大陆法系刑法理论中将行为视为构成要件要素的观点，也没有否认行为作为犯罪成立与否判断基底的基础地位。行为是刑法理论开展的前提，是属于构成要件符合性、违法性和有责性判断之前的、更为基础性的概念。如日本学者大塚仁虽然主张应该在构成要件符合性阶段进行行为性的判断，但是他仍对"符合构成要件的行为"和"作为构成要件评价对象的行为"进行了严格的区分。[3]

第二，在构成要件符合性判断之前先进行行为性筛选，也顺应了当前刑法理论中将"某一危害后果认定为某人的作品"的"从归因到归责"的发展趋势。某一法益侵害（或危险）的结果出现后，刑法的任务在于准确找到应该为这一结果负责的行为人并为其宣告科学的刑罚裁量。通常的情况下，这并不会存在特别的问题。在开枪打死了受害人、用匕首刺人造成人身伤害、用汽油纵火焚烧建筑物等情况下，谁开了枪、用匕首刺了人、点燃了汽油，谁就实施了构成要件规定的行为，就该为受害人死亡、受害人身体遭受伤害、建筑物焚毁的结果负责。但"如果行为与结果相隔很远或者以复杂方式相互联系，问题就会非常棘

---

〔1〕 参见刘士心：《刑法中的行为理论研究》，人民出版社 2012 年版，第 2~8 页。

〔2〕 参见张小宁："日本的行为论之争及最新研究趋向"，载《学术界》2014 年第 11 期。

〔3〕 〔日〕大塚仁：《犯罪论的基本问题》，冯军译，中国政法大学出版社 1993 年版，第 25 页。

手"。[1] 这种情形下，刑法理论和实务的任务就在于明确当行为满足了哪些更为具体的条件时，才能将结果归责于行为人，归责于他的行为。我国刑法理论通常把这一问题置于犯罪客观要件中的因果关系章节进行讨论，认为"当某种危害结果已经发生时，必须先查明是谁的行为造成的，考察一般意义上的因果关系。如果查明是甲的行为造成的，然后便进一步考察甲是否达到法定责任年龄、是否具有辨认和控制能力、是否具有法定的主观罪过……如果上述问题都得出肯定结论，则认为甲的行为成立犯罪"。[2] 这一判断路径显然没有错，但基本是针对通常情况而言，面对实践中出现的疑难案件，有时会显得无所适从。以一则经常讨论的案件为例：A 为了继承继父 B 的财产，劝说 B 乘坐飞机去旅行，希望 B 在飞行途中因飞机失事死亡，结果真如 A 所料，B 确因飞机坠毁而死亡。那么 A 劝说 B 乘坐飞机去旅行的行为是造成 B 死亡的原因行为吗？A 该为 B 死亡结果的出现负责吗？如果说答案是否定的，那么如果没有 A 的劝说 B 也不会乘飞机去旅行，二者之间确实存在引起和被引起的关系（一般意义上的因果关系）；如果说答案是肯定的，那么 A 的行为应该是故意杀人罪的实行行为，考虑到飞机失事极低的盖然性，将这样的行为认定为杀人罪的实行行为可能与公众朴素的法感情严重冲突。可见，因果关系理论已经不足以完美解决此类较为复杂的案件，单纯的事实判断在面对疑难案件时总是显得束手无策，要为法益受损结果的出现找到负责人，难就难在对行为的认定以及行为与结果之间引起与被引起关系的判断。因果关系在这里并不具有先验性，反而是需要被证明的内容，考虑到刑法的规范特性，从规范目的角度出发的归责思想势在必行。"归因与归责的区别在于：归因是一个事实问题，通过因果关系理论解决；归责是一个评价问题，通过客观归责理论解决。"[3] 客观归责理论自引入我国以后，赢得了越来越多学者的支持。作为该理论的集大成者，德国学者罗克辛提出他的客观归责体系，目的在于建立一个共通的归责理论，并且倾向于用客观归责理论来取代行为理论在刑法法理上的地位。但事实却是，罗克辛非但没有反对独立的行为概念，反而自创了新的行为概念，即上文所提及的人格行为理论。"如此看来，客观归责理论不但不再和行为理论相混淆，而且构成要件行为的概念的确应该和行为概念分开，也是可以分开的，而先于法律的行为概念并非没有存在的价值。"[4] 质言之，实践中疑难案件的科学处理需要刑法理论更多地关注刑法的规范属性，更多地进行规范性、实

〔1〕 [德] 冈特·施特拉腾韦特、洛塔尔·库伦：《刑法总论 I ——犯罪论》，杨萌译，法律出版社 2006 年版，第 93 页。

〔2〕 苏惠渔主编：《刑法学》，中国政法大学出版社 2016 年版，第 77 页。

〔3〕 陈兴良："从归因到归责：客观归责理论研究"，载《法学研究》2006 年第 2 期。

〔4〕 参见许玉秀：《当代刑法思潮》，中国民主法制出版社 2005 年版，第 409 页。

质性的思考，体现在行为与结果引起与被引起关系上即是从事实归因到结果归责的转变。而在这一转变过程中，独立于构成要件符合性的行为理论将扮演更为重要的角色。

第三，行为论是要给构成要件符合性、违法性和有责性提供判断的对象，而不是对对象进行的评判。行为和实行行为、犯罪行为存在内涵和外延上的严格区分。如我国台湾地区有学者所言，行为概念应可以适用于一切犯罪形态之各种要素，而无所扞格……至于法律规范对之所作评价，如违法、有责等，皆系附加的属性，与行为之本体，非不能分离而加以观察，亦即刑法上行为所指者乃包容各种犯罪行为之"类"概念，或上位概念。[1] 把处于上位的行为概念视为处于下位的构成要件之组成要素，明显犯了混淆种属的错误。而且，行为作为上位概念本可以起到串联构成要件、违法性和有责性三个部分的连结作用，但如果否认其在犯罪论之前的独立价值，行为论应有的衔接作用也定会遭到折损。另外，"对行为的判断是事实判断，即行为是否存在的判断，而对于犯罪的判断则是价值判断，即行为是否成立犯罪的判断，如果犯罪构成理论是集事实判断与价值判断于一体，那么就混淆了两类性质不同的判断"。[2] 可见，构成要件行为论在逻辑上显然存在位阶和属性的判断错误。

第四，既然谈到行为概念可以为阶层犯罪论提供评价的对象，即行为论可以对刑法并不关注的社会现象加以筛选和排除，那么行为论更有独立存在之必要。原因在于，如果说不属于行为的现象在犯罪构成要件的解释上自然会被过滤掉，那么构成要件行为论只不过是把行为的判断问题隐藏在了犯罪构成要件的层次里去讨论，但这并不意味着行为论与生俱来的价值就随之消失了。而且，既然刑法意义上行为的筛选（即从自然社会现象中筛选出具有刑法意义的行为）不可省略，那么"如果把行为与否的问题放在犯罪构成较后面的要件层次去检讨，就审查的效率来讲显然不经济"。[3] 就比如某公司要评选年度优秀男员工，按照行为论的观点，是先把公司所有的男员工选出来，然后再适用具体的评选细则来选出最终的获奖者；而按照构成要件行为论的思路，则是把公司所有的员工都纳入可以参评的对象，适用评选细则一一加以评判。虽然最终的结果可能相同，但从经济的角度来看，高下立判。而且，不能因为后者最终也把优秀的员工选出，就否认前一种先把男员工筛选出来的做法的意义和独立价值。

第五，强调行为论的独立判断，保证了刑罚处罚必须以事实为依据，从而遏

〔1〕 韩忠谟：《刑法原理》，北京大学出版社 2009 年版，第 91~92 页。

〔2〕 王充："中日犯罪论体系的比较与重构——以行为论与犯罪论的关系为视角"，载《中国法学》2006 年第 6 期。

〔3〕 黄荣坚：《基础刑法学》（上），中国人民大学出版社 2009 年版，第 99 页。

制了司法官员的主观臆断。若排斥行为论的独立性，直接进行构成要件符合性的判断，意味着司法机关可以挥舞着"大棒"在更大的范围内展开犯罪化活动，反而不利于刑法谦抑性的贯彻和落实。

综上，我们在评判某一刑法理论的优劣时，最重要的是明确通过这一理论想要达成什么目的，该理论能够起到的作用是什么，不能因为某理论没有发挥其被设计之初就不具备的功能而去责备、贬低它。"任何为意思所主宰支配的人类行为，唯有经过行为概念的判断，经认定系属刑法概念上的行为之后，始进而从事构成要件该当性、违法性与罪责等的犯罪判断……而非属刑法概念上的行为者，则即可认定不必开启刑法的评价工作。"〔1〕行为论在被提出之日就不是为了区分罪与非罪、此罪与彼罪，其目的只在于为是否要对某种社会现象开展刑法评价提供一个标准，现在部分学者以行为论不能判断犯罪能否成立为由对其加以批判，可能并不恰当。"大陆法系行为理论是要求从社会生活中存在的无数种类的生活现象中，界定出哪些现象应当成为刑法评价对象的行为，而哪些不是。针对这样的问题，没有一个基本确定的概念和理论支持是不可能办到的。在没有理解大陆法系行为理论解决什么问题的情况下，不应该对其理论进行无端批判和简单否定。"〔2〕因此，尽管行为论稍显复杂繁琐且争议丛生，但其理论和实践意义不容抹杀。

（三）规范的社会行为论概念的提出

上述分析表明，行为论依旧具有理论价值，其独立的体系地位不容置疑，对其横向发展趋势应该予以纠偏。但困境在于，既有的四种具体行为理论由于自身难以克服的弊端，都不能够独立承担起行为论继续向前发展的重任。因此，现阶段行为论的核心动力在于找到符合刑法学理论和刑事司法实践要求的、能够实现自洽的具体的行为理论，即现阶段刑法意义上的行为（前构成要件阶段）到底是什么？

从本质上来看，法律是一种综合的行为模式，人类不仅在事实上要根据法律规范的模式开展活动，而且也是据此进行共同生活的。"法律是稳定或者改变现存权力与统治关系的工具，是解决社会矛盾的手段。总之，法律是统治阶级用以对人类社会进行政治驾驭的工具。"〔3〕作为我国社会主义法律体系重要组成部分之一的刑法，在本质上也必然是对当前社会生活的一种反映和表现，是社会生活自然需求和生存条件相结合的产物，因此，法律（刑法）在根本上就具有社会

〔1〕 林山田：《刑法通论》（上），北京大学出版社 2012 年版，第 119 页。

〔2〕 林亚刚：《刑法学教义（总论）》，北京大学出版社 2014 年版，第 106 页。

〔3〕 参见［德］托马斯·莱赛尔：《法社会学导论》，高旭军等译，上海人民出版社 2014 年版，第 6 页。

属性。刑法脱胎于社会，也必须要反作用于社会。从这一角度上看，刑法所关注的对象也必然具有社会意义，没有社会意义的现象也就不具有刑法意义，刑法也没必要予以关注。如我国有学者所言，"社会评价与刑法评价虽对象一致，但各自评价体系、价值标准大相径庭。社会评价的标准包括伦理、公理、社会习惯等，是民间的评价体系，更能反映人民的价值观念、反映社会发展的需要"。[1] 行为论最主要的作用就在于为犯罪论提供评价的对象，即筛选出值得展开刑法评价的社会现象，因而行为论的观察视角不能脱离社会，在行为论中"重要的是，犯罪是在社会生活中所为的人的行为；亦即，作为事实，对于生活利益予以侵害或者使其危险化的行为，从保护重要生活利益的观点出发判断为无价值并作为犯罪；因而从理论上讲，在刑法评价之前就应当考虑其社会的意义"。[2] 从这一角度上看，社会行为论的根基（或称出发点），在本质上就是正确的。

与其他三种行为论相比，"社会行为论从价值论的角度出发，把行为理解为价值关系的概念，其着重于行为的社会价值和意义，用社会评价的眼光来看行为，因而社会行为论的概念既适用于故意行为，也适用于过失行为，既可用于理解作为，也可用于理解不作为。它结合了因果行为论和目的行为论各自的优点，比较完善地反映了行为概念的功能和效用，具有较大的合理性"。[3] 与因果行为论、目的行为论单纯从存在论的角度界定行为不同，社会行为论看到了刑法中行为所具有的价值意义，单纯、机械的肌肉活动的行为界定，已无法满足现代刑法对行为论提出的功能性要求，也人为地割裂了刑法与社会之间的互动关系；与人格行为论相比，社会行为论则更符合现代刑法的客观性要求。随着刑法客观主义成为时代主流，刑法重新把关注的焦点回归于客观的行为，在选取具有刑法评价必要的对象时，是谁实施了特定的行为并不重要，重要的是实施了什么行为，该行为值不值得发动刑法。"刑法客观主义认为，之所以要动用刑罚，是因为行为人客观上'某件事情'做砸了；刑法主观主义则认为，是'某个人'太坏了，所以要惩罚。因此，刑法客观主义紧紧盯住的是客观'事态'（行为、后果）——至于这件事情是谁干的，在违法与否的层面并不重要。"[4] 可见，人格行为论把是否进行刑法评价的标准确定为行为人人格主体现实化的主张，与主观主义"行为是某个人太坏了"的表示更显亲近，因而不符合现代刑法客观性

〔1〕 王安异："重解刑法中的危害行为——以行为的社会危害性评价为视野"，载《华中科技大学学报（社会科学版）》2003 年第 1 期。

〔2〕 ［日］野村稔：《刑法总论》，全理其、何力译，法律出版社 2001 年版，第 122 页。

〔3〕 向朝阳、甘华银："刑法中行为理论探微"，载《中国刑事法杂志》2005 年第 1 期。

〔4〕 周光权："刑法客观主义与防止错案"，载《东北师大学报（哲学社会科学版）》2017 年第 3 期。

的要求，社会行为论因而成为确定刑法意义上行为内容的不二选择。但不可否认的是，尽管这一理论受到德国和日本多数学者的认同并有成为理论通说之趋势，但传统意义上的社会行为论也并不是完美无缺的，最大的疑惑在于，何为"重要的社会意义"？某种行为能够成为刑法关注对象的评判标准——"人类行为具有社会的重要性"——到底是什么？

按照德国刑法学者的观点，现代国家在保证其自身存在的前提下，要保障社会中个体的自由发展，作为社会调控和治理手段之一的法律就具有了一项特殊的任务，即在协调市民之间不同利益的问题时，实现非暴力的协和，从而维系社会的正常运转。而在法律中，这种利益协调是通过一条条的规范来实现的。所谓规范，就是一些法律意义上的规则。这些规则决定了，在具体的社会生活中，哪些行为举止是能够为社会所接受和容忍的，哪些又是法律严格禁止的。考虑到现代刑法将法益保护作为根本目的的统治观点，两者相结合，即可得出"刑法是依靠规范来保护法益"的结论。[1] "规范是人类社会必不可少的要素。它的产生与人类有目的的活动相关。人类活动与其他动物活动的主要区别在于人类活动的有目的性，而规范则为人类更为有效地实现自身的目的提供了最为便捷的路径。"[2] 现代社会日趋复杂，多种利益诉求持续增长，多重价值观并立甚至尖锐对立，人类社会比任何时代都需要一套能够约束所有社会成员行为的规范体系。在规范划定的范围内，个人的活动自由不受限制，但在此之外，任何个人都要保证社会整体的和谐稳定和他人依据规范所具有的行动自由，否则就会受到规范的处罚。尽管如国外有学者所言，"规范像奶牛一样，容易辨识出来却不容易下定义"[3]，但法律规范作为社会规范的一种，因其独特的可预测性和国家强制性，逐渐从众多的社会规范中脱颖而出，在社会治理的过程中发挥着越来越重要的作用。"法律规范与其他社会规范的重要区别为，法律规范在国家法律秩序的统治范围内，要求具有无处不在的有效性，而其余的规范只是部分有效。另外，法律规范高度地形式化。它与其他社会规范的区别不在于'强制'，而在于形式化的制裁和形式化的社会控制。"[4] 规范在社会治理过程中重要性的深化，使其逐

〔1〕 参见［德］乌尔斯·金德霍伊泽尔：《刑法总论教科书》，蔡桂生译，北京大学出版社 2015 年版，第 23~24 页。

〔2〕 麻美英："规范、秩序与自由"，载《浙江大学学报（人文社会科学版）》2000 年第 6 期。

〔3〕 Kaushik Basu, "Social Norms and the Law", in Steven N. Durlauf&Lawrence E. Blume (eds.), *The New Palgrave Dictionary of Economics and the Law*, New York: Macmillan Publishers Ltd. 1998, pp. 476-481. 转引自郭春镇、马磊："对接法律的治理——美国社会规范理论述评及其中国意义"，载《国外社会科学》2017 年第 3 期。

〔4〕 ［德］阿图尔·考夫曼、温弗里德·哈斯默尔主编：《当代法哲学和法律理论导论》，郑永流译，法律出版社 2013 年版，第 470 页。

渐成为社会行为有效性判断的基本标杆，某种行为是否具有社会意义，更多地需要规范去评价、去衡量，行为的社会重要性正在向行为的规范评价重要性转化。社会重要性即规范重要性，而法律规范重要性又是规范重要性的重要表征。因此，在社会发展的当前阶段，社会重要性即意味着法律规范重要性，"法治中国建设应该突出法律规范的地位"。[1] 具体到刑法领域，需要刑法进行评价的社会现象应当具备社会的重要性，社会的重要性意味着法律规范的重要性。一言以蔽之，行为论需要提供给犯罪论评价的对象，必须是引起外界变动的、具有（刑法）规范意义上重要性的人的身体动静，即本文所主张的规范的社会行为论。

四、规范的社会行为论的具体展开

显然，规范的社会行为论不是从纯粹客观的角度对刑法概念上行为的存在论意义上的描述，而是加入了规范评价的价值要素，因而顺应了行为论从存在论到价值论的纵向发展趋势。这一部分将对规范的社会行为论的具体内容进行展开，既是概念自洽性的论证，也是其理论和实践意义的彰显。

（一）规范的社会行为论之内涵

本文用规范的社会行为论之名替代既存的社会行为论，是为了凸显规范评价在行为"社会重要性"判断过程中的圭臬作用。因此，规范的社会行为论就具有了规范性和行为性两大特征，这两个基本特征由以下因素所体现：

1. 人的身体举动性。即人的身体动静。我国学者通常将其定义为行为的"体素"。"体素是指身体动静，即所谓行止，这是行为的外部表现。"[2] 而人的身体举动，又可以再分为人的和身体举动两个基本因子，前者将诸如自然现象、动物等的行为排除在刑法概念上行为的范围之外，后者则是将刑法的视野从没有表现于外的、纯粹的人类思想活动中剥离。"刑法并不制裁单纯的思想活动与犯罪意图，也不惩处违法行为的决定。"[3]

2. 人身体举动性的有意性。即行为是出于人的主观意思，即行为的"心素"。"只有在具有主观的自愿性的情况下实施的行为，才可归属于行为人。"[4] 但是，就人的主观意思对行为影响到什么程度就可判定特定行为是行为人主观意思的表现，即"有意性"的具体内容，还存在着"意思支配说""意思支配可能

---

〔1〕 陈金钊："多元规范的思维统合——对法律至上原则的恪守"，载《清华法学》2016 年第 5 期。

〔2〕 陈兴良：《刑法哲学》（上），中国政法大学出版社 2009 年版，第 84 页。

〔3〕 ［法］卡斯东·斯特法尼等：《法国刑法总论精义》，罗结珍译，中国政法大学出版社 1998 年版，第 214 页。

〔4〕 陈兴良主编：《刑法总论精释》，人民法院出版 2015 年版，第 157 页。

性说"和"意思舍弃说"等不同观点。[1] 关于前二者的评判，将在后文予以详述，此处仅对第三种观点，即主张行为是一种人的外部态度或者身体的动静，行为概念中不应当包含主观的意思要素的"意思舍弃说"展开评价。

我国有学者在对大陆法系既存几种行为理论进行评析后认为，行为理论在经过一百余年的争论之后，似乎又回到了它最初的出发点，即一切身体的动静均为行为的古老的身体动作说了。所不同的是，原来的身体动作说只是基于一种原始朴素的感觉，而现行的行为说则是经过理性的探讨之后得出的结论。因此，考虑到我国刑法理论中行为论研究的混乱现状，倒不如从行为概念中抛弃意思要素，而直接用社会危害性的身体动静来概括行为概念。[2] 但是，从行为论发展的纵向趋势之二——行为必须是人的"有意识"的活动和本文所主张的规范的社会行为论的立场来看，必须把人的身体举动和人的主观意识相结合，才能正确界定行为的内涵。具体而言：

第一，关于对待行为论的立场问题。有学者认为，刑法中所研究的行为和哲学以及其他社会科学上研究的行为毕竟不同，刑法学的主要研究对象是刑法中所规定的、作为各个犯罪构成的客观要件内容的行为，即危害行为或实行行为。论者认为，这一观点明显犯了和前述主张将行为论纳入犯罪论的构成要件行为论同样的错误。行为论研究的是进行构成要件符合性判断之前的行为，是需要运用构成要件进行评价的对象，而不是构成要件组成要素本身。前提与定位的偏差，导致了对行为概念界定结果的不准确性。

第二，论者认为将主观意思作为行为的构成要素，会不当地缩小危害行为的成立范围，并举精神病人的行为和不可抗力情况下的行为为例，认为二者在客观上都给法益造成了侵害，具有社会危害性，因而是刑法意义上的行为，而在这两种行为中，显然不存在人主观意思影响的痕迹。从社会行为论的立场来看，行为是否具有有意性和特定行为是否要承担刑法意义上的处罚是两个完全不同的问题，论者认为我国刑法规定对因精神病而不负刑事责任的人，应当责令他的家属或者监护人严加看管和医疗，在必要的时候，由政府强制医疗，这就意味着精神病人的行为是危害行为。然而，刑法中的行为和危害行为毕竟不是一个层次上的问题，危害行为应该包含在刑法中行为的概念范围之内，刑法条文表述了某种行为，并不意味着这种行为就是刑法规定的具有社会危害性的应受刑罚处罚的行为。"最广义的行为包括犯罪与非犯罪行为，最广义的行为体现一切行为的共性，

---

〔1〕 参见刘士心：《刑法中的行为理论研究》，人民出版社 2012 年版，第 47~50 页。

〔2〕 参见黎宏："论刑法中的行为概念"，载《中国法学》1994 年第 4 期。需要说明的是，黎宏教授在其最新出版的教材中依旧维持了此种观点，参见黎宏：《刑法学总论》，法律出版社 2016 年版，第 77~79 页。

如我国《刑法》第 12 条规定的行为。"[1] 因此，刑法条文表述了精神病人的行为，并不一定代表着这种行为是刑法意义上的危害行为，从而也就难以以此来否认主观意思对行为的影响性。

第三，论者认为以此可以解决刑法中有关行为的各种争论。由于刑法理论中有关行为的定义难以概括说明行为的本质及其全部表现形式，从而引起刑法理论中有关行为的各种争论。主张将主观因素从行为概念中排除的做法，并用"危害社会的行为"这一更为实质的概念来搪塞，可能并不是一种科学的研究态度，也不利于行为理论有关争议的平息。

3. 外部世界的变动性（变动可能性）。即通过人有意识的身体动静，引起了外部客观世界的变动（变动可能性），我国也有学者称之为行为的"有害性"，意味着刑法概念上的行为是对社会有害的身体动静。[2] 这是将行为等同于危害行为后得出的结论，与行为论所探讨的行为特征存在一定的差距，但是也足以反映行为与外部世界的关系。行为必然是引起了外部世界一定程度上改变（改变的可能性）的身体动静，至于这种改变是否对社会有害、行为人是否要对此承担责任，则是犯罪论要解决的问题。需要说明的是，人的主观意识即使通过表现于外的行为，引起了外部世界的改变（改变的可能性），这也并不意味着行为可以改变客观规律，而只能是利用这种规律。举例而言，某人想要打碎一个花瓶，他首先要接近花瓶，然后拿起花瓶用力摔在地上。这种通过行为来改变外部世界的活动，显然是利用了万有引力和物理学中力的原理。行为可以通过客观规律来改变外部世界，但行为并不可以改变规律的客观性。

4. 人有意的身体动静与外部世界变动的关系。我国虽有部分学者认可"行为具有有意性"的观点，但在具体论述时，对行为有意性和外部世界变动之间的连结着墨不多，通常把二者之间的关系想得过于简单，似乎行为的有意性和行为作出引起外部世界变更之间具有当然的联系而不需要给予过多说明，典型的表述为"作为危害行为，也应该反映行为人的主观心理态度，只有在人的意志的支配下实施的行为，才具有刑法评价的意义"。[3] 但关于人的意志是怎样支配行为的实施，或者说人的意志要在多大程度上支配行为的实施，才能肯定二者之间的连结关系？即上文提及而未予以解答的"意思支配说"和"意思支配可能性说"的评价问题是需要学者进行时说明的。这与"人有意的身体动静与外部世界变动的关系"是一个问题的两个方面。遗憾的是，我国大陆地区刑法学者对此问题研

---

[1] 参见刘仁文主编：《刑法学的新发展》，中国社会科学出版社 2014 年版，第 157 页。
[2] 参见于志刚、孙万怀、梅传强：《刑法总论》，高等教育出版社 2011 年版，第 146 页。
[3] 刘艳红主编：《刑法学》（上），北京大学出版社 2016 年版，第 105 页。

究甚少。

近来我国台湾地区有学者将自然科学领域关于人类行为引起原因的研究成果适用到刑法领域中来。这种自然科学的研究成果表明，人的身体动作是一种骨骼与肌肉系统的变动，能驱发这一整个过程的源头，只有神经传导的电流现象，真正的作用流程其实是脑部发出神经元的电流指令，通过身体神经系统的传导，使得末端的手部骨骼和肌肉能够联动地产生反应。而之所以会有特定脑电波指令，其实是储存于脑部的经验共同作用所致，过去的经验内容自然会决定脑电波指令的内容。但这并不意味着人的意志或者行为可以完全理解为神经传导效果，意志的人类属性与神经传导的生物学关系，同时存在于同一个脑部及神经系统内。该机制的生理机构侧面，是通过脑部系统中枢内的神经元放电以及神经传导等生物学机制，而该机制的另一侧面，则是人具有意志自由，能够产生心灵现象的意志。这样看来，"传统刑法学的想法显然过度简化了意志与行动自由之间的关系，也忽视了人类行动选择过程中的生理特质"。[1]

自然科学的研究成果也许能够为我们解决上述问题提供启发。既然从意识产生到行为的最终作出，是意志和神经电流传导两个独立机制共同作用的结果，也就说明了个人的目的、个人的人格，其实在行为的形成过程中并没有起到决定性的作用。"行为目的与人格特质只影响意志决定时的个人动机，并由个人基于意志自由决定动机轻重并采取何种行动，一旦决定之后，不论意志作用的延展或是神经生理机制的发动，都与内在的目的或人格属性无关。"[2] 即人的目的和人格只能起到"发起"行动意志的作用，一旦行动意志"被发起"，就由客观的神经生理机制所控制，再与二者无关。这也可以从另一个角度说明目的行为论和人格行为论的不足之处。

因此，行为的有意性和外部世界变动之间引起与被引起的关系讨论，涉及意志形成和神经传导两个方面的内容，考虑到后者的客观生物属性以及意志可以决定行动的方式，并影响神经、骨骼、肌肉的运作机制，在刑法上具有重要意义的可能只是意志的形成机制。人基于意志自由可以决定某特定意志是否形成、形成某特定意志后是否要将其付诸行动，而刑法在构成要件之前行为论阶段要评判的，也就是此种行动意志的形成是否具有规范上的意义。从这一视角来看，上述"意思支配说"的观点可能更为可取。

5. 行为的规范意义。规范的社会行为论认为可以进入犯罪论评价阶段的行为必须具有法律（刑法）规范上的重要性，何为"刑法规范上的重要性"也就

---

〔1〕 参见许恒达："再访行为理论"，载《成大法学》第 26 期。
〔2〕 许恒达："再访行为理论"，载《成大法学》第 26 期。

成为问题的核心。

事实上，关于刑法规范的理解，一直存在两种尖锐对立的观点，一种观点认为，刑法规范既是行为规范也是裁判规范，即刑法规范不仅给法官裁判某种行为是否成立犯罪提供标准，也是社会公众的行为指南；而另一种观点则认为刑法规范只是裁判规范，即使社会中的个人没有按照刑法规范规定的方式行动，只要没有出现法益侵害的后果或者危险，就不是刑法关心的对象。[1] 显然，这涉及在阶层犯罪理论违法性判断中行为无价值与结果无价值的争论。本文探讨的主题是犯罪论前阶段的行为概念，自不涉及这一争论。但是，如果只将刑法规范视为裁判规范，那么在阶层犯罪论还未启动的情况下，刑法规范是不发生作用的（因为此种观点认为刑法规范适用的主体是法官而非行为人），那么本文所主张的规范的社会行为论也就无从谈起。从这一点上讲，主张刑法规范既是行为规范、又是裁判规范的观点[2]无疑更为本文所取。在明确了这一点之后，这一部分的重点即在于说明刑法的行为规范属性究竟是什么。

按照社会学的观点，在人类社会由"机械团结型"过渡到"有机团结型"后，尽管我们每个人都属于某个公社或者省份，但是连结社会个人之间的纽带却一天天变得松弛，这种地域上的划分很难唤起个人内心中的深厚感情，那种充满"地方观念"的爱国精神也随之烟消云散。因此，国家在造就了适合人们共同生活的唯一环境的同时，人们却要不可避免地脱离这个环境，甚至人们之间也会相互脱离。因而，现代社会中充斥着各种"失范"现象。这就意味着，现代社会中，传统的地域限制已经被打破，以往依靠的地域、氏族、家族影响已经难以再对个人行为产生制约。现在我们最需要的，恰恰是一个正常社会有序运转所需要的整个社会机构体系。一个社会，乃至于任何一个实体，能够产生凝聚力的首要条件就是它的各个部分绝对不能相互纷扰，相互冲突。而所谓的个人权利，不管是针对人的还是针对物的，都是由双方的妥协和让步决定的，因为一旦有人获得了某种权利，就意味着他人必须放弃该种权利。这种权利上的相互限定只能在一种理解和和睦的精神中才能够得到实现。而如若通过强力解决此种矛盾，总归是不长久的、不牢固的，就像交战国家之间的停火协议一样。除非借助一条社会的纽带团结起来，人们彼此贴近的感情才会全面自然地限制自私自利的倾向。[3] 申言之，人类社会在进入"有机团结型"之后，大家相互尊重、相互容忍，作

---

〔1〕 关于行为规范与裁判规范的概念区分及发展始末，参见王永茜："论刑法上裁判规范与行为规范的分离"，载《清华法学》2015 年第 5 期。

〔2〕 关于这一观点的合理性论证，详见周光权："新行为无价值论的中国展开"，载《中国法学》2012 年第 1 期。

〔3〕 参见［法］埃米尔·涂尔干：《社会分工论》，渠东译，三联书店 2000 年版，第 40、81~83 页。

出必要的牺牲，以换得个人在自我权利中的绝对自由和社会共同体的存续与发展。违法甚至犯罪逐渐成为个人的事，他人并不会对此有过度的情绪反应，法律在总体上呈现出由惩罚性向保护性、恢复性转变的趋势。传统意义上的"集体意识"对社会个体的约束力减弱，在社会共同道德衰落之后，社会产生了一种"失范"的状态，犯罪也就成了"失范"的结果。因此，现代社会更需要的是一套能够划定个人自由领域的、适用于全体社会成员的、能够获得全体社会成员共同认同的规范体系。在自由领域之中，个人的行为不受限制，在自由领域之外，社会规范是个人的行动指南，从而实现个人利益（法益保护）和社会秩序（规范效力）的良性互动。违法和犯罪首先是对规范的违反，而法律（刑法）通过处罚违法和犯罪，恢复了规范的有效性，也强化了社会公众对规范的认同感，进而逐步将其内化为自己今后的行为方式。所谓规范，也就是"从某个具体的、历史性的现实国家秩序中总结、提炼出来的特定社会的存在方式"。[1] 进而，所谓刑法规范，就是"刑法意义上的[2]，从某个具体的、历史性的现实国家秩序中总结、提炼出来的特定的存在方式"。而所谓刑法的行为规范，就是"刑法要求的，从某个具体的、历史的现实国家秩序中总结出来的，为了维系社会发展和存续所必须遵守的最低限度的社会公众存在方式"。[3] 不难看出，刑法的行为规范属性更多地具有了命令的性质，"刑法规范就是行为的命令即禁止，它作为一定的刑罚条文的前提而存在的行为法即行为规范。它表现为国家为实现自己的目的而命令其国民及国家机关为实现目的而进行的必要行为"。[4] 刑法规范提前为社会公众设定了维系共同体存续的最低限度的行为模式，在这种模式范围内活动，刑法自不关注，越过模式边界进而侵犯法益（或有法益侵犯的危险）的越轨行为即是刑法重点规制的对象。"刑法规范涉及的是人的某些没有遵循某种特定标准或规则的行为，即指令或者禁止人们从事某种行为的标准或规则。"[5]

（二）规范的社会行为论之价值

1. 理论意义：保证行为论机能的充分发挥。关于行为论应该具有的机能，各国学者基于不同的侧重点曾得出过不同的结论，如德国学者耶塞克、魏根特两位教授认为，行为概念具有连结构成要件符合性、违法性和有责性的元素机能，界限行为可归责性的机能，排斥非重要因素的机能，统一评价作为与不作为、故

---

〔1〕 参见周光权：《行为无价值论的中国展开》，法律出版社 2015 年版，第 35~59、93 页。

〔2〕 如众周知，法律是最低限度的道德，而刑法作为法律体系中的保障法，系属第二位阶，这一定位决定了刑法意义上的规范要求，应该是维护国家、社会共同体，实现生存和发展的最低限度要求。

〔3〕 从这一概念界定中不难看出，规范的意义具有随着社会发展的变动性。但是考虑到某一特定国家特定历史时期的时间跨度，规范其实也具有相当的稳定性。

〔4〕 马克昌主编：《近代西方刑法学说史》，中国人民公安大学出版社 2008 年版，第 254~255 页。

〔5〕 刘明祥主编：《刑法的基础理论》，中国人民大学出版社 2015 年版，第 163 页。

意与过失的分类机能，包容刑法体系的定义机能和排斥不能作为犯罪对待的行为方式机能，等等[1]；意大利学者帕多瓦尼认为，从原则上说，行为的概念应该具有"分类功能""限制功能或否定功能"和"教义与应用功能"三大功能[2]；我国有学者认为行为概念作为一个学术术语，对刑事立法、司法应该具有导向作用，因而既要考虑行为概念的实践性机能，又要注重它的理论功能，就其理论功能而言，可分为元素功能和统一功能两类[3]。对于行为概念应该具有的功能，上述学者虽有表述上的差异，实则区别不大：行为概念作为刑法学研究的起点，其"目的在于过滤那些和刑法规范的遵守根本不相干的人类态度"[4]，区分需要进行和不需要进行刑法评价的社会现象，毫无疑问是行为论的首要机能；此外，根据"犯罪是行为"的法谚，行为概念应该把犯罪论构成要件符合性、违法性和有责性三个阶段串联起来，以实现从广义行为到犯罪行为过程中"行为论——犯罪论——刑罚处罚论"三者的体系协调，沟通阶层犯罪论的不同层次就成为行为论的另一机能；最后，行为论作为上位概念，必须可以涵盖所有的行为方式，故统一功能也是行为论的重要机能。关于行为论的"过滤"机能已在前文有所提及，此处只着重讨论行为论的统一机能和连结机能。

（1）统一机能。规范的意义在于告知社会公众什么行为可以做、什么行为不能做、什么行为必须做。因此，如果是在规范划定的领域内做了可以实施的行为，刑法自不予以关注；如果做了规范明确要求的不能实施的行为，则是以积极主动的作为方式违反了规范；如果是没有做规范明确要求的在特定情形或因具有特殊身份而必须实施的行为，则是以不作为的方式违反了规范。因此，以规范作为评价标准，可以把作为、不作为、故意、过失（忘却）等各种行为方式统一纳入行为论的范围之内，使行为论统一机能的发挥得到保障。

（2）连结机能。"只有坚持刑法阶层理论，才能正确地解决司法实践中的疑难案件。"[5] 大陆法系三阶层犯罪理论自引入我国刑法领域后，逐渐代替四要件理论成为通说，目前刑事司法审判活动也在逐渐适用阶层犯罪论来解决疑难案件，阶层论已成犯罪论的主流。行为论作为为犯罪论提供对象的准备阶段，实现与阶层犯罪论的"无缝衔接"，是顺利进行犯罪成立与否判断的必要条件，也是对行为论体系地位的一种巩固。

---

〔1〕 参见 ［德］汉斯·海因里希·耶塞克、托马斯·魏根特：《德国刑法教科书》，徐久生译，中国法制出版社 2001 年版，第 268~269 页。

〔2〕 参见 ［意］杜里奥·帕多瓦尼：《意大利刑法学原理（注评版）》，陈忠林译评，中国人民大学出版社 2004 年版，第 102 页。

〔3〕 参见童德华："刑法中的行为：机能、概念与犯罪论体系"，载《法学评论》2001 年第 6 期。

〔4〕 黄荣坚：《刑法问题与利益思考》，中国人民大学出版社 2009 年版，第 33 页。

〔5〕 陈兴良："刑法阶层理论：三阶层与四要件的对比性考察"，载《清华法学》2017 年第 5 期。

  阶层犯罪论传入后，不同学者基于我国刑法学研究现状对其进行过一定程度的"本土化"改造，但犯罪判断应该遵循"构成要件符合性——违法性——有责性"三个递进阶段进行是大多数学者的共识，而这样做的最大优势在于，"犯罪构成的递进式结构，在对犯罪的认定上采取排除法，这是比较符合人们的思维习惯的。构成要件的该当性、违法性和有责性，环环相扣、层层递进，各要件之间的逻辑关系明确，易于区分罪与非罪，具有一定的长处"[1] 首先，构成要件是指"刑法法规中受禁止的举止的抽象描述"[2]，即刑法分则中对具体个罪行为方式的描述。但问题在于，刑法分则中对个罪行为方式抽象描述的来源是什么？如《中华人民共和国刑法》第 234 条之一规定的"组织出卖人体器官罪"，在《中华人民共和国刑法修正案（八）》颁布以前，尽管我国存在禁止、限制捐献、移植人体器官行为的法律法规，如 2007 年国务院颁布的《人体器官移植条例》第 3 条规定，"任何组织或者个人不得以任何形式买卖人体器官，不得从事与买卖人体器官有关的活动"。但在巨大经济利益的诱惑之下，仍有不法分子铤而走险，人体器官非法交易行为仍时有发生，"这些行为不仅严重损害了他人的生命、健康权利，而且极大地破坏了社会的善良风俗，扰乱了国家器官移植的医疗管理秩序，对社会公共秩序造成了不可估量的侵害"[3]（法益侵害），也严重违背了现代社会中"不得损害他人身体健康"的行为规范（规范违反），因而立法者通过修正案正式将此种行为纳入刑法的规制范围。从刑法条文的表述来看，包括：组织他人出卖人体器官；未经本人同意摘取其器官，或者摘取不满18 周岁的人的器官，或者强迫、欺骗他人捐献器官；违背本人生前意愿摘取其尸体器官，或者本人生前未表示同意，违反国家规定，违背其近亲属意愿摘取其尸体器官。以上三种行为方式的规定，显然是对发生在现实生活中各种非法摘取、买卖他人器官行为类型的高度概括，同时也是对违背"不得损害他人身体健康"这一规范的行为的具体化。这意味着，刑法分则具体条文的罪状表述，其实就是对各种违反社会行为规范行为类型的高度概括，社会行为规范是刑法分则罪状表述的直接来源。规范的社会行为论将规范作为行为社会意义的评价标准，从而实现了行为论与构成要件符合性判断的完美衔接。两者的区别仅在于，行为论中的规范，是一种广义上的规范，如"不得侵害他人生命、身体和财产"，刑法分则条文又将这种广义上的规范具体化为"故意杀人罪""故意伤害罪""盗窃罪""抢夺罪""抢劫罪"等多个罪名，行为论和犯罪论实现了评判标准上的一

〔1〕 陈兴良："转型中的中国犯罪论体系"，载《现代法学》2014 年第 1 期。
〔2〕 蔡桂生：《构成要件论》，中国人民大学出版社 2015 年版，第 44 页。
〔3〕 参见高铭暄：《中华人民共和国刑法的孕育诞生和发展完善》，北京大学出版社 2012 年版，第452 页。

致性。在有责性的判断[1]，即确定行为人刑罚轻重的阶段，除了要考虑行为事实上给法益造成的损害程度，行为人对规范的蔑视和不遵守程度也是需要考虑的因素。行为人通过身体举止，表明了特定的规范在特定的情况下对其自身而言是无效的。犯罪人因为犯罪而受到刑罚谴责，正是因为他通过自己的举止表明他不愿意遵守特定的规范。[2]

综上，规范的社会行为论通过"规范"将行为、构成要件、违法性、有责性衔接到一起，实现了行为论与犯罪论的有效沟通，使行为概念的连结机能得到充分发挥。

2. 实践意义：我国轻犯罪法制定的重要依据。自颁行以来，现行刑法已历经 10 次修改，从最新的修改动态来看，《中华人民共和国刑法修正案（十）》将在公共场合侮辱国旗、国徽、国歌的行为正式纳入刑事治理，表明刑法不仅关注传统意义上针对国家安全等的严重犯罪活动，而且开始重视对国家尊严这一"精神性"法益的保护。《中华人民共和国刑法修正案（九）》积极回应社会现实，如考虑到我国社会步入网络信息时代，与网络相关的社会越轨行为频出，需要刑法及时作出回应，进而补充完善对网络犯罪的处罚规定。又如增加"组织考试作弊""虚假诉讼"等罪名，以惩治逐渐呈现蔓延之势的失信、背信行为，重构社会诚信体系。现在回顾起来，2011 年 5 月 1 日起施行的《中华人民共和国刑法修正案（八）》将醉驾、飙车等危险驾驶行为定为犯罪曾引起广泛热议，正是此次修正确立了刑法中刑罚配置最轻的罪名——危险驾驶罪（最高刑期是 6 个月拘役），在这个意义上可谓开创了轻罪立法之先河。而以上种种立法趋势反映出刑法对社会转型过程中出现的新问题予以积极回应的态度，刑法更积极地参与到了社会治理中来。

从现实层面上看，我国目前正处在由整体小康向全面小康迈进的社会转型期，各种利益需求持续增长、多重价值观并立甚至尖锐对立，社会矛盾依然多方面存在，社会越轨行为亦多发：在社会公共生活方面，随地吐痰、乱丢垃圾、公共场所随意抽烟等不良行为随处可见，行业"黄牛"屡禁不止，骑车随意逆行变道等违法违章现象频出。不把法律当回事的屡禁不止者大有人在，如不久前媒体报道了有人因吃"霸王餐"、洗"霸王浴"在 4 年内被行政拘留 26 次，进去快，出来也快，根本不知悔改。还有人随意转发侵犯国家名誉、破坏社会稳定、侵犯他人隐私权的网络推送消息。考虑到我国现行刑法的重刑结构，上述现象尽

---

〔1〕 由于行为符合构成要件即具有违法性，故此处不单独对规范与违法性的关系进行介绍。

〔2〕 参见［德］乌尔斯·金德霍伊泽尔："论犯罪构造的逻辑"，徐凌波、蔡桂生译，载《中外法学》2014 年第 1 期。

管都在一定程度上违反了法律规定，但由于不具备足以发动刑罚的社会危害性，尚难适用刑法予以处理，而一般的行政处罚手段又无法从根本上遏制类似行为，结果就是社会管理过程中的"灰色地带"越来越大，不利于社会治理目标的实现。尤其是在劳动教养制度废除后，出现刑法与治安管理处罚法、刑事处罚与行政处罚衔接真空的背景下，如何利用有限的司法资源实现行政权与司法权的合理配置，就成为亟待解决的问题。

综合社会发展的需要和近年来刑事立法的发展趋势，有学者认为，不断扩充刑法典条文数量，既不利于成文刑法典的稳定性，还容易招致学者非议。与其这样不如效仿日本，在刑法典之外直接制定一部专门处理轻微违法犯罪行为的轻犯罪法。[1] 我们认为这种立法建议是值得赞同的，从我国社会发展现状和现阶段社会的主要矛盾出发，在未来构建一套"刑罚处罚为顶、轻犯罪法处罚居中、治安管理处罚为底"的违法犯罪行为治理体系是社会发展的必然要求。而单凭一部刑法典来完成这一目标显然是不实际的，也会使刑法典不堪重负，轻犯罪法的制定具有理论和现实的双重依据。而本文所赞同的规范的社会行为理论，可以为该部法律的制定提供规制对象选择上的指引。质言之，轻犯罪法规制的也必然是违反社会行为规范的行为，只不过在规范违反的广度和程度上不及需要刑法典予以规定的行为那么强烈。而且，同样是依据规范来对行为的性质和应该给予的处罚进行评判，也可以实现刑法、轻犯罪法、治安管理处罚法的有效衔接。这也成为规范的社会行为论在现阶段所具有的最大实践意义。

五、结语

依照规范的社会行为论的观点，刑法关注的必须是人有意识的身体动静，且这种身体动静具有社会（法律）规范评价上的重要意义。在本文开头所提及的"童某梦游伤人"事件中，经过浙江省精神卫生研究院对童某的反复测试，认为童某伤人行为系在梦游状态下作出，其当时完全不能意识到自己行为的性质，甚至不能认识到自己作出过某种举动，因此不能被认为是人的"有意性"的身体举动。从规范的角度来看，任何人都不会主张对"梦游行为"定罪，童某的行为也就没有违反"不得伤人"的行为规范，不具有规范评价意义，因而不是刑法关注的对象。换言之，任何人在相同情况下作出的相同行为，都不会受到刑罚处罚。

---

[1] 参见王渊："刑法立法未来趋向：完善轻罪治理体系"，载《检察日报》2017年10月31日，第3版。

我国死刑案件引入无效辩护制度的思考[*]

◎王　奎[**]

"律师的辩护行为中出现严重瑕疵而导致影响诉讼结果的公正性，一旦律师的行为被上级法院宣布为无效行为，原审法院的判决就将被撤销并发回重审，以

---

    [*] 基金项目：本文为湖南省教育厅项目"论我国死刑案件有效辩护的实现"（09C979）的阶段性成果。

    [**] 作者简介：王奎（1977—），男，湘潭大学法学院副教授，法治湖南建设与社会治理协同创新中心、全面依法治国与司法反腐研究所成员。

此保障被追诉人宪法意义上的辩护权。"〔1〕 无效辩护制度是英美法系国家为了保证犯罪嫌疑人、被告人特别是面临死刑者充分有效辩护权而建立起来的一项非常重要的制度，这一制度对于保障犯罪嫌疑人、被告人充分有效的辩护权、实现诉讼公正具有重要的价值和意义。然而对于这一制度，我国立法尚处在空白状态，理论上对其进行研究也只是近几年的事，在笔者看来，在我国严格限制死刑、坚持少杀、慎杀的死刑政策下，特别是在中国律师做的无罪辩护成功的案件大部分都是用律师通过调查取证获得的其他证据来证实当事人是无罪的，而不是简单地提出合理怀疑就让法官按照疑罪从无这种精神判被告人无罪的情况下〔2〕，了解与借鉴这一制度，对于保障面临死刑人充分有效的辩护权、减少死刑适用、防止死刑错案的发生无疑具有较大的积极意义。

一、死刑案件无效辩护制度简述

辩护权是面临指控的嫌疑人、被告人应当享有的一项非常重要的权利，然而，由于法律日益精细化、复杂化，没有法律专业知识而面临指控的犯罪嫌疑人、被告人很难充分有效地行使辩护权，在这样的情形下，获得一个认真负责的律师的法律帮助便显得至关重要。正如艾伦·德肖薇茨教授所说："认真负责，积极热心的辩护律师是自由的最后堡垒———是抵抗气势汹汹的政府欺负它的子民的最后一道防线。辩护律师的任务正是对政府的行为进行监督和挑战，要使这些权势在握的尊者对无权无势的小民百姓做出格行动前三思而后行，想想可能引起的法律后果，去呼吁，去保护那些孤立无援无权无势的民众的正当权利。"〔3〕

美国宪法第六修正案确定了面临指控的人享有律师协助权，为了保障面临死刑人获得实质的充分有效的律师辩护，美国逐步建立起了评价死刑案件辩护有效充分的标准与保障制度，其中就包括了无效辩护制度。在 1932 年的 Powell v. Alabama 一案中，联邦法院认为律师辩护属于公平审判最基本的内容，法院应当为贫穷的被追诉人指定辩护律师，而且指定辩护如委托辩护一样，也必须提供有效的法律援助。而在 1970 年 McMann v. Richardson 案中，联邦最高法院认为，被告人有权"在刑事辩护律师的能力限度之内"，获得"合理的合格的"建议。随后在 1977 年 Ex Parte E-wing 案、1980 年的 Cuyler v. Sullivan 案等案件中，法院对有效辩护的标准进行了进一步的阐述，及至 1989 年，美国律师协会针对死刑案件制定了《美国死刑案件有效辩护指导纲要》，2003 年又由不同机构和专家共

---

〔1〕 李玉萍：《刑事诉讼行为无效制度论》，中国人民公安大学出版社 2010 年版，第 20 页。

〔2〕 参见李贵方、张燕生等：《死刑案件的有效辩护》，中国政法大学出版社 2017 年版，第 160 页。

〔3〕 ［美］艾伦·德肖薇茨：《最好的辩护》，唐交东译，法律出版社 1994 年版，第 5 页。

同制定了《死刑案件中辩护团队减刑职责补充纲要》，至此，死刑有效辩护标准在美国得以确立与进一步完善、发展。

根据这些案例与规定，无效辩护是指律师辩护存在过分的瑕疵或缺陷，使得被告人遭到不利的后果与影响，在此情况下，被告人可以提起无效辩护之诉。这一制度中最核心的问题是，在什么情况下，辩护律师提供的辩护是无效的，即无效辩护的判断标准问题。对于这一问题，美国历史上出现了荒诞剧或者笑柄标准、合理有能力的帮助标准和双重证明标准三个具有代表性的标准。荒诞剧或者笑柄标准是 1945 年哥伦比亚特区巡回上诉法院在审理 Diggs v. Welch 案时提出的，其认为，如果律师的辩护行为如同荒诞剧或者笑柄以至成为"毫无效果的代理"时，辩护才是无效的。然而这一标准过于严格，在实践中不易掌握，随后 1973 年联邦哥伦比亚特区在 United States v. DeCoster 案中，确立了"被追诉人有权获得有合理能力的律师为其提供勤勉的、有责任心的辩护"的有效辩护标准。由于这一标准在当时看来，要求过高，因为大多数有能力的律师都不愿意为贫穷的人进行辩护，因而将导致无效辩护之诉案件的增加。基于这方面的担忧，在 1984 年的 Strickland v. Washington 案中，联邦最高法院确立了无效辩护的双重判断标准：其一，刑事被告人必须证明律师的表现有缺陷——低于"合理的客观标准"，即客观上存在代理缺陷，也就是说"律师的错误严重到了该律师并没有发挥……第六修正案所保障的'律师'作用的程度"。其二，被告人还必须证明，这种有缺陷的表现所造成的损害，即如果没有这么拙劣的表现，出现一个不同的诉讼结果具备"合理的可能性"，[1] 这一标准已成为美国无效辩护的一个通用的标准。在面临死刑的被追诉人以无效辩护为由向法院提起诉讼时，如果法院根据 Strickland v. Washington 案中的标准认定辩护律师未能提供有效辩护，并且给判决带来了不公正的后果，那么，上诉法院将判定为无效辩护，面临死刑的被追诉人的定罪将被上诉法院推翻，案件将被发回重审。

二、我国死刑案件设立无效辩护制度的必要性

从上述简要分析中，我们不难看出，美国的死刑无效辩护制度经历了一个较长的发展过程，尽管这一过程充满了各种争议，但其最终得以确立，说明这一制度本身具有较大的合理性。基于此，我国非常多的学者对此进行了分析和研究，越来越多的观点认为，我国也有必要建立这一制度。但尽管如此，理论界对在我国建立这一制度的必要性和可行性却鲜有深入研究，基于此，笔者试图对此进行

---

〔1〕 贺红强："美国死刑案件中的律师帮助权和有效辩护的互动"，载《社会科学家》2013 年第 2 期。

深入分析。在笔者看来，我国建立死刑案件无效辩护制度的必要性主要体现在以下几个方面：

（一）符合"有权利必有救济"的法律理念

"有权利必有救济"是古老的法谚，正如英国1703年的"阿什比诉怀特案"（Ashby v. White）中首席大法官宣称的，"如果原告拥有一项权利，他就必然要有维护和保持该权利的方法，如果他在行使权利时遭到侵害则必须要有救济……对权利的需求和对救济的需求是相互的……一个人得到救济，也就得到了权利；失去救济，也就失去了权利"。[1] 从中我们不难看出，没有救济的权利不能称之为权利。律师辩护权作为被指控者辩护权的一部分，虽然"我们可能假定辩护律师总是称职和勤勉的，但是这仅仅是对抗制司法逻辑的理想观念而已。在现实世界，并存着律师的好与坏、勤勉与懒惰"[2]，如果因为律师的懒惰，导致辩护不充分有效，那么正如美国联邦最高法院认为的，与无辩护人无异。[3] 如此看来，辩护律师没有提供充分有效的辩护，相当于被指控人没有辩护人一样，无疑使自己的辩护权没有得到保障，那么在这种情况下，应当设置相应的保障制度即无效辩护制度来予以救济。因此，设置无效辩护制度是辩护权本身的应有之义，符合"有权利必有救济"的法律理念。

（二）满足面临死刑人各项权利保障的需要

正如美国联邦最高法院在1986年基梅尔曼诉莫里森案中指出的："没有获得律师帮助的权利，公正审判本身将成为无源之水……因为只有借助于律师的帮助，被追诉人才能保障他的其他权利。"[4] 在刑事诉讼过程中，辩护权作为"被追诉人所有诉讼权利的总和"是被追诉人所有权利的基石和核心，是被追诉人其他实体权利与程序权利得以保障的重要途径与方式。正因如此，不仅《公民权利和政治权利公约》以及《保护所有遭受任何形式拘留或监禁人的原则》等人权公约中对被指控人的辩护权进行了规定，而且《关于保证面临死刑者权利的保护的保障措施》第5条更是明确规定："只有在经过法律程序提供确保审判公正的各种可能的保障，至少相当于《公民权利和政治权利国际公约》第14条所载的各项措施，包括任何被怀疑或被控告犯了可判死刑罪的人有权在诉讼的每一阶段取得充分的法律帮助后，才可根据适格法庭所作出的终审判决执行死刑。"

〔1〕 转引自冯健鹏："有权利必有救济"，载《人民法院报》2006年2月6日，B4版。

〔2〕 ［印］约书亚·卡斯特里诺、雷·墨菲："法律援助问题：体制比较"，刘家安译，载《环球法律评论》2003年第4期。

〔3〕 Evitts v. Lucey, 469 U.S. 387 (1985). 转引自吴常青、王彪："论我国死刑案件无效辩护制度构建"，载《西部法学评论》2012年第2期。

〔4〕 Kimmelaman v. Mornson, 477 U.S. 365, 377 (1986).

并且该理事会在 1989 年 64 号决议中进一步要求"在诉讼的每一阶段提供高于在非死刑案件中所提供的保护的充分的律师帮助"。从这些规定就可以看出，面临死刑人获得有效充分的辩护权是极其重要的，对于保障被指控人的各项权利具有重要价值和意义，如果辩护权没有得到充分有效行使，那么将给被指控人的其他权利带来损害。

（三）提高死刑辩护律师的职业能力与职业责任心

在无效辩护制度中，如果被指控人提出无效辩护之诉，那么一旦认定辩护律师在诉讼过程中存在辩护的懈怠或不负责任，而且因为其懈怠给被指控人带来了不良后果，则无效辩护之诉成立，判决将被宣告无效，案件将被发回重审。在结果上，不仅否决了判决，而且也是对死刑辩护律师辩护行为的否定。正如有学者所言："律师的失职行为，不仅违背了契约义务，而且违背了国家对公民的保护义务。由此产生的法律责任，就不仅仅是对律师个人的违约制裁，而是对国家未尽责任的弥补。"[1] 根据无效辩护制度，该律师虽然不会因为案件被撤销而承担相应的赔偿责任，但也将因其失职行为而受到相应的内部惩处，甚至取消律师执业资格。正因为如此，无效辩护制度的建立，将有助于辩护律师责任心的培养，促使辩护律师在履行辩护职责过程中尽心尽力、尽职尽责地进行辩护，而且也将会促使辩护律师加强技能培训，不断提高律师执业水平，从而提高辩护的充分有效性，使被指控人的辩护权利得到切实的保障。

（四）制约死刑案件的任意性，减少死刑错案的发生

正如南非宪法法院对国家诉 T. 麦克万亚尼和 M. 姆楚努案的判决："死刑程序系统中的任何一个阶段都是一个机会因素，警察的侦查、审判中起诉机关的起诉、辩护律师的有效性或无效性、审判和上诉中法官对于死刑的态度和犯罪人的种族和经济地位，等等，这些因素对死刑案件的结果都具有潜在的影响，在这样的系统中极易犯错。"[2] 法国学者勒内·弗洛里奥也指出："公正的审判是不容易的事情。许多外界因素会欺骗那些最认真、最审慎的法官。不确切的资料，可疑的证据，假证人，以及得出了错误结论的鉴定，等等，都可能导致对无辜者判刑。"[3] 基于此，"从根本上看，只要存在死刑，就必然存在错判"，"人们总是希望在人类力所能及的范围内，尽可能减少错判"[4]。设置死刑案件无效辩护制

---

〔1〕 林劲松："对抗制国家的无效辩护制度"，载《环球法律评论》2006 年第 4 期。

〔2〕 The State v. T Makwanyane and M Mchunu. 载南非宪法法院网，http：//www. constitutional-court. org. za/ uhtbin/hyperion—image/J-CCT3-94. 最后访问时间：2019 年 12 月 28 日。

〔3〕 ［法］勒内·弗洛里奥：《错案》，赵淑美、张洪竹译，法律出版社 1981 年版，第 1～2 页。

〔4〕 孙长永："中国死刑案件的司法程序——基于国际准则的分析"，载孙长永主编：《刑事诉讼证据与程序》，中国检察出版社 2003 年版，第 364 页。

度，促使辩护律师积极履行自己职责进行充分有效的辩护，从而可以进一步限制侦查人员、检察人员、法官及证人等诉讼主体的任意性行为，确保死刑案件中死刑适用的正确性，减少死刑的错案发生。

三、我国死刑案件建立无效辩护制度的可行性

从上述分析中我们可以得出，我国有必要为死刑案件设置无效辩护制度，并且在笔者看来，在我国为死刑案件设置无效辩护制度同样具有可行性，其可行性具体表现在以下几个方面：

（一）"少杀、慎杀，严禁错杀"的死刑政策提供了政策依据

基于多方面因素的考虑，我国保留了死刑，但即便这样，保留死刑，严格限制死刑，坚持"少杀、慎杀，严禁错杀"，一直是我国的死刑政策，这一政策为我国从各方面严格控制死刑的适用提供了指导，也为各方面严格限制死刑提出了具体要求。从少杀的角度看，为死刑案件设置无效辩护制度，必然会导致一些死刑案件因为面临死刑人没有获得充分有效的辩护而最终没有被判处死刑，从而产生少杀的效果。从慎杀的角度看，为死刑案件设置无效辩护制度本身就体现出对死刑案件的慎重态度，而且这要求我们在死刑案件中确保面临死刑人获得充分有效的辩护，只有在此前提下，才能根据查明属实的证据判处面临死刑者死刑，这充分反映了慎杀的政策要求。从严禁错杀的角度分析，我们可以发现，为死刑案件设置无效辩护制度要求所有证据都应在辩护人为面临死刑人充分辩护前提下才能作为定案的根据，这样能最大限度地限制各类主体行为的任意性，尽最大可能保证以判处死刑的所有证据的真实性、合法性、有效性和关联性，从而也能尽最大可能确保死刑判决的正确性，减少死刑错案的发生。

（二）程序公正理念提供了理论支持

进入 21 世纪以来，程序公正理念越来越受到我国重视，学者们认为，程序是法治与恣意而治的分水岭。[1] 追求程序公正是法治文明和政治文明共同的价值取向，刑事诉讼活动不仅仅是按照既定的程序去解决被追诉者的刑事责任问题的活动，而且也包含着一种程序价值目标的选择和实现。死刑案件辩护制度，实质上是以程序公正理念为指导的。如前文所述，无效辩护制度的意义正是通过维护控辩审三方平衡，尤其是针对控辩平等对抗结构的诉讼构造的稳定性，来维护被告人在诉讼活动中的合法权益。而程序公正要求以审判为中心、控辩平等武装，这正是死刑无效辩护制度的生存基础。[2] 近些年，在程序法方面，我国通

---

〔1〕 参见沈德咏："论疑罪从无"，载《中国法学》2013 年第 5 期。

〔2〕 参见王占启：《死刑适用研究》，中国民主法制出版社 2013 年版，第 167~173 页。

过修改《中华人民共和国刑事诉讼法》（以下简称《刑事诉讼法》），进一步严格了刑事诉讼程序、明确了各主体行为的程序性要求，从而较好地限制了诉讼程序中各参与主体行为的恣意性，使得犯罪嫌疑人、被告人正当合法权益得到较好保障。除了《刑事诉讼法》的修改以外，我国还进一步修改了《中华人民共和国法官法》《中华人民共和国检察官法》《中华人民共和国律师法》（以下简称《律师法》），为死刑案件获得充分有效辩护提供了法律上的保障。特别是《律师法》第 31 条明确规定了律师权利与职责，其规定"律师担任辩护人的，应当根据事实和法律，提出犯罪嫌疑人、被告人无罪、罪轻或者减轻、免除其刑事责任的材料和意见，维护犯罪嫌疑人、被告人的诉讼权利和其他合法权益"，这要求死刑案件辩护人应当积极负责任地履行自己的职责，如果没有积极履行职责，甚至"拒绝履行法律援助义务"，那么律师协会可以针对其违反义务行为制定相应的惩戒规则与措施。

为了更好地实现法律上的要求，我国还出台了很多有关司法解释，特别是一些针对死刑案件的司法解释的出台，为我国死刑案件中面临死刑人获得有效辩护权提供了指导和具体要求，确保面临死刑人能获得充分有效的辩护。2007 年 3 月，发布了《最高人民法院、最高人民检察院、公安部、司法部关于进一步严格依法办案确保办理死刑案件质量的意见》；2016 年 8 月，"两高三部"联合下发了《关于推进以审判为中心的刑事诉讼制度改革的意见》和《最高人民法院、最高人民检察院、公安部、司法部关于在部分地区开展刑事案件认罪认罚从宽制度试点工作的办法》；2017 年 10 月，发布了《最高人民法院、司法部关于开展刑事案件律师辩护全覆盖试点工作的办法》。这些规定不仅强调刑事案件应当有律师进行辩护，更强调律师辩护的有效性。从这些方面我们可以看出，重视程序公正、保障面临死刑人获得充分有效辩护权是近些年我国程序法上的发展趋势，这一发展趋势为我国建立死刑案件无效辩护制度提供了程序法上的支持。

（三）司法案例提供了实践依据

随着程序公正理念、有权利必有救济观念等司法理念的研究与传播，在法律明确规定犯罪嫌疑人、被告人享有充分有效辩护权的前提下，为其提供必要的救济程序已被广泛认同，并因此在司法实践的具体案件中得到了具体的运用。我国学者研究认为，2012 年 4 月 5 日北京某中级人民法院受理的检察机关提起公诉的被告人谢某强奸、抢劫案以及被告人李某故意伤害案是迄今为止发现的首个因律师无效辩护而导致上级法院发回重新审判的案件。在本案中，二审法院经不开庭审理，均认为"本案在原审人民法院的审判过程中存在违反法律规定的诉讼程序的情形，可能影响到公正审判"，故作出撤销原判、发回重审的裁定。一审法院事后核实查明，辩护律师在开庭前没有按照规定会见被告人，而在李某案件的辩护中，出席庭审的陈姓律师庭后提交的辩护意见不是其当庭发表的辩护意见，而是由未出庭的周律师早先写好的书面辩护意见。一方面，致使该两起可能判处死刑案件被告人的合法权益，特别是辩护权，没有得到充分保障，律师的辩护工作流于形式，可能影响案件的公正审判；另一方面，律师接受法律援助中心指派后，未在开庭前征得被告人同意认可其担任指定辩护人，致使律师此后进行的一切辩护工作及其参与的审判工作，均归于无效，严重地浪费了司法资源。[1] 从二审法院作出撤销原判、发回重审裁定的理由来看，虽然没有明确指出其原因为面临死刑人没有获得充分有效辩护，但从事后查明的事实来看，原因无疑主要是辩护律师的无效辩护。所以有学者指出，这意味着无效辩护开始成为我国法院撤销下级法院裁判的理由。[2] 除此之外，2017 年 11 月 16 日，江西省某市中级人民法院认为被告人明某某涉嫌故意杀人罪一案的辩护律师迟某某在没有会见被告人明某某及阅卷的情况下，开庭前临时要求参加辩护。为有效维护被告人的合法权益，保障刑事诉讼活动顺利进行，合议庭未准许迟某某参加明某某案的辩护。[3] 这些案例的出现，在笔者看来，至少在一定程度上说明无效辩护制度被我国司法界所接受，这为我国死刑案件设置无效辩护制度提供了司法实践依据。

四、我国设置死刑案件无效辩护制度应注意的问题

基于以上分析，在笔者看来，在我国，设置死刑案件无效辩护制度不仅具有较大必要性，而且也具有较大的可行性。但由于死刑案件无效辩护制度对我国来说仍很陌生，有些问题尚待深入研究，故在笔者看来，在我国设立死刑案件无效辩护制度，应当注意以下几个问题：

（一）规定辩护人"积极有效辩护"责任

虽然我国《刑事诉讼法》刚修改不久，对辩护权的行使进行了多方面的完善，但从辩护权角度来看，相关规定仍是单纯注重死刑案件律师辩护的有无问题，而没有注重死刑案件辩护律师辩护的有效充分性问题。我国《刑事诉讼法》第 37 条规定：辩护人的责任是根据事实和法律，提出犯罪嫌疑人、被告人无罪、罪轻或者减轻、免除其刑事责任的材料和意见，维护犯罪嫌疑人、被告人的诉讼权利和其他合法权益。从这一规定来看，其只是规定了律师应当按此规定维护犯罪嫌疑人、被告人的合法权利，并没有对律师实施这些行为的主观态度或者实际

〔1〕 参见陈瑞华："有效辩护问题的再思考"，载《当代法学》2017 年第 6 期。
〔2〕 参见熊秋红："有效辩护、无效辩护的国际标准和本土化思考"，载《中国刑事法杂志》2014 年第 6 期。
〔3〕 参见"明某某涉嫌犯故意杀人罪一案一审第二次公开开庭审理"，载 http：//www.sohu.com/a/251058298_ 642038，最后访问时间：2019 年 10 月 15 日。

效果进行要求，也就不可避免地出现辩护人虽然进行了辩护，但其辩护是没有积极效果，或者辩护人主观上就不积极进行辩护的情形，特别是在一些指定辩护案件中，辩护律师并没有充分履行其辩护职责。这样的辩护，表面上有辩护人进行了辩护，但辩护的效果却大打折扣，甚至与没有辩护人效果等同，不仅没有使面临死刑人的权利得到有效保障，而且也没有使案件得到公正审判。因此，在笔者看来，有必要在《刑事诉讼法》中明确规定律师的有效辩护责任，而不仅仅只是规定辩护责任。可以考虑修改《刑事诉讼法》第 37 条，将其修改为：辩护人的责任是根据事实和法律，积极有效提出犯罪嫌疑人、被告人无罪、罪轻或者减轻、免除其刑事责任的材料和意见，维护犯罪嫌疑人、被告人的诉讼权利和其他合法权益。与此相适应，笔者建议修改我国《律师法》第 31 条，将其修改为：律师担任辩护人的，应当根据事实和法律，积极有效提出犯罪嫌疑人、被告人无罪、罪轻或者减轻、免除其刑事责任的材料和意见，维护犯罪嫌疑人、被告人的诉讼权利和其他合法权益。

（二）确定无效辩护的具体表现方式及判断标准

在刑事诉讼法明确规定辩护人负有有效辩护责任的前提下，应当进一步总结司法实践中的经验，确定无效辩护的认定标准。对于无效辩护的判断标准，正如前文所述，美国采用的是行为缺陷与不利后果的双重判断标准，一般认为，完整意义上的"无效辩护"包括：①律师没有进行尽职尽责的辩护，或者在辩护过程中存在重大的过错或者瑕疵；②司法机关没有采纳律师的辩护意见，或者对委托人作出了不利的裁决；③律师辩护的过错或瑕疵与委托人受到的不利裁判之间存在因果关系。[1] 在笔者看来，这一标准，一方面有利于对面临死刑人有效辩护权的维护，另一方面也可以减少无效辩护之诉案件的数量，限制对提起无效辩护之诉权利的滥用，是比较恰当的。

第一，就行为缺陷方面而言，有学者提出对被告有效辩护权的侵权之源主要有两个：一是相关司法机关；二是辩护律师。由此，无效辩护可以区分为两类：国家侵权型无效辩护与辩护律师不称职型无效辩护。[2] 笔者主张的评判标准从两个阶层进行考量。第一个阶层为国家侵权，即国家工作人员存在不配合阅卷，阻挠会见、通信，妨碍调查，禁止提意见等不利于辩护律师充分维护被告人的辩护权的不称职行为。法律规定各种对辩护的保障要求，作为公权力行使者的国家机关更要认识到被告人辩护权保障的重要性，尤其是在死刑案件中，而且公权力机关工作人员应能够自觉地规制自己所实施的行为，认真严格地履职，切实保障

---

〔1〕 参见［美］约书亚·德雷斯勒等：《美国刑事诉讼法精解》（第一卷），吴宏耀译，北京大学出版社 2009 年版，第 627 页。

〔2〕 参见吴纪奎："对抗式刑事诉讼改革与有效辩护"，载《中国刑事法杂志》2011 年第 5 期。

刑事诉讼活动中控辩平等的构造。而死刑案件往往会给社会带来重大的恶劣影响，这便使得一些履职人员出于逃避心理阻碍辩护律师作用的发挥。由此，在死刑案件中无效辩护之诉的提起人可以证明公权力机关实施了此类侵害辩护权的行为的，便可认定为无效辩护。第二个阶层为律师的瑕疵辩护，辩护律师瑕疵辩护无效行为的直接受害者只有被告，囿于其法律知识的匮乏，绝大多数的被告无法对其辩护律师的不称职行为作出一个客观的评价，所以较之于国家侵权的判断，律师瑕疵辩护更难进行辨别，笔者认为应该从行为瑕疵、结果不利和因果关系三个方面来对此阶层的判断标准进行明确。首先就行为方面来说，诚然随着社会的变化发展，无效辩护行为也会发生诸多的变化，因而不能拘泥于通过法律规定逐个列举，这种方式也是不现实的。但若要就辩护人的行为指出其未提供有效辩护，不能仅笼统地说辩护人没有提供有效的辩护，应指出辩护人具体的不称职行为。例如，辩护人是否具有相应的律师资质，是否对相关法律熟知，有无尽其应尽职责，是否询问对被告人有力的证人、是否没有申请证据开示或不积极搜集对被告人有利的证据、开庭是否存在缺席、是否在一审裁判之后不及时提起上诉等。根据律师应尽职责的事项对其进行比对，如果辩护人无法对其具体的瑕疵辩护行为给出合理的解释和说明，那么便可认定其行为瑕疵。这在司法实践中具体表现为各种各样的懈怠行为，如不积极收集对犯罪嫌疑人、被告人有利的证据，不查阅案卷材料，不会见犯罪嫌疑人、被告人以了解案件情况，在法庭上不积极进行辩护（如在法庭上睡觉），等等。只要在辩护过程中，辩护人懈怠、不积极进行辩护都可能是无效辩护行为的具体表现。

第二，就结果方面来说，有学者认为，将有效辩护解读为尽职辩护既违背语义学上的通常理解，也与美国的理论和实践不符，在其看来，有效辩护的本义是指有效果、有作用的辩护。[1] 如此看来，无效辩护就是没有效果、没有作用的辩护。在笔者看来，这一观点虽然在注重辩护效果方面具有非常大的合理性，但因为考虑到每个辩护律师的职业能力方面的不同，仅仅考虑其效果的有无有失偏颇。在笔者看来，无效辩护制度追求的是公平审判的可能性，并不追求对面临死刑人有利的判决结果。在死刑案件中，被告人对于判决的结果大多都希望自己获得轻罪甚至是无罪的判决，但我们所认定的无效辩护的不利结果不是以被告人个人的主观臆想作为判断标准的，而应是从公正的立场来看不利于被告人的判决是否是由于辩护人的不称职造成的。亦即有效辩护并非意味着达到对被告人最有利的审判结果，但不能存在对被告人权利的侵害。

第三，就因果关系方面来说，认定死刑案件律师的辩护是否有效，实质上就

---

〔1〕 参见左卫民："有效辩护还是有效果辩护?"，载《法学评论》2019 年第 1 期。

是判断被告所得到的判决的不利结果是否是由律师无效辩护的行为所导致的。只有当辩护律师的辩护行为与判决的不利结果之间满足这一要件时，其辩护行为才应归属于无效辩护，反之则为有效。现实中律师的辩护行为、辩护策略方式等不同，可能事实上并未影响到法院的判决，并未导致被告人受到不公正裁判，也就不应当归属于我们所说的无效辩护的行为。所以只有具备因果关系的辩护行为才应归属于无效辩护行为的范畴。

（三）设置死刑案件无效辩护的审查机制

1. 死刑案件无效辩护审查的申请主体与阶段。在美国，如果被告人对辩护律师的辩护行为存疑，认定其为无效辩护行为，就可以在上诉程序中申请审查是否为无效辩护行为。所以对辩护律师的辩护行为的审查只能依据当事人的申请，上诉法院并不能依据职权主动启动审查程序。而且，无效辩护的诉讼请求可针对律师的执业资格、审前阶段的行为、陪审员挑选活动、审判阶段的行为、陪审团指导活动、量刑阶段的协助以及上诉阶段的行为提出。与美国不同的是，在英国可以直接以无效辩护审查为由提起上诉，并且被告在被定罪后的直接上诉中不受有效辩护的保护。[1]

笔者认为，死刑案件中的无效辩护审查的申请主体有且只有一个，那就是受到不公正裁判的被告人。无效辩护制度的建立是为了保障被告人的辩护权，所以法院应依据不告不理的原则，而无需依职权主动启动程序。在一个案件中即使是公权力机关或者律师行为瑕疵，导致无效辩护行为的出现，但被告人却不以为意，不认为侵害自己的辩护权，不认为自己受到了不公正的审判，那么视其自愿接受包容无效辩护的行为。申请的时间可以是在一般的诉讼中的侦查阶段、审查起诉阶段、审判阶段、量刑阶段或其他与审判结果有较为紧密联系的阶段。在死刑案件中的审查对象应包括二审程序和死刑复核程序中的律师的辩护行为，辩护律师在此阶段的瑕疵辩护行为也应当成为被告人提起诉讼的合理对象。而且若想通过无效辩护制度对辩护权进行救济，一定要在法定的期限内提出申请，不符合期限要求则不能申请。

2. 死刑案件无效辩护审查的审查主体。在我国建立无效辩护制度的审查主体应当是上级法院。上级人民法院对被告人所提出的公权力机关侵权和律师瑕疵无效辩护的行为的证据进行审查。例如在我国两审终审制的审级制度背景下，在一审程序中被告人提出了无效辩护之诉，那么应当由该案件的二审法院来进行无效辩护的相关审查，二审法院审查确认符合无效辩护的行为，则应裁定撤销原

---

[1] 参见吴常青、王彪："论我国死刑案件无效辩护制度构建"，载《西部法学评论》2012 年第 2 期。

判，发回重审。

3. 死刑案件无效辩护审查的证明责任。在美国，无效辩护之诉的证明责任主体是被追诉人，证明标准为被追诉人只要证明律师的表现有缺陷、不符合理性的标准即可。在我国司法实践中，死刑案件的被告人中很多人不具有较高的知识水平，因此，就证明责任而言，如果将举证责任分配给死刑案件的被告人，那么限于其自身的知识水平和专业能力，很难真正地履行举证责任，如此无效辩护制度的设立就失去了其原有的作用。笔者认为，不能固守"谁主张，谁举证"的原则，在国家侵权类型的无效辩护中，被告人提出申请，由其律师协助指出公权力机关具体的不称职行为，经过审查之后由公权力机关承担举证责任，证明自己被质疑的行为的合理合法性或者证明其所实施的行为虽确实存在瑕疵，但其行为与结果之间并不存在因果关系，即最后的审判后果不是由国家工作人员侵权造成的。在辩护律师瑕疵辩护类型的无效辩护中，同样由被告人提起申请，指出辩护律师的不称职行为，原则上由辩护律师承担举证责任，证明自己在辩护过程中并无不称职行为。但也不能只是简单地将证明责任分配给辩护律师。鉴于对辩护律师权益的保障和许多被告人并不具备专业法律知识，笔者认为在被告人提出具体申请后，应由法院就具体情况审查审判结果和行为结果之间的因果关系，由此判定辩护人的辩护行为是否符合无效辩护情形。

（四）明确死刑案件无效辩护审查的法律后果

死刑案件无效辩护制度实质上是一个权利救济的渠道，其目的是维护死刑案件被告人的辩护权，保护面临死刑人各项权利，确保死刑适用的正确性。对于国家侵权型的无效辩护，毫无疑问国家机关工作人员侵犯被告人辩护权的行为是程序性违法，那么被告人以此为上诉理由向上级法院提出申请，上级法院审查后认定无效辩护成立的，可以撤销原判，发回重审。而对于律师的失职行为是否属于程序性违法，因为我国刑事诉讼法并没有规定程序性违法的主体包括律师，所以对此仍有异议。对此笔者持肯定态度，因为辩护律师的瑕疵行为导致辩护权无法得到有效实现，这实质上本就是侵犯了甚至是剥夺了被告人的辩护权，在死刑案件的审理过程中，辩护律师的不称职行为将导致控辩双方不平等，无法有效制约控方公权力的行使，从而产生对被告人不利的法律后果。除了前述的撤销原判，发回重审的后果外，无效辩护的行为无疑是丧失职业道德的，因此实施无效辩护的"无德"律师将会受到行业纪律和相关法律的惩罚。

民商法专题

论食品电商平台的民事责任

◎罗欢平*

互联网平台服务大致可以分为两类，一类为交易平台提供服务，服务商通常被称为电商平台；一类为媒介平台提供服务，服务商通常被称为网络媒介平台。网络媒介平台可能承担的民事责任及其构成要件，主要适用《中华人民共和国侵权责任法》（以下简称《侵权责任法》）第 36 条的规定，不在本文拟讨论的范畴之内。本文拟讨论的是电商平台（以下称一般电商平台），特别是食品电商平台在网络交易过程中可能承担的民事责任。对此先有 2014 年 3 月 15 日施行的《中华人民共和国消费者权益保护法》（以下简称《消法》）第 44 条之规定，后有 2015 年 10 月 1 日施行的《中华人民共和国食品安全法》（以下简称《食安法》）第 131 条之规定。笔者仔细观察发现，这两个法条规定的内容虽然相似，

* 作者简介：罗欢平（1978—），女，湖南浏阳人，湘潭大学法学院副教授，法治湖南建设与区域社会治理协同创新中心研究人员。

但也有明显的区别。究竟存在哪些区别，为什么存在这些区别，是因为所交易商品的特殊性导致食品电商平台所要承担的责任应该不同于一般电商平台，还是仅仅是立法文字表述不同，抑或是部分立法内容不够周延，值得探讨。

一、《消法》第 44 条与《食安法》第 131 条之比较

（一）具体内容及简析

《消法》第 44 条[1]的规定有三层含义。其一，通常情况下销售者或服务者的单独责任；其二，一般电商平台"不能提供销售者或者服务者的真实名称、地址和有效联系方式"或"作出更有利于消费者的承诺"[2]时与销售者或服务者承担的不真正连带责任[3]；其三，一般电商平台"明知或者应知销售者或者服务者利用其平台侵害消费者合法权益，未采取必要措施"时与销售者或服务者承担的连带责任。

《食安法》第 131 条[4]共 2 款，规定有四层含义。其一，食品电商平台违反

---

　　[1]《消法》第 44 条：消费者通过网络交易平台购买商品或者接受服务，其合法权益受到损害的，可以向销售者或者服务者要求赔偿。网络交易平台提供者不能提供销售者或者服务者的真实名称、地址和有效联系方式的，消费者也可以向网络交易平台提供者要求赔偿；网络交易平台提供者作出更有利于消费者的承诺的，应当履行承诺。网络交易平台提供者赔偿后，有权向销售者或者服务者追偿。网络交易平台提供者明知或者应知销售者或者服务者利用其平台侵害消费者合法权益，未采取必要措施的，依法与该销售者或者服务者承担连带责任。

　　[2] 杨立新老师在评析《消法》第 44 条时，将一般电商平台作出更有利于消费者的承诺却未履行其承诺解读为一般电商平台承担不真正连带责任的情形之一。笔者在下文将结合《食安法》第 131 条的不同规定对此展开讨论，并持有不同的认识，在这里暂不展开。参见杨立新："网络平台提供者的附条件不真正连带责任与部分连带责任"，载《法律科学（西北政法大学学报）》2015 年第 1 期。

　　[3] 不真正连带责任是指多数行为人违反法定义务，对同一受害人实施加害行为，或者不同的行为人基于不同的行为而致使同一受害人的民事权益受到损害，各行为人对产生的同一内容的侵权责任，各负全部赔偿责任，并因行为人之一的责任履行而使全体责任人的责任归于消灭，或者依照特别规定多数责任人均应当承担部分或者全部责任的侵权责任形态。连带责任与不真正连带责任的区别在于：作为最终责任人，连带责任的最终责任为每一个连带责任人按份分担，不真正连带责任的最终责任必由最终责任人一人承担。参见杨立新："论不真正连带责任类型体系及规则"，载《当代法学》2012 年第 3 期；杨立新："多数人侵权行为及责任理论的新发展"，载《法学》2012 年第 7 期。

　　[4]《食安法》第 131 条：违反本法规定，网络食品交易第三方电商平台未对入网食品经营者进行实名登记、审查许可证，或者未履行报告、停止提供网络交易平台服务等义务的，由县级以上人民政府食品药品监督管理部门责令改正，没收违法所得，并处 5 万元以上 20 万元以下罚款；造成严重后果的，责令停业，直至由原发证部门吊销许可证；使消费者的合法权益受到损害的，应当与食品经营者承担连带责任。消费者通过网络食品交易第三方平台购买食品，其合法权益受到损害的，可以向入网食品经营者或者食品生产者要求赔偿。网络食品交易第三方电商平台不能提供入网食品经营者的真实名称、地址和有效联系方式的，由网络食品交易第三方电商平台赔偿。网络食品交易第三方电商平台赔偿后，有权向入网食品经营者或者食品生产者追偿。网络食品交易第三方电商平台作出更有利于消费者承诺的，应当履行其承诺。

《食安法》第62条规定的诸项法定义务需要承担的行政责任和民事连带赔偿责任；其二，通常情况下经营者和生产者的连带责任；其三，食品电商平台"不能提供销售者或者服务者的真实名称、地址和有效联系方式"时的责任及其承担责任后向相关主体追偿的权利；其四，食品电商平台针对其所"作出更有利于消费者的承诺"的践诺责任。

（二）具体区别

首先要明确，两个法条在适用的主体上存在区别，《食安法》第131条之规定只适用于食品电商平台，而《消法》第44条之规定的适用主体为所有电商平台。也正因为如此，探讨此两个法条规定的区别及其是否具有正当性才有意义。具体而言，《消法》第44条和《食安法》第131条之规定的区别主要体现为以下四点：

第一，电商平台与经营者连带责任的承担前提不同。适用于一般电商平台的《消法》第44条规定的连带责任的前提是"明知或者应知销售者或者服务者利用其平台侵害消费者合法权益，未采取必要措施"，可见一般电商平台承担连带责任的前提有二：一是主观上的明知或应知状态，二是事后的消极不作为。食品电商平台承担连带责任的前提是"未对入网食品经营者进行实名登记、审查许可证，或者未履行报告、停止提供网络交易平台服务等义务"。两相比较，食品电商平台较之于一般电商平台，法律赋予其更多义务，事前有实名登记和审查许可证义务，事后有报告和停止提供服务的义务，而一般电商平台所要履行的义务主要就是事后"采取必要措施"的义务，其主要包括的也就是停止提供服务的义务。

第二，不能提供销售者或者服务者的相关信息时，针对平台应承担的责任，两个法条有不同的表述，以致可能产生不同的理解。《消法》第44条规定的是消费者"也可以向"一般电商平台要求赔偿，从字面理解，意味着此时消费者可以进行选择，即可以要求销售者赔偿，也可以要求一般电商平台赔偿；而《食安法》第131条规定的是"由网络食品交易第三方平台提供者赔偿"，顾名思义，电商平台是此时唯一的赔偿义务人。由此，正常的解读就会是：在电商平台无法应消费者要求提供销售者的相关信息时，如果销售者销售的是食品外的其他商品，则电商平台应与销售者承担典型的不真正连带责任；如果销售者销售的是食品，则由食品电商平台单独承担责任，食品电商平台承担责任后，可以向经营者或生产者追偿，此种责任类似于《侵权责任法》第 44 条〔1〕和第 85 条〔2〕规定的先付责任〔3〕。

第三，践诺条款〔4〕放置的位置不同。《消法》第 44 条将践诺条款与不能提供销售者或者服务者的相关信息时的责任条款以分号并列，并在两者后规定一般电商平台赔偿后，有权向销售者或者服务者进行追偿。对此杨立新老师的解读是：一般电商平台在两种情形下承担了不真正连带责任，情形之一是一般电商平台不能提供网店销售者或者服务者的相关信息时承担的责任，情形之二是一般电商平台的践诺责任。〔5〕《食安法》第 131 条的不同在于将践诺条款置于了食品电商平台追偿权条款之后，若还认为食品电商平台承担的是不真正连带责任，未免过于牵强，此时应该是食品电商平台就违反自己所做的更有利于消费者的承诺承担单独责任。

第四，通常情况下的责任承担主体不同。在网络消费过程中，如果消费者的合法权益受到损害，根据《消法》第 44 条的规定，消费者可以向销售者要求赔偿；而根据《食安法》第 131 条的规定，消费者可以向入网食品经营者或者食品生产者要求赔偿。从文字表述来看，《消法》中规定的是销售者的单独责任，而《食安法》中则明确了经营者和生产者的外部连带责任。

二、区别的正当性之辨

（一）区别的正当之处

食品安全问题与公众生命安全和身体健康息息相关，因此就食品安全问题专门立法，对包括网络食品交易环节在内的食品生产销售等各环节制定严于一般商品生产销售环节应适用的规则实有必要。也正因为如此，我们在分析两个法条存在的区别，特别是《食安法》较之《消法》对相关主体的责任设置更为严格时，

---

〔1〕《侵权责任法》第 44 条：因运输者、仓储者等第三人的过错使产品存在缺陷，造成他人损害的，产品的生产者、销售者赔偿后，有权向第三人追偿。

〔2〕《侵权责任法》第 85 条：建筑物、构筑物或者其他设施及其搁置物、悬挂物发生脱落、坠落造成他人损害，所有人、管理人或者使用人不能证明自己没有过错的，应当承担侵权责任。所有人、管理人或者使用人赔偿后，有其他责任人的，有权向其他责任人追偿。

〔3〕杨立新老师将"两个以上的民事主体作为侵权人，有的实施直接侵权行为，与损害结果具有直接因果关系，有的实施间接侵权行为，与损害结果的发生具有间接因果关系，行为人承担不真正连带责任的侵权行为形态"称为竞合侵权行为，并将竞合侵权行为分为三种类型：一是必要条件的竞合侵权行为，二是政策考量的竞合侵权行为，三是提供机会的竞合侵权行为。其分别对应的是典型的不真正连带责任、先付责任和补充责任。参见杨立新："论竞合侵权行为"，载《清华法学》2013 年第 1 期。

〔4〕此处所指践诺条款是指：网络交易电商平台作出更有利于消费者的承诺的，应当履行承诺。

〔5〕杨立新："网络平台提供者的附条件不真正连带责任与部分连带责任"，载《法律科学（西北政法大学学报）》2015 年第 1 期。

首先应看到其正当性。

上述四个区别中，第一个区别，即电商平台承担连带责任的前提不同，就具有其正当性。如前所述，一般电商平台只有在满足法定主观和客观前提时才可能成为承担连带责任的主体，而《食安法》不仅在第 62 条[1] 明确规定了食品电商平台应当履行的义务，而且在第 131 条第 1 款中规定了当食品电商平台违反这些法定义务时，要承担的行政责任和与经营者的民事连带赔偿责任。之所以《食安法》要对食品电商平台赋予比一般电商平台更多的法定义务，实际扩大其较之一般电商平台的连带责任范围，正是考虑到食品交易较之一般商品交易对公众安全的影响更大，且网络交易较之线下交易，更不易于监管，因此需要赋予食品电商平台以必要的管理义务，并规定其在违反法定义务时，须承担较重的行政责任和民事责任。

（二）区别的不正当之处

但是，网络食品交易的特殊性并不能作为前述全部四个区别的理由，有的区别并未强化食品电商平台的责任，也未能体现对食品消费者权益的更强保护，其合理性值得商榷。

第一，在规定电商平台不能提供销售者或者服务者的相关信息而需要承担的责任时，《食安法》不宜作不同于《消法》第 44 条的表述。根据前引杨立新老师提出的理论[2]，《消法》第 44 条规定的责任类型为必要条件的竞合侵权行为对应的典型的不真正连带责任，而《食安法》第 131 条规定的责任类型则为必要条件加政策考量的竞合侵权行为对应的先付责任。根据杨立新老师的分析，所谓必要条件加政策考量的竞合侵权行为，其实本质上就是必要条件的竞合侵权行为，只是出于保护受害人的需要，为了保障受害人的权利尽快得以实现，法律才规定由间接侵权人承担先付责任。[3] 换言之，所谓政策考量就是基于保护受害人的考虑。对此笔者甚为疑惑：必要条件的竞合侵权行为对应的是典型的不真正连带责任，意味着受害人可以选择向直接侵权人或间接侵权人要求承担责任，而所谓的政策考量下的先付责任，受害人只能先向间接侵权人主张责任，此时的政策考量怎会是"基于保护受害人的需要"呢？剥夺其选择的权利竟是为了保护他吗？正如有学者指出的，先付责任与不真正连带责任两相比较，前者对受害人

---

[1] 《食安法》第 62 条：网络食品交易第三方平台提供者应当对入网食品经营者进行实名登记，明确其食品安全管理责任；依法应当取得许可证的，还应当审查其许可证。网络食品交易第三方平台提供者发现入网食品经营者有违反本法规定行为的，应当及时制止并立即报告所在地县级人民政府食品药品监督管理部门；发现严重违法行为的，应当立即停止提供网络交易平台服务。

[2] 杨立新："论竞合侵权行为"，载《清华法学》2013 年第 1 期。

[3] 杨立新："论竞合侵权行为"，载《清华法学》2013 年第 1 期。

的救济更为不利，因为其意味着直接侵权人不会受到受害人的直接赔偿请求，那么一旦间接侵权人缺乏赔付能力，反而对受害人更为不利。[1] 因此此处所谓的政策考量不应该是基于保护受害人的需要。该学者同时指出，先付责任其实就是不真正连带责任，它是法律间接规定的不真正连带责任，如果受害人知道损害是由他人造成的，其当然可以选择是直接请求他人赔偿，还是请求间接侵权人赔偿。[2] 言下之意，尽管法律规定的是由间接侵权人赔偿，受害人也是可以直接要求其他责任人承担责任的。然而，若真如此，立法表述完全可以更为明确，赋予受害人以选择的权利。可见，《食安法》第 131 条规定的先付责任不同于不真正连带责任，也不利于保护消费者利益。

值得一提的是，规定有先付责任的类似条文还包括《侵权责任法》第 44 条、第 85 条第 2 款，但《食安法》第 131 条中规定的食品电商平台的先付责任与类似条文相比，有失正当。以《侵权责任法》第 44 条为例，依文义解释，当然的解读应该是"即便产品的缺陷是由于运输者、仓储者等第三人的过错所致，受害人也不能直接要求他们承担侵权责任，此时的赔偿义务人仍然是生产者或销售者，生产者或销售者赔偿后，享有向运输者、仓储者等第三人追偿的权利"[3]。在产品责任中，产品销售者或生产者对外承担的是无过错责任，第三人责任不被规定为其对外免责的事由，而是其赔偿后追偿的事由，有其合理性；加之受害人与最终责任承担者之间不存在直接的法律关系，受害人要证明自己的损害是最终责任承担者的过错所致，例如消费者要证明缺陷产品是运输不当或保管不当所致，极为困难。消费者通常都不会知道谁是所涉产品的运输者或仓储者，也很难查明产品缺陷是在哪个环节形成，是谁的原因所致，因此在发生损害后，消费者向生产者或者销售者请求赔偿最为快捷和方便[4]，法律此时规定为先付责任的确有简化诉争解决程序的作用，也有利于消费者更快地实现其诉求。而具体到网络交易问题上，先付责任的存在则显得不那么合理。因为网络交易中的销售者与《侵权责任法》第 44 条、第 85 条第 2 款所涉"第三人"或"其他责任人"的地位并不相同：销售者是与消费者签订食品买卖合同的对方当事人，两者之间有着直接而密切的合同法律关系，消费者要证明销售者所销售的食品给自己造成了损害是最为简便的，加之食品电商平台承担的是过错责任，且其过错在造成消费者

---

〔1〕 张力、郑志峰："侵权责任法中的第三人侵权行为——与杨立新教授商榷"，载《现代法学》2015 年第 1 期。

〔2〕 张力、郑志峰："侵权责任法中的第三人侵权行为——与杨立新教授商榷"，载《现代法学》2015 年第 1 期。

〔3〕 程啸：《侵权责任法教程》，中国人民大学出版社 2011 年版，第 187 页。

〔4〕 王胜明：《中华人民共和国侵权责任法释义》，法律出版社 2010 年版，第 236 页。

损失的原因力构成中占比通常较小，此时规定由其直接承担赔偿责任明显使其承担了过重的责任。

此外，《消法》第44条之所以规定一般电商平台承担不真正连带责任而非先付责任，根据相关立法解释，有如下几点理由：其一，网络交易中无论是卖家还是商品数量都堪称海量，一般电商平台无法做到对所有卖家及其所售商品进行监管；其二，网上交易中的卖家分布过于广泛，天南海北、海内海外都有可能，如果都要求一般电商平台承担先付责任，其交易成本太高；其三，电商平台提供的只是一种网络服务，其居于中立地位，不参与交易过程，让其承担先付责任未免太过严苛。[1] 具体到网络食品交易问题上，上述理由同样应该适用。与此同时，因为电商平台不能提供销售者或者服务者的相关信息，消费者直接要求销售者或服务者赔偿的可能性虽然微乎其微，但并非完全不可能，消费者也可能通过其他途径获知销售者的真实名称、地址和有效联系方式，多一个请求对象，多一种获得救济的可能，可见仅仅从保护消费者合法权益的角度出发，此时也不应剥夺其选择请求对象的权利。

综上，在电商平台不能提供销售者或者服务者的相关信息时，《食安法》第131条宜规定"消费者也可以向食品电商平台要求赔偿"，而不是现行的"由食品电商平台赔偿"。

第二，践诺条款的位置应一致，且宜采《食安法》的规定。《消法》第44条中践诺条款的放置位置容易让人将之理解为电商平台承担不真正连带责任的情形之一，如杨立新老师就认为按照此条规定，一般电商平台对消费者承担的附条件不真正连带责任，分为法定附条件和约定附条件两种，其中法定的条件是不能提供销售者或者服务者的相关信息，约定的条件是一般电商平台作出的更有利承诺。[2]

对此笔者认为，一般电商平台作出更有利承诺时，不加区分地都规定或理解为不真正连带责任，即赋予消费者以选择权，其既可以向经营者主张，也可以向一般电商平台主张，如果一般电商平台进行了赔偿，其可以向经营者追偿，是值得商榷的。在现实网络交易中，电商平台可能作出的更有利承诺的情形多样，可能是针对产品质量作出的更有利承诺，比如"假一罚百"，也可能是针对赔偿责任等作出的更有利承诺，比如"先行赔付"；可能只是电商平台为了吸引更多的

---

〔1〕 李适时："关于《中华人民共和国消费者权益保护法修正案（草案）》的说明"，载全国人大常委会法制工作委员会民法室编：《消费者权益保护法立法背景与观点全集》，法律出版社2013年版，第134页。

〔2〕 杨立新："网络平台提供者的附条件不真正连带责任与部分连带责任"，载《法律科学（西北政法大学学报）》2015年第1期。

顾客通过自己的平台进行交易，而为通过自己平台销售商品或提供服务的经营者或服务者的信用和赔付能力进行背书或加持，也有可能是与经营者或服务者无关的承诺，理应区别对待。例如"假一罚百"，本就是电商平台与消费者之间的约定，虽与经营者提供的商品质量有关，但经营者并未作出同样的承诺，法律也未赋予经营者如此义务，电商平台没有履行此类承诺时，并不意味着经营者违反了与消费者的约定或是侵犯了消费者的合法权益，其不应成为责任主体，因此真的出现假货时，消费者针对电商平台"假一罚百"的承诺，提出百倍价款的赔偿请求权的对象就只能是电商平台，且电商平台赔偿后没有向经营者追偿的权利。而如果是"先行赔付"这样的承诺，是电商平台对经营者或服务者的信用和赔付能力的背书或加持，消费者则可以选择是要电商平台履行先行赔付的承诺，还是直接选择经营者为请求赔偿对象，如果电商平台践诺进行了先行赔付，其可以再向经营者追偿。

如果像《消法》第 44 条规定的那样，将所涉条款置于追偿条款之前，不免让人误以为电商平台作出的任何情形的更有利承诺，都由电商平台和经营者对消费者承担连带责任，电商平台履行承诺后还可向经营者追偿。如果像《食安法》第 131 条规定的那样，将所涉条款单置于追偿条款之后，就不会让人产生误会，也并不会影响必要时电商平台向经营者行使追偿权。

第三，消费者通过食品电商平台购买食品，其合法权益受到损害时，不应不加区分地规定经营者和生产者的连带责任。如果消费者的合法权益受到损害，根据《食安法》第 131 条的规定，应该由经营者和生产者承担连带责任。首先应该明确，如果消费者的合法权益是因为经营者所销售的食品不符合食品安全标准而受到了损害，要求生产者和销售者承担连带责任合情合理，也与《侵权责任法》第 43 条[1]规定的产品责任相契合，事实上《食安法》第 148 条[2]也作了相同规定。但是，消费者通过网络交易平台购买商品，其合法权益受到损害的情形不一定就是食品不符合食品安全标准或产品缺陷问题，还可能是因为经营者违反合同约定义务引起的损害，如合同中约定 7 天内无条件退货，在消费者退货后经营者却未按合同约定退款，此时也是一种对消费者合法权益的损害，但要生产者就经营者违反合同义务而与经营者承担连带责任显然不合理。因此，笔者建议相应

---

[1]《侵权责任法》第 43 条：因产品存在缺陷造成损害的，被侵权人可以向产品的生产者请求赔偿，也可以向产品的销售者请求赔偿。产品缺陷由生产者造成的，销售者赔偿后，有权向生产者追偿。因销售者的过错使产品存在缺陷的，生产者赔偿后，有权向销售者追偿。

[2]《食安法》第 148 条：消费者因不符合食品安全标准的食品受到损害的，可以向经营者要求赔偿损失，也可以向生产者要求赔偿损失。接到消费者赔偿要求的生产经营者，应当实行首负责任制，先行赔付，不得推诿；属于生产者责任的，经营者赔偿后有权向生产者追偿；属于经营者责任的，生产者赔偿后有权向经营者追偿。

条款宜修改为：消费者通过网络食品交易第三方平台购买食品，其合法权益受到损害时，可以向入网食品经营者要求赔偿，如果符合本法第148条规定的情形的，还可以向食品生产者要求赔偿。

三、食品电商平台民事责任的具体类型及其一般规则

如前所述，根据《食安法》第131条的规定，食品电商平台可能承担的民事责任主要包括三种类型，即与经营者的连带赔偿责任、与经营者的不真正连带赔偿责任和不履行更有利承诺时的单独责任。

（一）食品电商平台与经营者的连带赔偿责任

1. 归责原则。根据《食安法》第131条第1款的规定，食品电商平台与经营者连带承担赔偿责任的归责原则毫无疑问为过错责任原则。因为食品安全关系到公众身体健康和生命安全，兹事体大，加之线上交易方式更具隐蔽性，食品药品安全监督管理部门对线上的食品交易监管较之线下交易更为困难，因此《食安法》特别赋予了食品电商平台一系列的具体法定管理义务，即第62条规定的实名登记义务、审查许可证义务、知晓违法行为后及时制止并立即报告义务、违法行为严重的立即停止提供服务义务。这四项法定义务中，实名登记和审查许可证是事前的管理义务，另外两项则是事后的补救义务。根据在当代侵权法领域居主导地位的客观过错理论[1]，所谓过错是指行为人在行为的时候违反了对他人承担的某种注意义务并因此给他人带来损害。因此，食品电商平台违反第62条规定的法定义务的，即可认定为其主观上存在过错。

2. 范围。食品电商平台与经营者承担的连带责任只限于侵权损害赔偿责任，不应包括违约损害赔偿责任。如前所述，消费者通过网络平台购买食品，其合法权益受到损害可能是经营者的侵权行为所致，也可能是经营者违反与消费者的合同所致。如果消费者合法权益受到损害是因为经营者销售了不符合食品安全标准的食品，则构成加害给付，消费者可以选择行使侵权损害赔偿请求权或违约损害赔偿请求权；如果消费者合法权益受到损害是因为经营者不履行与消费者约定的非食品安全方面的义务，如消费者支付价款后经营者未按约定邮寄食品或消费者按照合同约定在7日内退货后经营者未按约定无条件退还价款，消费者可以行使的请求权是违约损害赔偿请求权。消费者的侵权损害赔偿请求权可以选择向食品电商平台或食品经营者请求当无疑义，但是否可以就违约损害赔偿请求权选择向食品电商平台请求则值得商榷。一方面，因为食品电商平台不是与消费者订立食

---

[1] 关于客观过错理论的主导地位的论述，可参见张民安、杨彪：《侵权责任法》，高等教育出版社2011年版，第161~162页。

品买卖合同的对方当事人，依据合同相对性原则，如果消费者主张的是违约损害赔偿请求权，其请求对象只能是对方当事人即经营者，而不能是食品电商平台；另一方面，分析《食安法》第 62 条规定的食品电商平台的法定义务后不难发现，及时制止并立即报告义务和立即停止提供服务义务的前提分别是经营者有违反《食安法》规定的行为和违法行为严重，《食安法》对食品经营者所规定的义务都是围绕食品安全的，经营者违反此类义务要承担的往往就是加害给付责任，此时只要消费者主张的是侵权损害赔偿请求权，食品电商平台当然可以作为被请求对象。如果是食品电商平台违反实名登记义务或审查许可证义务，而同时经营者又违反与消费者的约定义务，使消费者权益受到损害的，因为经营者的违约行为与食品电商平台的过错之间没有因果关系，故食品电商平台不应承担连带责任。

值得一提的是，笔者认为，食品电商平台与经营者承担连带责任的范围因其违反的法定义务的不同而应有所区别。如果食品电商平台没有履行的是及时制止并立即报告义务和立即停止提供服务义务，则应参照《消法》第 44 条和《侵权责任法》第 36 条[1]的相关规定，仅就因没有履行相应义务而扩大的损害部分承担连带责任。如果食品电商平台没有履行的是实名登记义务和审查许可证义务，则应对全部损害承担连带责任。

3. 追偿。连带责任意味着任何一方向消费者承担责任后，都可根据双方的过错大小向对方追偿自己已承担但超出应承担责任的部分。根据《侵权责任法》第 14 条的规定，连带责任人内部赔偿数额分配是根据各自责任大小来确定的，在难以确定责任大小的情况下，由各个责任人平均承担赔偿责任。具体到食品电商平台和经营者的赔偿数额分配，因为食品电商平台只是因为没有及时采取必要措施，与经营者销售不符合食品安全标准的食品的行为相比，无论是过错程度还是对损害后果的原因力，都相对较轻，因此通常而言，经营者应当承担主要责任，而食品电商平台需要承担的是次要责任，即使是食品电商平台主观上存在恶意，其最多也就是与经营者承担同等责任。[2]

（二）食品电商平台与经营者的不真正连带赔偿责任

1. 归责原则。因为食品电商平台不能提供经营者的相关信息，才就消费者的损害承担不真正连带赔偿责任，故此时的归责原则也为过错责任原则。

值得一提的是，"不能提供入网食品经营者的真实名称、地址和有效联系方式"与《食安法》第 131 条第 1 款所规定的"未对入网食品经营者进行实名登

---

[1] 《侵权责任法》第 36 条规定："……网络服务提供者接到通知后未及时采取必要措施的，对损害的扩大部分与该网络用户承担连带责任。"

[2] 杨立新："网络平台提供者的附条件不真正连带责任与部分连带责任"，载《法律科学（西北政法大学学报）》2015 年第 1 期。

记"存在交叉，但并不等同。因为没有办理实名登记同时就很有可能不能提供真实名称、地址和有效联系方式，但也不排除虽未办理实名登记却能提供真实名称、地址和有效联系方式的可能性；反之，办理了实名登记也可能不能提供真实名称、地址和有效联系方式，因为从实际操作来看，网络实名登记往往只要求自行填写相关信息，并上传身份证件正反面和本人手持身份证件的照片，身份证上没有联系方式，上面的地址也可能不是经营者的实际居住地址，经营者自行填写的相关信息的真实性并未被核实。因此，不真正连带责任所要求的过错不同于连带责任情形下的过错。因为对食品电商平台而言，连带责任较之于不真正连带责任，因只能追偿超出自己应承担的部分，责任更重，故只要没有办理实名登记，就要承担连带责任，而只有在办理了实名登记但不能提供真实名称、地址和有效联系方式时，才承担不真正连带责任。

2. 范围。前文论述了食品电商平台与经营者承担连带责任的范围不应包括违约损害赔偿责任，但不真正连带赔偿责任则不同，即不真正连带赔偿责任的范围应包括违约损害赔偿责任。首先，从文义分析，《食安法》第 131 条第 2 款第一句中的"消费者通过网络食品交易第三方平台购买食品，其合法权益受到损害的"情形就应包括经营者侵权和违约两种，第二句"网络食品交易第三方电商平台不能提供入网食品经营者的真实名称、地址和有效联系方式的，由网络食品交易第三方电商平台赔偿"紧随其后，可以表明食品电商平台的责任范围即法条第一句中经营者应承担的责任范围，因此不应将违约损害赔偿责任排除在外。其次，虽然食品电商平台不是食品买卖合同的当事人，根据合同相对性原则，其本不应成为违约损害赔偿责任的主体，但正是因为其不能提供经营者的有关信息，才导致消费者不能向经营者主张违约损害赔偿责任，即因为食品电商平台不能提供相关信息，才导致受到损害的消费者无法向经营者主张权利，因此食品电商平台的行为就对损害后果产生了间接的原因力。[1] 换言之，食品电商平台的过错与消费者损害结果之间有一定的因果关系，加之在经营者无处可寻的情况下，为了充分保护消费者的合法权益，要求食品电商平台承担不真正连带责任是很有必要的。

3. 追偿。根据不真正连带责任的法理，食品电商平台赔偿后，理当有权向经营者追偿。至于追偿的范围，既包括已经对外承担的全部赔偿责任，还包括对外承担责任时遭受的损失。[2]

---

〔1〕 杨立新："网络平台提供者的附条件不真正连带责任与部分连带责任"，载《法律科学（西北政法大学学报）》2015 年第 1 期。

〔2〕 杨立新："网络平台提供者的附条件不真正连带责任与部分连带责任"，载《法律科学（西北政法大学学报）》2015 年第 1 期。

（三）食品电商平台的单独责任

1. 责任性质。如前所述，践诺条款规定的是食品电商平台的单独责任，而非与经营者的不真正连带责任。此时的单独责任的性质应为违反单方允诺应承担的责任，而非违约责任。原因在于：食品电商平台之所以作出更有利于消费者的承诺，是基于意思自治，出于吸引消费者通过自己平台购买食品的目的，为自己设定单方义务，本无须消费者对此达成合意；如果认定为违约责任，则当消费者通过网络平台进行食品交易时不知晓此种承诺存在的，因为不知晓，更谈不上作出回应的意思表示，这一承诺就尚未在双方之间产生效力，则不知情的消费者不能据此要求食品电商平台承担责任，因此从保护消费者利益的角度出发，应认定这种承诺属于单方允诺。

2. 归责原则。根据践诺条款的表述，食品电商平台承担责任的前提是作出了承诺而又未履行承诺，食品电商平台是否具有过错在所不问，故其归责原则为无过错责任。

3. 责任方式。食品电商平台承担责任的方式取决于其违反的是何种更有利于消费者的单方承诺，因而通常情况下可能是损害赔偿，但也可能是其他民事责任方式。

食品安全兹事体大，相较于一般的电商平台，法律对食品电商平台规定更多的管理义务具有正当性，但除此之外，《食安法》关于食品电商平台民事责任的规定与《消法》关于一般电商平台民事责任的规定应保持一致性。具体而言，电商平台"不能提供销售者的真实名称、地址和有效联系方式"应承担不真正连带责任，对履行"更有利于消费者的承诺"应承担单独责任。消费者在网络平台购买食品过程中，可能因销售者违约而导致其合法权益受到损害，此时不宜要求销售者和电商平台承担连带责任。在互联网交易越来越频繁的现代社会，只有厘清食品电商平台的民事责任，才能保障食品电子商务的顺利进行，切实公平地维护参与各方特别是消费者的利益。

论食品消费惩罚性赔偿中公私益诉权的协调

◎肖　峰　张　蕾*

一、消费民事公益诉讼中惩罚性赔偿实践状况

鉴于对惩罚性赔偿制度的私益诉讼适用已有较充分的研究，为对比公私诉权并探索其协调路径，本文将以 84 个典型案例为样本[1]，以食品消费公益诉讼中

---

* 作者简介：肖峰（1983— ），男，四川南溪人，湘潭大学法学院副教授，硕士生导师，"湘潭大学检察公益诉讼理论研究中心"研究员，研究方向为经济法、环境法；张蕾（1993—），女，湖南湘潭人，湘潭大学法学院硕士研究生，研究方向为经济法。

[1] 注：案例样本是在中国裁判文书网（http://wenshu.court.gov.cn/），以《《中华人民共和国食品安全法》第 148 条"《最高人民法院关于审理消费民事公益诉讼案件适用法律若干问题的解释》第 13 条"《中华人民共和国民事诉讼法》第 55 条"为检索条件得到的全部样本，截至 2019 年 7 月 9 日共计搜索得到有效案例 84 例，时间跨度为 2016 年—2019 年，地域跨越我国 21 个省份。

惩罚性赔偿适用现状为切入点，厘清公私诉权协调的问题导向。根据笔者对样本案例裁判文本的剖析，我国食品安全公益诉讼中惩罚性赔偿的实践状况，呈现出如下特征：

第一，在食品安全公益诉讼中提起惩罚性赔偿日渐常态化，获法院支持的比例高，且以价款 10 倍赔偿为主。数据表明，主张惩罚性赔偿的食品消费民事公益诉讼合计 45 例，约占案件总数的 54%，法院全部支持了惩罚性赔偿诉讼请求。其中，刑事附带民事食品消费公益诉讼案件 35 例，其他食品消费民事公益诉讼案件 10 例。但原告主张的赔偿额度有所差异，主张 3 倍惩罚性赔偿的有 3 例，占总惩罚性赔偿案例的 7%；主张 10 倍惩罚性赔偿的案例共计 42 例，占总惩罚性赔偿案例的 93%，比例较高。除 2019 年外，受案量在 2016—2018 年间分别为 4、6、65 件，增长趋势明显，原告主张惩罚性赔偿且获支持的案件高于一半。不过，裁判文书在支持价款 10 倍的惩罚性赔偿金时，鲜于阐明其法律依据，无法看出其与私益诉讼的差异。而域外立法在这方面相对完善，譬如 2014 年 3 月法国《消费者法典》的修改中，将损害赔偿型消费者团体诉讼正式纳入法律之中[1]，并确定了以消费者受损害范围、类型、大小等事实综合认定赔偿金额等内容[2]。

第二，惩罚性赔偿款等诉讼收益的处理方式以收归国库为主。实践中，由于"消费者的诉讼时效均不完全相同且不确定"，法院认为"将民事惩罚性赔偿金直接上缴国库，更符合实际情况"。[3] 因此，对惩罚性赔偿款的处理，大多选择与刑事罚金竞合，并参照《中华人民共和国行政处罚法》中的折抵原则，选择执行其中较重的处罚，并收归国库。在 45 例适用惩罚性赔偿的案件中，惩罚性赔偿金明确被收归国库的共计 30 例，占比 67%，其他判决中的诉讼收益或存放至指定账户，或判决从未提及其处理方式。

第三，对公益诉讼程序结束后可能出现的消费者后续维权如何处理？立法和实践均付之阙如。虽然在部分支持惩罚性赔偿的案例中，曾出现过片段说理："根据生活习惯，广大善良的消费者不会因为购买一包食盐而保存购买凭证及其外包装，以备日后诉讼之用。"[4]部分法院在判决时，认为并不会发生另行提起

〔1〕 参见陶建国："法国、日本损害赔偿型消费者集团诉讼比较研究"，载《云南大学学报》2015 年 05 期。

〔2〕 法国消费者集团诉讼损害赔偿范围为消费者遭受损害的财产性损失，人身或精神损失并不包含在其中。

〔3〕 参见（2017）粤 01 民初 386 号、（2017）粤 01 民初 387 号、（2018）内 04 民初 92 号、（2018）内 04 民初 99 号、（2017）粤 01 民初 383 号、（2018）内 04 民初 96 号、（2018）内 04 民初 97 号裁判文书。

〔4〕 参见（2017）粤 01 民初 386 号、（2017）粤 01 民初 387 号、（2018）内 04 民初 92 号、（2018）内 04 民初 99 号、（2017）粤 01 民初 383 号、（2018）内 04 民初 96 号、（2018）内 04 民初 97 号裁判文书。

私益诉讼、参与诉后收益分配等私人权益问题，直接否认了后续私人维权的可能性，也间接否定了后续消费者所拥有的其他私益诉权的必要性。这不仅涉及后续消费者权益的保护，也涉及对公益诉讼所获惩罚性赔偿金归属的确定问题；相关判例中的说理并不具有足够说服力，即使后续无消费者亲自维权，依《中华人民共和国食品安全法》（以下简称《食品安全法》）和《消费者权益保护法》（以下简称《消法》）之明确规定，惩罚性赔偿金为消费者的请求事项，只是诉讼收益在分配方式上有所不同而已。

食品安全公益诉讼属新型社会诉讼模式，它扩大了私益诉权理论中有关适格当事人、诉讼利益与诉讼功能的范围[1]。扩张后的公益诉讼虽能囊括更多的纠纷主体与争议关系，但司法实践对于扩张后的权利主体及其权利义务等外延的界定十分模糊[2]，法条错搭、公私混同的现象时有发生，有的法院判决甚至将惩罚性赔偿公益诉权同行政、刑事诉权画等号，使公益诉权所保护的权利客体在实质上被公力保护所侵吞。这本质上还是"私权公用"所造成的后遗症。

二、食品消费惩罚性赔偿公私益诉权脱节的表征

公益与私益之间从来都不是相互排斥的，在某些群体性私益诉讼或集合性公益诉讼中甚至存在扩张至社会公共利益的可能性，所以有越来越多在食品消费公益诉讼中主张惩罚性赔偿的案例出现。但惩罚性赔偿源于私益诉权，诉权基础上的差异与制度上的不兼容，都导致食品消费惩罚性赔偿在适用的过程中常常出现公、私益诉权混同的情况。笔者将从诉权基础、诉讼收益、诉讼程序等方面对此进行详细分析。

（一）食品消费惩罚性赔偿"私权公用"缺乏立法依据

我国民事诉讼法理念坚持二元诉权说，普遍认为诉权基础包括程序上的起诉权和实体上的胜诉权。[3]一方面，根据我国《食品安全法》第148条、《中华人民共和国侵权责任法》（以下简称《侵权责任法》）第47条之规定，只有被侵权人或利害消费者才拥有对惩罚性赔偿请求的起诉权。《最高人民法院关于审理消费民事公益诉讼案件适用法律若干问题的解释》（以下简称《消费民事公益诉讼若干意见解释》）第13条也明确规定食品消费民事公益诉讼的原告只能提起"停止侵害、排除妨碍、消除危险、赔礼道歉"等非赔偿性请求权。可见，公益诉权中并不能当然地衍生出惩罚性赔偿主张，其本质上是将私益诉权中的请求内容在公益诉讼程序中进行了移用，相应的法律依据尚付阙如。关于此，理论

---

〔1〕 参见单峰："公益诉权论"，载《河北法学》2007年第3期。

〔2〕 参见张卫平："诉的利益：内涵、功用与制度设计"，载《法学评论》2017年第4期。

〔3〕 参见霍海红："胜诉权消灭说的'名'与'实'"，载《中外法学》2012年第2期。

界曾提出"任意诉讼担当说"与"诉讼信托说"。[1] 任意诉讼担当说是指"非实体法律关系主体基于实体法律关系主体的授权而取得诉讼实施权，以适格原告或被告的身份进行有关该实体法律关系的诉讼"。[2] 相反，诉讼信托说指"委托人出于诉讼的目的而设立信托，将有关的财产权利转移给受托人，受托人取得信托财产权并可以权利人的地位（即以自己的名义）进行诉讼"。[3] 纵观众多"公益诉讼"文献，解决当事人适格问题已成为构建消费者损害团体诉讼的关键。另一方面，实践中适用食品消费惩罚性赔偿的案件越来越多，且已占据较大比重，"不作为"理念的公益诉讼已经无法满足当今司法实践的需求。因此，为应对实务发展的需要，理论与实务界就《消费民事公益诉讼若干意见解释》第13 条第 1 款作出了不同解释。[4] 第一种观点认为，应当严格按照文义解释排除惩罚性赔偿的适用空间，该解释并未明确规定公益诉讼原告可以提起惩罚性赔偿请求权，只有符合《食品安全法》第 148 条规定的消费者即实质当事人，才拥有提起惩罚性赔偿请求权的主体资格。第二种观点则认为应当对该解释中的"等"字作扩张解释，该解释虽未明确规定可以提起惩罚性赔偿请求，但也未禁止，并认为公益诉讼并非游离于私益诉讼之外，其仍具有私益诉讼的一般性特征。

扩张解释"等"的调整范围具有一定的正当性，因为公益诉讼在保护消费者权益、制裁不法经营行为的目标上，与惩罚性赔偿则具有一致性。但是，学界对是否可扩张解释仍形成了肯定、否定两种立场。①占主流的否定说认为，从食品消费公益诉讼特殊的诉讼方式上看，进行扩张解释并不具有合理性[5]。损害赔偿分为人身、财产两类，就二者主张赔偿时均需满足两个要件，即受害人确定、受损害的对象确定，如此才能确定具体赔偿请求权主体和返还对象。而"公益诉讼本身针对的是不特定主体所拥有的社会公共利益"[6]，原告并非基于自有确定性利益而提起诉讼；并且受损的食品消费公共利益通常难以计量，受害人也不具有特定性，主张实际损失赔偿在程序上难以实现，更遑论惩罚性赔偿。②肯定说则认为，公益诉讼与私益诉讼既有区别也有联系，"公益诉讼实质上脱胎于成千上万的私益诉讼"，"凡是新《消法》《侵权责任法》以及其他民商事法律赋

〔1〕 参见刘学在："消费者团体诉讼的当事人适格问题之再探讨"，载《武汉大学学报（哲学社会科学版）》2015 年第 4 期。

〔2〕 参见刘学在："团体诉讼之当事人适格的类型化分析"，载《法学评论》2010 年第 2 期。

〔3〕 参见刘学在："团体诉讼之当事人适格的类型化分析"，载《法学评论》2010 年第 2 期。

〔4〕 参见刘文晖："惩罚性赔偿可否通过公益诉讼来主张？法规不明确"，载新华网，http://www.xinhuanet.com/gongyi/2018-05/24/c_ 129879483. htm，最后访问时间：2019 年 5 月 25 日。

〔5〕 参见黄忠顺："中国民事公益诉讼年度观察报告（2016）"，载《当代法学》2017 年第 6 期。

〔6〕 参见张卫平："民事公益诉讼原则的制度化及实施研究"，载《清华法学》2013 年第 4 期。

予受害消费者的各类请求权，消费者协会在提起公益诉讼时皆可行使"。[1] 公益诉讼并非独立于私益诉讼外的一种新型诉讼模式，也具有民事私益诉讼的一般性特征，同样应共享民事诉讼中一般性赔偿主张之诉权类型。

但是，上述两说均假定公益诉讼原告提出的惩罚性赔偿请求，源自其自有实体法权利，忽视了其可能代其他主体主张惩罚性赔偿实体法益，从而行使诉讼权利的制度可能性，殊值遗憾。对此，最高院认为：《消费民事公益诉讼若干意见解释》第 13 条第 1 款保留"等"字，其目的是为以后民事消费公益诉讼请求权类型扩张预留空间。[2] 可见，赔偿性请求并非当下公益诉讼立法的当然请求事项，但实践中确实运用了惩罚性赔偿来救济食品安全公共利益，而法院也确实援引了《食品安全法》《消法》及《侵权责任法》中赋予个体消费者惩罚性赔偿的条款为裁判依据，属于典型的"私权公用"现象，消费者专有的惩罚性请求权向消协、检察机关递延的制度逻辑，尚缺乏明确的立法规定。

（二）惩罚性赔偿公益诉权与可诉利益不对应

诉的利益是开启审判程序的关键，"是通过诉讼审判后而创制实体法规范这一过程的重要开端"[3]，公益诉讼形式当事人提起惩罚性赔偿公益诉权的必要条件之一即为诉讼利益。一般认为"诉的利益乃原告谋求判决时的利益，即诉讼追行利益"，"这种利益由于原告主张的实体利益现实地陷入危险和不安时才得以产生"。[4] 在食品安全公益诉讼中，违法食品生产的行为具有危害性，致使损害公共利益，惩罚性赔偿公益诉权的存在具有一定的必要性。然而，一个完整的诉讼中，原告的诉上权益来源于特定的因果关系判断，不仅取决于被告行为结果的危害性，还有原告权利的完整性。囿于食品消费惩罚性赔偿诉权缺少制定法的支撑，公益诉讼形式当事人的诉权并不完整，形式当事人并不属于惩罚性赔偿制度中的传统适格当事人。可见，公益诉讼形式当事人与损害结果间缺少必然的因果转换条件，而这一条件则是诉讼利益。公益诉讼的客体范围指的是不特定主体的社会公共利益，食品消费惩罚性赔偿作为公益的请求权，其所指向的客体当然应同一般公益诉权一致，亦即面向不特定主体的社会公共利益。然而，惩罚性赔偿

---

〔1〕 参见刘俊海："完善司法解释制度 激活消费公益诉讼"，载《中国工商管理研究》2015 年第 8 期。

〔2〕 参见程新文、冯小光、关丽、李琪："我国消费民事公益诉讼制度的新发展《最高人民法院关于审理消费民事公益诉讼案件适用法律若干问题的解释》的理解与适用"，载《法律适用》2016 年第 7 期。

〔3〕 参见［日］谷口安平：《程序的正义与诉讼》，王亚新、刘荣军译，中国政法大学出版社 1996 年版，第 151 页。

〔4〕 参见［日］谷口安平：《程序的正义与诉讼》，王亚新、刘荣军译，中国政法大学出版社 1996 年版，第 74 页。

源于私益诉权理论，更准确地说是源自具有震慑与赔偿功能的特殊侵权责任制度，其目的之一是为弥补消费者"因不符合食品安全标准的食品受到损害"[1]之不利结果，这与公益诉讼所指向的客体利益间相互冲突，凸显惩罚性赔偿公益诉权与诉讼利益不对应之现状。

按照传统诉讼理论，由于缺少诉上利益关系，公益诉讼的原告并不能对被告提起食品消费惩罚性赔偿。[2] 也就是说食品消费惩罚性赔偿所保护的客体是社会公共利益，而提起食品消费惩罚赔偿请求的前提条件是与被告侵权行为所指向的客体存在利害关系。正是诉讼请求与可诉利益的脱节，导致实践普遍否认损害赔偿请求权在公益诉讼中适用的程序基础。[3] 法官裁判时也大多认为，"消费民事公益诉讼的原告并非经营者不当行为的受害者，难以基于所受损害而衍生出相应的诉讼请求"。[4] 囿于这一特殊的存在方式，公益诉讼法律制度的构建与运行都无法套用传统诉权中"被侵权人（原告）——侵权行为人（被告）"的两造结构，而是采用的"社会组织、检察机关（原告）——违法行为人（被告）"模式。从公益诉讼特殊两造结构中也可窥见，与传统诉讼中的两造结构不同，公益诉讼的原告与被告间并不存在直接利益冲突，"所得与所失的关系"[5] 并不对应，提起食品消费惩罚赔偿请求权只能另辟解释途径。

诉权是一种典型的救济权，只有当诉的利益遭受破坏或侵害时才会作为一种修复手段被使用。在公益诉讼中，被告违法行为指向的损害客体，是对已经造成实际损害的消费者和潜在不确定的其他消费者而言，只有后者才属于公益诉讼的客体范围，但也正是由于前者的存在，才使惩罚性赔偿公益诉讼在公益的外观下也藏有私益的内核。按照传统的两造结构，私益遭受破坏后应当由个人提起私人之诉，私益指向的保护客体也只同个人之间具有紧密的诉讼利益关系。但在食品消费惩罚性赔偿中，忽略了其公、私益相互交织的复合型特征[6]，直接代替个人提起了惩罚性赔偿诉求，属于明显的"私权公用"。公益诉讼原告主张惩罚性赔偿已经超越原不作为诉权的范围，甚至有扩张至私益诉权的趋势，它所保护的权益范围也并不仅仅包括公共利益，还涵盖了众多消费者的具体损害，这与单纯

---

〔1〕 参见《食品安全法》第 148 条，"消费者因不符合食品安全标准的食品受到损害的，可以向经营者要求赔偿损失，也可以向生产者要求赔偿损失"。

〔2〕 参见［日］吕太郎：《民事诉讼之基本理论（一）》，中国政法大学出版社 2003 年版，第 198 页。

〔3〕 参见杜万华：《最高人民法院消费民事公益诉讼司法解释理解与适用》，人民法院出版社 2016 年版，第 24 页。

〔4〕 参见［日］谷口安平：《程序的正义与诉讼》，中国政法大学出版社 1996 年版，第 74 页。

〔5〕 参见陈皓："侵权法矫正正义论中的个人主义"，载《法制与社会发展》2014 年第 5 期。

〔6〕 参见肖建国："现代型民事诉讼的结构和功能"，载《政法论坛》2008 年第 1 期。

不作为公益诉权所指向的不特定个体公共利益不属于同一概念，在缺少可诉利益的基础下，无法通过因果解释说明食品消费惩罚性赔偿诉权的存在具有合理性。

从上文分析可以看出，食品消费惩罚性赔偿是脱胎于私益诉权理论，却专致服务于公益诉讼的一种特殊诉讼请求权。但公益与私益并不是非黑即白的问题，矫正正义论认为，私益诉权在保护个体权利的基础上更关心集体利益。[1] 过分割裂公益诉权与私益诉权理念的边界，忽视双方在功能上的互补性，便会陷入上文"所得与所失"不对应的解释困境。

（三）食品消费惩罚性赔偿与公力性经济惩罚相混淆

当今司法实践中通行的做法，是将食品消费惩罚性赔偿金同刑事罚金竞合，并最后统一收归国库。[2] 此种做法混淆了公益诉讼中形式当事人同实质当事人的地位，也混同了公益诉讼与公力性惩罚的客体，并变相将社会公共利益（不特定个体的利益）划分为完全的国家利益。食品消费公益诉讼的重要属性之一即为公益性，这种公益性质不同于刑法或行政法上的公共利益，后者更偏向于国家利益，食品消费公益诉讼更多指向可具体到公众消费层面的社会利益。社会公共利益是面向不特定人群的，没有明确的主体，而国家利益的主体相对具体，即国家。在实现法律责任的途径上，只有损害国家利益的赔偿才归属国家，对公共利益损害的赔偿应当专属不特定消费者等公共利益，而不应当盲目划分为国家利益。食品消费惩罚性赔偿这一类损害赔偿救济，属于"以恢复过去发生之损害为目的的事后型救济"[3]，实践中将惩罚性赔偿收益收归国库的行为，根本无法实现其恢复损害的事后救济目的，反而架空了惩罚性赔偿的补偿功能。

法官进行混同推理的逻辑基础，反映出司法实践对食品消费惩罚性赔偿功能的定位偏颇。在以上 30 例惩罚性赔偿款被收归国库的案件中，法院认为，"惩罚性赔偿金与行政罚款、刑事罚金同属惩罚性债权，只不过前者是私法债权，后两者是公法债权"，"民事惩罚性赔偿金的性质发生转化，将事实上与行政罚款、刑事罚金类似，应参照行政罚款与刑事罚金竞合时相同的处理原则裁断"。[4] 可见，司法审判时更倾向惩罚性赔偿同公力惩罚在震慑力上的效果。将惩罚性赔偿

---

〔1〕 参见肖建国："现代型民事诉讼的结构和功能"，载《政法论坛》2008 年第 1 期。

〔2〕 笔者搜集的 84 例样本中，（2017）粤 01 民初 386 号、（2017）粤 01 民初 387 号、（2018）内 04 民初 92 号、（2018）内 04 民初 99 号、（2017）粤 01 民初 383 号、（2018）内 04 民初 96 号、（2018）内 04 民初 97 号判决书均比对《中华人民共和国行政处罚法》将刑事罚金与惩罚性赔偿金相竞合，并采用轻罚在重罚中相折抵的原则处理后统一收归国库。

〔3〕 参见［日］三木浩一、姚丽君："日本的消费者团体诉讼制度"，载《研究生法学》2010 年第 1 期。

〔4〕 参见（2017）粤 01 民初 386 号、（2017）粤 01 民初 387 号、（2018）内 04 民初 92 号、（2018）内 04 民初 99 号、（2017）粤 01 民初 383 号、（2018）内 04 民初 96 号、（2018）内 04 民初 97 号判决书。

金从私法债权向公法债权转变的理由具有一定合理性，因为民事消费公益诉讼的目的之一就是打击违法生产经营者，剥夺其收益以抑制其再次违法。但如果片面地追求惩罚效果，直接加强行政或刑事处罚的手段岂不更好？

"无论是消费领域的'大规模侵害'抑或是'小额分散性侵害'，在本质上均是对消费者权利的侵犯。"[1] 从性质上看，公益诉讼虽然更注重震慑力，但也同一般私益侵权诉讼一样具有补偿功能。这也意味着，食品消费惩罚性赔偿制度在实现制裁违法经营者的目的外，还存在其他价值，公力惩罚手段并不能从功能上替代它，并且惩罚性赔偿与其在属性规范上也颇为不同。①从制度体系上来看，刑事或行政罚金属于公法领域惩罚的手段，一般规定在《中华人民共和国刑法》或《中华人民共和国行政处罚法》中；而食品消费惩罚性赔偿金属于金钱债权，规定在《侵权责任法》与《食品安全法》等民事私法中。虽然两者在诉讼目的上存在一定程度的重合，均旨在打击不符合食品安全生产经营的违法行为与保护消费者的正当权益，但惩罚性赔偿与公力惩罚制度处于完全不同的法律体系，由不同诉讼主体行使，彼此间不存在相互吸收或补充的关系，双方均有其独立的实体价值。②从诉讼收益权属上看，公力惩罚是国家在打击违法犯罪或其他违反行政法规的行为时所常用的处罚手段，一般收归国库。在公力性行为中为弥补受害者的实际损失，一般会准许当事人提起附带诉讼，附带诉讼所产生的收益才归属实质当事人。可见，实际中也已普遍默认罚金和当事人诉讼收益是相区分的。而食品消费惩罚性赔偿维护的客体利益由不特定被侵害对象的利益转化而来，通过扩张后变成抽象的社会公共利益，其源头仍属具体私人利益。我国有学者也曾提出，消费者协会提出惩罚性赔偿之诉的利益应当归属实际受损的每个消费者。[2] 公益诉讼的原告并不像私人一样处分诉讼收益，将其收归国库在本质上是处理了不特定消费者的财产收益。

（四）诉讼收益分配中公私益诉权缺乏衔接

在实践中，我国公、私益诉讼采取分立模式，两者分别进行审理。根据《最高人民法院关于适用〈中华人民共和国民事诉讼法〉的解释》第 288 条的规定，因同一侵权行为引起的公益诉讼并不影响私益诉讼，允许消费者在公益诉讼外另行提起私人之诉。但当公、私益诉讼先后进行且同时具有惩罚性赔偿主张时，二者间的制度关联模式和衔接问题十分凸现，具体体现如下：

1. 惩罚性赔偿数额方面。一方面，由于公益诉讼立法尚未明确原告具有独

---

〔1〕 参见杜乐其："消费民事公益诉讼损害赔偿请求权研究"，载《法律科学（西北政法大学学报）》2017 年第 6 期。

〔2〕 载中国消费网，http://www.ccn.com.cn/html/news/xiaofeiyaowen/2018/0518/350256.html，最后访问时间：2019 年 5 月 20 日。

立于私益诉讼的惩罚性赔偿请求权，实践中的情况应理解为代众多消费者主张为宜，不论诉讼进行的顺序为何，均存在后诉与先诉的惩罚性赔偿金是并行独立提起，还是可对先诉数额加以抵消的问题。如公、私益诉讼均可依实体法规定提起，则被告可能面临最高 20 倍的惩罚性赔偿；如前后诉求可抵消，被告可依"一事不再罚"为由对后诉进行抗辩，如公益诉讼在前已主张并将款项收归国库，后提出主张的个体消费者则陷入诉讼利益被先占之虞，明显与立法原意不符。另一方面，《食品安全法》《消法》为惩罚性赔偿主张规定了"价款"和"损失"两种基数，特别是存在缺陷食品致人身权益损害的情况时，消费者所受实际损失额远高于食品价款。在消费者提出赔偿主张时，其必须在两种基数中选用一种，若公益诉讼在先，并以价款为计算基数，其选择行为是否代消费者行使了基数选择权，被告是否可基于利益代表人已代为处分诉权而进行数额抗辩？殊值疑问。

2. 级别管辖方面。根据《最高人民法院关于适用〈中华人民共和国民事诉讼法〉的解释》，可知公、私益诉讼在地域管辖上具有一致性，仅需考虑级别管辖，与归属基层法院一审的一般民事侵权不同，公益诉讼由侵权行为地或者被告住所地中级人民法院管辖。且不论公、私益诉讼发生的时间顺序，只有当公、私益诉讼在程序上发生衔接时才需要考虑管辖。如当公、私益诉讼分别审理时，直接按照《中华人民共和国民事诉讼法》（以下简称《民事诉讼法》）或《最高人民法院关于适用〈中华人民共和国民事诉讼法〉的解释》确定管辖即可，而若私益诉讼当事人申请参与公益诉讼收益分配，则需考虑是依据原私益诉讼申请人所在地还是公益诉讼中其他因素来确定级别管辖。

3. 诉讼收益的管理与处置方面。如何将食品消费公益诉讼中形成的损害赔偿收益过渡给消费者，我国早已经有相关尝试。①在管理机构上，实践中，如三鹿奶粉事件中设立过医疗赔偿基金，用于赔偿在该事件中已经受损或未来由此衍生受损的消费者[1]。理论中，我国有学者曾提出设立政府基金或消费者权益保护基金。[2] 国外也有学者提出采用"类似原则"，将剩余赔偿金交由公益组织管理，并由其支持对当下或未来受害者提供福利保护的项目。[3] 但不论何种方式都需要被法定化，都可能面临对《中华人民共和国预算法》《中华人民共和国

---

〔1〕 参见"三鹿奶粉事件医疗赔偿基金支付 1242 万 余 1.9 亿"，载新浪财经，https：//finance. sina. com. cn/china/20120516/111512076824. shtml，最后访问时间：2019 年 5 月 21 日。

〔2〕 参见赵红梅："美、德新型惩罚性赔偿对我国《消法》修订的启示"，载《法律科学（西北政法大学学报）》2011 年第 5 期。

〔3〕 See Natalie A. DeJarlais, "The Consumer Trust Fund: A Cy Pres Solution to Undistributed Funds in Consumer Class Actions", *Hastings L. J.*, Vol 38, April, 1987, p. 729.

公益事业捐赠法》等有关现行法律的修改。② 在处置流程上，分配资金、分配对象与分配方法是分配制度的主要三方面。在有分配资金，但没有分配对象时，可直接将资金交由基金管理；但在既有分配资金，又有分配对象时，则需进一步考虑更加详细的分配办法。如后续参与分配的消费者较多，资金不足以补偿所有分配对象，是按顺序亦或比例进行分配？参与公益诉讼收益分配不足以弥补其损失的，是否仍支持提起私益诉讼？

质言之，绝大部分公益诉讼中，消费者维权所投入的诉讼成本远高于收益，提起私人侵权之诉的可能性大幅降低。当侵权行为人发现违法生产经营的风险与获利并不必然构成正相关时，将会导致可怕的后果："当对个体消费者的轻微损害在施害人的获益资金中集聚、放大显现的时候，这笔非法收益是那样的数额巨大与诱人。"[1] 由于私人维权的随意性与逐利性，只有合理利用公益诉讼填补其潜在缺陷，才能真正保证消费者实现维权并震慑违法生产经营者。但缺乏惩罚性赔偿功能的公益诉讼无疑是场制度作秀，无法真正实现其震慑与补充功能。惩罚性赔偿的目的不仅在于打击惩罚违法生产经营者，更是为了实现超额损失赔偿并借此保护消费者权益，这也是导致公益诉讼中经常出现适用私益诉讼惩罚性赔偿制度的根本原因。公益诉讼与私益诉讼并不是绝对排斥的两种制度，两种诉讼机制在分工的基础上也应相互衔接与配合。为及时惩治违法生产经营者、保护消费者合法权益，应在公益诉讼中为惩罚性赔偿预留制度设计空间。

三、食品消费惩罚性赔偿公私益诉权协调机制的完善

据上所述，我国食品消费公益诉讼的立法设计与惩罚性赔偿实践并不匹配，核心在于针对特定违法经营行为时公私益诉权无法协同对接。鉴于此，笔者主张应立足食品消费惩罚性赔偿中两个诉权的分工，从诉权基础、诉讼收益、诉讼程序方面进行全面的制度完善。

（一）理顺公私益诉权的顺位及其行使方式

食品安全公益诉讼中公、私益诉权不协调的根本原因，笔者以为是食品安全惩罚性赔偿诉权基础不牢固。公益诉讼与惩罚性赔偿在规制违法生产经营行为、保护消费者合法权益的诉讼目的上存在一定程度的重合，将惩罚性赔偿纳入公益诉讼并不存在法理冲突。诉权基础问题可以通过实体上的立法或程序上的诉讼担当制度得以解决，[2] 进而赋予公益诉讼形式当事人以惩罚性赔偿请求权，在司

---

〔1〕 See Yvonne W. Rosmarin & Daniel A. Edelman, *Consumer Class Actions: A Practical Litigation Guide With Companion Disk*, Boston, MA: National Consumer Law Center, 3 th ed., 1995, p. 17.

〔2〕 参见黄忠顺："论公益诉讼与私益诉讼的融合——兼论中国特色团体诉讼制度的构建"，载《法学家》2015 年第 1 期。

法上"给损害赔偿的团体诉讼留出足够的空间"[1]。然而,囿于食品消费惩罚性赔偿制度的内在局限性,诉讼中也应为其设置配套的适用规则。

惩罚性赔偿主体申请顺序。①消费者私益诉讼优先。食品安全领域侵权具有发散性,属于社会公共利益冲突范畴,食品消费惩罚性赔偿立法在于引导私人实施参与食品安全社会共治,对违法经营者形成强力震慑,从而达到保护公共利益与建立良好市场秩序之目的。有学者指出,目前我国经济法仍是依托"公共实施与私人实施具体实现的"[2]。私人实施同诉讼利益直接挂钩,相对于公共实施具有先天内部动力,能很好地避免诉讼激励不足等问题。如美国集团诉讼,由职业律师代表消费者提出,是以获得高额律师费为激励目标的诉讼制度。[3] ②社团组织次之。以德国团体诉讼为例,"立法机关在直接涉及公共利益的问题上,一方面没有无条件地赞成行政机关强化自己权限来加以对付,另一方面也不像美国的集团诉讼那样采取通过动员个人的利益动机来实现公共目的的战略。团体诉讼可以说是居于两者之间的一种制度"[4]。团体诉讼具有自身独特的性质,其被严格限定为维护公共利益之诉,在维权效率上远"不如美国集团诉讼或我国代表人之诉"[5],放置私人实施之后较为适宜。③检察机关托底。检察机关相对于公益组织、私人消费者更具中立性与公正性,也拥有更强大的证据搜集能力,能有效弥补前两者缺位状态下公益保护不足之问题。考虑到检察机关公诉权除民事公诉权外,还有行政公诉权与刑事公诉权,[6] 后两者同样可用以维护食品安全,为避免公权力维权上的重复,将其置于最后申请顺序更妥当。

惩罚性赔偿与非惩罚性赔偿申请顺序。食品安全中非惩罚性赔偿请求主要指"停止侵害""排除妨碍"等不作为诉请,其目的在于防止或消除被告行为对实质当事人法益的继续侵害;而惩罚性赔偿诉请不仅在于防范未来的继续侵害,还针对现有损害进行填补。而笔者以为,损害填补应当以穷尽私人救济为必要条件,否则将会助长私人维权的惰性。因此,非惩罚性赔偿优先于惩罚性赔偿,私人消费惩罚性赔偿又优先食品消费惩罚性赔偿。食品消费惩罚性赔偿是对私人维

〔1〕 参见汤维建:"论团体诉讼的制度理性",载《法学家》2008 年第 5 期。

〔2〕 参见赵红梅:"经济法的私人实施与社会实施",载《中国法学》2014 年第 1 期。

〔3〕 参见王健:《反垄断法的私人执行——基本原理与外国法制》,法律出版社 2008 年版,第 33、262 页。

〔4〕 参见〔日〕谷口安平:《程序的正义与诉讼》,王亚新、刘荣军译,中国政法大学出版社 1996 年版,第 198 页。

〔5〕 参见肖建国:"民事公益诉讼的基本模式研究——以中、美、德三国为中心的比较法考",载《中国法学》2007 年第 5 期。

〔6〕 参见何文燕:"检察机关民事公诉权的法理分析",载《最高人民检察院民事行政检察厅编:民事行政检察指导与研究》,法律出版社 2005 年版,第 126 页。

权的补充，当公益诉讼形式当事人发现存在违法经营行为时，应通过信息共享程序向消费者公开相关信息，并督促其在规定时间内先行提起私人诉讼。公布期限内若无消费者提出私人之诉，再由公益诉讼形式当事人提起食品消费公益诉讼。

（二）强化公私益诉权的制度分工与协作机制

我国现行法律下消费公益诉讼采用的是分立模式，诉讼实施主体与受损消费者实行的是双轨制，两者只能分别提出公益或私益诉讼。分立模式语境下的公益诉讼存在重复诉讼、多头诉讼等较多弊端，为避免诉讼资源的浪费、加强公益诉讼实施的效果，笔者建议采用"融合模式"，除允许公益诉讼形式当事人提出停止侵权、排除妨碍、消除危险、赔礼道歉等不作为请求外，还能提出惩罚性赔偿请求权。[1] 同时，具有天然积极性的私人受损消费者共同参与到公益诉讼中，既能有效弥补公共执法型诉讼动力不足，也能更好地实现救济与规模效应。

实体性措施方面：①原告主体权利。融合模式下，公益与私益可以通过实体赋权或程序赋权获得私益或公益诉请实施权。但为避免私人进入公共领域后，出现权利滥用之情景，应适当对原告诉讼权利加以限制，如放弃诉讼请求、变更诉讼请求、和解等实体处分权。其次，人民法院也应当对超越原告诉讼请求的可能影响社会公益的事实共同审理，且不受原诉讼请求的限制。[2] 为避免与传统诉权理论发生冲突，还应一并对《民事诉讼法》第119条原告起诉规则进行修改，解决各法律适用间不协调的问题等。②损害赔偿基数。违法食品生产经营的行为具有较高的"反道德性"，深刻危害人身安全，所以《食品安全法》在设置惩罚性赔偿基数时，对比《消法》第55条相对更高。[3] 因此，笔者赞同当公、私益诉权发生分歧时，以更具震慑力的一方主张为准。若涉及公、私益重复主张赔偿的，则应在扣除第一次赔偿的基础上再作判决，否则可作为被告援引抗辩的理由。但笔者认为不宜将惩罚性赔偿基数设定为固定标准，在实际价款较小、10倍惩罚难以形成震慑效力的情况下，法院还可依据实际情况酌情调整。甚至像美国集团诉讼中，有时法官还使用基金百分比或者计时来确定律师酬金，一旦涉案人数较多，高额的律师费将产生不亚于惩罚性赔偿金的震慑力。[4]

程序分工与协作方面：①诉讼管辖。一般而言，公益诉讼较私益诉讼影响覆盖面更广，笔者以为，在发生公、私益诉求交叉或重合的情况时，依公益诉讼确定管辖较妥。②审理顺序。若公、私益在同一审理程序中被提起时，笔者以为先

---

〔1〕 参见汤维建："论团体诉讼的制度理性"，载《法学家》2008年第5期。

〔2〕 参见肖建国："民事公益诉讼的基本模式研究——以中、美、德三国为中心的比较法考"，载《中国法学》2007年第5期。

〔3〕 参见顾祝轩：《民法概念史·总则》，法律出版社2014年版，第51页。

〔4〕 See supra note, Deborah R. Henslerp, p. 490.

行审理公益诉讼更适宜。涉及急需获得的利益，当事人有请求法院作出部分判决的权利，而公益诉讼请求一般具有现实紧迫性，必要条件下可以申请对其先行审理。[1] ③救济程序。对于诉讼收益已经收归国库的公益诉讼，若出现后续第三人消费者维权的，可由第三人选择另行提起侵权损害赔偿之诉或申请再审。审理结束后发现诉讼请求属实的，由国库先行赔付已收缴部分，仍不足的由侵权行为人补足。但救济功能不止面向第三人，也应该平等对待公益诉讼中的被告行为人，第三人另行申请侵权赔偿的，同再审申请都应在规定期限内完成，否则被告可以此进行抗辩。

（三）优化诉讼收益的公私益分享机制

司法实践将公益诉讼所得惩罚性赔偿款收归国库的行为，剥夺了消费者参与分配的权利，更无异于将民事惩罚变相为行政或刑事惩罚。而公益诉讼所产生的诉讼收益特别是金钱收益是归属消费者的，当公益诉讼先于私益诉讼审理完毕时，只要消费者能证明其符合价款损失要件，即曾购买或食用不符合食品安全标准的产品，则能参与公益诉讼收益之分配。食品安全公益诉讼惩罚性赔偿应独立于刑事罚金或行政罚金，否则可通过直接提高刑事或行政罚金实现惩罚，完全没有必要在制度上进行重复设计。介于此，笔者以为可参照《中华人民共和国慈善法》的规定委托慈善机构管理惩罚性赔偿金，或者参照《基金会管理条例》设立损害赔偿基金会。[2] 笔者认为对公益诉讼收益进行管理可以细化为以下几步：

第一，管理对象。由社会慈善机构或其他公益组织对公益诉讼收益进行规模管理，检察院、政府与社会公众共同对其进行监督。公益类组织在处理公益事件上更具有专业性，"专人专事"有利于提高管理效率，且易于刺激公益组织积极行使诉讼实施权。管理组织应适当地对剩余赔偿款进行保值、增值服务，可以相当程度上保障后续维权的私人消费者获得损害赔偿或惩罚性赔偿。排除法院与检察院作为管理对象，一是考虑到法院作为中立司法机关，不应与诉讼收益挂钩；二是由于若将检察院作为管理对象，受国家预算法约束，诉讼收益最终可能作为非税收收入入账国库，则损害赔偿将流于形式。判决结束后，由法院协调、公益组织负责收缴至专门公益诉讼银行账户上，若公益组织未参加诉讼的则由法院先行收缴并于规定时间内转至公益组织相关专门账户。公益组织应当在内部设立专门的部门或机构管理食品消费民事公益诉讼的诉讼收益，并主动在官方网站上将判决结果、收款情况、收款数额等内容向社会公众公布，自觉接受来自社会与政

---

〔1〕 参见杜睿哲："论民事诉讼中的部分判决"，载《甘肃政法学院学报》2006 年第 5 期。

〔2〕 参见刘文晖："惩罚性赔偿可否通过公益诉讼来主张？法规不明确"，载新华网客户端，ht-tp：//baijiahao.baidu.com/s？id=1601308087832733878&wfr=spider&for=pc，最后访问时间：2019 年 5 月 21 日。

府的监督，并积极敦促利害消费者积极参与赔偿款的分配。

第二，申请分配。①申请分配对象。笔者以为，除消费者外，还应当将公益诉讼原告纳入分配对象，并可对原告适当进行奖励，以此解决诉讼动力不足与诉讼利益不对应之根本问题。[1] 像英美法系国家的告发人诉讼制度，原告胜诉后，可优先从赔偿金中"扣取必要诉讼成本和提取法定或者约定的奖金"。[2] ②申请分配方式。笔者以为在消费者与公益诉讼原告共同参与分配的情况下，以诉讼原告优先分配更适宜。在诉讼原告主张必要的诉讼成本与诉讼奖励后，其他在诉讼中已经确定造成实际损失的消费者，可以依据判决书直接向赔偿收缴主体申请参与分配赔偿款。若赔偿款不足以弥补原告或全部消费者的，可准予其向法院申请保全违法生产经营者其他财产，并在该财产被执行时按申报顺序优先获得执行款弥补赔款。暂未在诉讼中确定的剩余受损即其他不确定的消费者，在违法生产经营者的财产被全部执行完毕前均可申请参与分配。并对参与惩罚性赔偿分配设定申报期限，只有在申报期限内进行申报才能参与分配，并且还应对后续申报的消费者主体资格、损害事实、赔偿标准等内容进行严格审查。

第三，申报期限。应在法律制度上明确申报期限，待最长申报期间过后，若无私人消费者申请参与分配的，则将剩余损害赔偿款用于消费者教育、食品安全等其他方面或者收归国库。

四、结语

我国《食品消费民事公益诉讼法律解释》第 13 条第 1 款规定，当前公益诉讼的形式当事人能向被告提起的诉讼请求仅包含：停止侵权、排除妨碍、消除危险、赔礼道歉。我国消费者公益诉讼的目的在于保护公共利益和打击违法行为人，若开启复杂的公益诉讼程序仅仅只要求违法行为人停止违法行为或赔礼道歉，这无异于杀鸡取卵。还会造成违法生产经营的风险未必成为生产成本，违法生产经营者从事违法生产经营的私人成本将小于社会成本。[3] 本文分别从惩罚性赔偿存在的诉权基础、诉讼收益、诉讼程序三方面，阐述在公益诉讼中纳入惩罚性赔偿的空间，当然具体的实施细则只能通过法律或法律解释加以规定，各理论支撑也有待学者们更进一步完善。

---

〔1〕 参见颜运秋："论经济法的可诉性缺陷及其弥补"，载《当代法学》2000 年第 1 期。
〔2〕 参见徐卉：《通向社会正义之路：公益诉讼理论研究》，法律出版社 2009 年版，第 7~8 页。
〔3〕 参见黄忠顺："食品安全私人执法研究——以惩罚性赔偿型消费公益诉讼为中心"，载《武汉大学学报（哲学社会科学版）》2015 年第 4 期。

论留置权不适用于房屋租赁合同

◎李博　殷洁芳*

一、问题的提出

在《中华人民共和国物权法》（以下简称《物权法》）颁布之前，我国民事法律对于留置权的规定主要见于《中华人民共和国民法通则》（以下简称《民法通则》）、《中华人民共和国担保法》（以下简称《担保法》）、《中华人民共和国合同法》（以下简称《合同法》）。《民法通则》第89条第4项规定："按照合同约定一方占有对方的财产，对方不按照合同给付应付款项超过约定期限的，占有人有权留置该财产，依照法律的规定以留置财产折价或者以变卖该财产的价款优先得到偿还。"《担保法》第84条第1款规定："因保管合同、运输合同、加工承揽合同发生的债权，债务人不履行债务的，债权人有留置权。"《合同法》

---

* 作者简介：李博，广州市越秀区人民法院审判员；殷洁芳，广州市白云区人民法院法官助理。

第 422 条规定："行纪人完成或者部分完成委托事务的，委托人应当向其支付相应的报酬。委托人逾期不支付报酬的，行纪人对委托物享有留置权，但当事人另有约定的除外。"从上述法律规定可以看出，《民法通则》关于留置权的规定通过《担保法》《合同法》予以具体体现。《担保法》《合同法》将留置权的适用限定在保管合同、运输合同、加工承揽合同、行纪合同等四种特定合同之中，不适用于其他民事法律关系。此后《物权法》颁布，第 230 条第 1 款规定："债务人不履行到期债务，债权人可以留置已经合法占有的债务人的动产，并有权就该动产优先受偿。"该条规定不再将留置权限定于上述四种特定的合同，扩大了留置权的适用范围。

理论上，根据留置权所依据的法律，可以将其分为普通留置权和特殊留置权。不动产出租人留置权属于特殊留置权，指不动产之出租人，就租赁契约所产生之债权，对于承租人之物置于该不动产者，有留置权，但禁止扣押之物不在此限。在大陆法系中，不动产出租人留置权作为特殊留置权被广为接受，英美法系也普遍认可。对于我国民事法律是否应当引入不动产出租人留置权这一特殊留置权，学术界曾有过争论。[1]2020 年 5 月 28 日，第十三届全国人大第三次会议表决通过《中华人民共和国民法典》（以下简称《民法典》）。《民法典》第 447 条规定："债务人不履行到期债务，债权人可以留置已经合法占有的债务人的动产，并有权就该动产优先受偿。"该条款没有改变《物权法》第 230 条第 1 款的表述，保留了《物权法》对于留置权的规定，在立法层面上没有引入属于特殊留置权的不动产出租人留置权。

即便我国民事立法没有引入不动产出租人留置权，现行《物权法》第 230 条第 1 款以及《民法典》第 447 条的规定也没有限制留置权适用的民事法律关系。有文章认为，在《物权法》扩张留置权适用范围后，新增因租赁合同而发生的留置权纠纷，导致扩张留置权适用范围与留置权效力之间的冲突，《物权法》的规定武断而显失公平。[2]在房屋租赁合同纠纷中，承租人不履行支付租金的义务，出租人对租赁房屋内的动产主张留置权的情况在社会现实生活中较为常见。出租人关联公司在出租人认可的情况下，甚至可代行租赁厂房内机器设备的留置权。[3]理论界对于留置权，尤其是商事留置权适用于房屋租赁合同似乎不存在疑问。但在实务中，仅有少数案例支持出租人享有留置权，多数案例对此予以否

---

〔1〕 周珺："论我国出租人留置权制度的存废"，载《政治与法律》2012 年第 8 期。

〔2〕 徐银波："物权法留置权规则的解释适用和立法反思"，载《法律科学（西北政法大学学报）》2017 年第 2 期。

〔3〕 曹兴权、胡永龙："民法典编纂背景下商事留置权牵连关系的重构"，载《西南政法大学学报》2018 年第 3 期。

定，法院在这个问题的认定及处理上不统一，与理论界的认识也存在差异。

二、实务中对于房屋出租人是否享有留置权的认定及处理

以"房屋租赁合同纠纷"为案由，以"留置权"为关键词，因写作时已生效的民事判决书尚未适用《民法典》，仍以"《物权法》第230条、第231条"为引用条文，在中国裁判文书网中检索到39份已公开的裁判文书。在这些判决中，当事人诉请对租赁房屋内动产行使留置权或优先受偿，获得法院支持的有3份，其他判决均未支持出租人享有留置权。在法信平台中以"房屋租赁合同""留置权"为关键词进行检索，检索到的6份判决均未支持出租人享有留置权。由于上述案例中支持出租人享有留置权的数量较少，本文不再就案例数量比例进行分析，现将检索到的支持出租人享有留置权的案例简要归纳及列举如下。

（一）支持房屋出租人享有留置权

"深圳市慈怀慧舍养生文化馆有限公司、江西省天稻子实业有限公司（以下简称天稻子公司）与深圳音乐厅运营管理有限责任公司（以下简称音乐厅公司）房屋租赁合同纠纷一案"[1]中，法院认定，根据案涉租赁合同的约定，如天稻子公司在音乐厅公司解约后未如期清场撤离，则音乐厅公司可进入租赁场地清理留存物品，并可以清理租赁物业留存物品之所得抵偿天稻子公司所欠付的租金等费用。根据《物权法》第230条、第231条的规定，在天稻子公司与音乐厅公司均为企业法人，且音乐厅公司清理留存物品符合双方约定的情况下，音乐厅公司对前述物品享有法定的留置权，在音乐厅公司关于本案的租赁债权得到完全清偿之前，本院对天稻子公司关于将场地内物品恢复原状的请求不予支持，等等。

"青田县防腐设备厂与青田良正精锻汽配有限公司房屋租赁合同纠纷案"[2]中，法院认定，承租人未按约及时支付给出租人其承租厂房的租金及相应税款，现承租人已离开其承租的厂房，但动产抵押登记表中的变压器及配电设备一套仍留在租赁厂房内，由出租人合法占有，且双方均为企业，故出租人对上述设备一套享有留置权；判决青田县防腐设备厂对变压器及配电设备一套享有留置权，等等。

"无锡市锦盛投资有限公司与无锡市万照钢材交易市场经营管理有限公司、无锡祥冠贸易有限公司房屋租赁合同纠纷案"[3]中，法院查明，承租人确认不能依约支付租金，出租人有权对承租人存放在承租土地上的物品行使留置权，等等；认定出租人出租厂房后，与承租人之间成立租赁关系，且通过租赁关系合法

〔1〕 （2017）粤03民终21154号民事判决书。
〔2〕 （2015）浙丽民终第393号民事判决书。
〔3〕 （2015）浙丽民终第393号民事判决书。

占有了堆放在厂房内的钢材，故对其就厂房内钢材享有留置权的主张予以支持；判决无锡市锦盛投资有限公司对堆放在租赁建筑物内的钢材享有留置权，有权就其拍卖、变卖的价款优先受偿，等等。

以上三份裁判文书是检索到的支持出租人享有留置权的案例。房屋从用途上可以分为住宅、商业用房、办公用房、工业（厂房）四类，上述案件发生在租赁物为厂房、商业用房的房屋租赁合同之中。承租人租赁厂房、商铺，放置在其中的财物或动产的经济价值及使用价值一般较高，可移动性不足，易于被出租人扣留、留置，成为留置的标的物。三案的租赁双方均为企业，法院适用《物权法》第 231 条的规定，认定出租人享有商事留置权。债权人取得商事留置权仅须对债务人享有合法债权（且债务到期）并合法占有债务人的动产，债权与留置的动产无须属于同一法律关系，更无须属于同一性质的法律关系，实务中，商事留置权的成立只需要衡量债权的合法性与占有动产的合法性即可判断。[1] 故在适用上，商事留置权比民事留置权容易判断。三案中有两件案件是租赁双方在租赁合同中或合同外达成了出租人有权留置承租人动产或享有留置权的一致意思表示，有无租赁双方的约定，是法院是否支持出租人享有留置权的重要依据。第二件案件中出租人留置的动产存在留置权与抵押权的冲突，法院支持了留置权，体现了留置权优先于抵押权的优先性。此外，应当注意到的是，上述三案中有两案的承租人即被告均未能到庭参加诉讼，法院依法作缺席审理。在承租人失联的情况下，放置在租赁房屋内的动产无人处理，价值将受贬损，法院在被告缺席时判决出租人享有留置权，在效果上更为经济、合理，但是在结论和思路上，上述三件案件存在一定问题。

（二）不支持房屋出租人享有留置权

在法信平台中以"房屋租赁合同""留置权"为关键词在全文中进行检索，可以检索到 6 个案例，均未支持出租人享有留置权。以下列举其中 3 个案例进行分析：

"A 制衣公司诉 B 建筑公司租赁合同纠纷案"。[2] 案例要旨为：留置权具有法定性，即留置权系具备一定要件时，依据法律的明文规定而当然发生的担保物权，属法定担保物权范畴。法律并未规定当承租人不支付租金时，出租人可以对承租人的财产进行留置，故该留置行为应定性为侵权行为。

---

〔1〕 曹士兵：《中国担保制度与担保方法》，中国法制出版社 2017 年版，第 391 页。

〔2〕 "制衣公司诉 B 建筑公司租赁合同纠纷"，载 http：//www.faxin.cn/lib/cpal/AlyzContent.aspx？isAlyz＝1&gid＝C1273790&libid＝0201&userinput＝A，最后访问日期：2020 年 8 月 6 日。

"欧某诉深圳市某汽车销售有限公司房屋租赁合同纠纷案"。[1] 案例要旨为：出租人留置的是承租人的商品，属动产，承租人拖欠租金，债权已届清偿期，但出租人留置承租人的商品的行为构成侵权。首先，出租人对租赁房屋内承租人的财物不属于合法占有；其次，租赁双方在合同中没有留置的约定；最后，出租人占有动产与承租人拖欠租金的行为并无牵连关系等。

"GC公司与HT公司商事留置纠纷案"。[2] 案例要旨为：涉案租赁合同的标的物是房屋，而不是生产经营的机器设备及原材料，故不符合留置权成立中要求留置财产与债权属于同一法律关系的规定，本案也不属于有关商事留置权的规定，因为企业之间的房屋租赁行为并不属于商事留置中规定的商事行为，而只属于民事行为的范畴。

上述三个案例囊括了法院不支持出租人享有留置权的理由，本文不再繁列其他的案例进行说明。从上述三个案例可以看出，法院不支持出租人享有留置权，是以留置权的法定构成要件作为标准进行判断，理由主要有以下几点：①法律没有明文规定房屋出租人对承租人的动产享有留置权，即不符合物权法定原则。②租赁双方在房屋租赁合同中没有约定出租人享有留置权，从而出租人主张留置权没有合同依据。③出租人对承租人动产的占有不属于合法占有，对留置行为合法性进行判断。④出租人留置承租人动产与承租人拖欠租金不属于同一法律关系，即便租赁双方是企业，因房屋租赁行为属于民事行为，不属于商事行为或经营行为，从而不成立商事留置权等。

法院根据以上理由，判决不支持出租人享有留置权的结果是正确的。但在研判及逻辑上不够准确，没有正确认识留置权与留置行为的联系与区别，没有认清物权法定原则与合同约定之间的关系，对出租人的留置行为性质把握不准。

综上，实务中大部分的案例不支持出租人享有留置权，这与有关文章认为审判实务界业已达成了一种默契，应尽量减少乃至避免商事留置权的司法适用相契合。[3] 但是在法院系统有关调研文章中，存在支持留置权适用于房屋租赁合同的趋势，认为房屋租赁合同关系可以产生留置权。[4] 故实务中的这两种势态存在一定程度上的冲突，应引起关注及重视。

---

〔1〕 "欧某诉深圳市某汽车销售有限公司房屋租赁合同纠纷"，载 http：//www.faxin.cn/lib/cpal/AlyzContent. aspx? isAlyz＝1&gid＝C1330772&libid＝0201&userinput＝，最后访问日期：2020年8月6日。

〔2〕 "公司与HT公司商事留置纠纷"，载 http：//www.faxin.cn/lib/cpal/AlyzContent. aspx? isAlyz＝1&gid＝C1341387&libid＝0201&userinput＝GC，最后访问日期：2020年8月6日。

〔3〕 曹兴权、胡永龙："民法典编纂背景下商事留置权牵连关系的重构"，载《西南政法大学学报》2018年第3期。

〔4〕 江苏省高院民一庭课题组："商业地产租赁案件审判疑难问题研究"，载《法律适用》2017年第5期。

三、留置权不适用于房屋租赁合同

不论实务中支持出租人享有留置权的案例，还是不予支持的，均在留置权的构成要件的逻辑顺序上以及合同约定的效力上分析不够。从这两个方面分析，可以得出结论，即留置权不适用于房屋租赁合同。

（一）不符合留置权构成要件的时间先后顺序

《民法典》第 447 条规定："债务人不履行到期债务，债权人可以留置已经合法占有的债务人的动产，并有权就该动产优先受偿。前款规定的债权人为留置权人，占有的动产为留置财产。"第 448 条规定："债权人留置的动产，应当与债权属于同一法律关系，但是企业之间留置的除外。"不论第 447 条规定的民事留置权，还是第 448 条规定的商事留置权，均须符合留置权的法定构成要件才能够成立。

文义上，根据《民法典》第 447 条的规定，留置权的构成要件存在时间上的先后顺序，不能颠倒。首先，债权人应当合法占有债务人的动产；其次，债务人不履行到期债务；最后，债权人对占有的动产行使留置权。这一时间先后顺序的逻辑，与《担保法》《合同法》关于留置权所适用的四种特定合同内容是一致的。例如在加工承揽合同中，定作方先将承揽物交付承揽方，在定作方未按约定付清价款时，承揽方对承揽物享有留置权，就标的物优先受偿。在该合同关系中，债务人先将承揽物交付债权人占有，具有担保定作方债权实现的作用。

房屋租赁合同是出租人将租赁房屋在一定期限内交付承租人使用，由承租人向出租人支付租金的合同关系。出租人的主要义务是向承租人交付适租的房屋，表现为交付房屋钥匙。承租人接收房屋或钥匙后，在租赁期内放置动产或财物在租赁房屋中，是以自己的名义对动产进行占有、使用。此时房屋内的动产为承租人自主占有，其没有将动产交付给出租人的外在意思，也没有将动产作为履约担保的内在表示。出租人对租赁房屋内的动产不构成任何意义上的占有。而在房屋租赁合同中起到担保债权现实作用的，是承租人签订合同时支付的租赁保证金或押金。

合同履行期间，承租人应按时向出租人支付租金，其不履行支付租金的义务达到合同解除条件时，出租人有权向承租人行使合同解除权，表现为收回承租人的钥匙，或更换门锁收回房屋等行为。出租人留置承租人的动产与合同解除权的行使紧密相连，出租人解除合同是留置行为的前提条件，只有在合同解除后，出租人才能收回房屋、留置屋内动产。据此，是承租人先不履行到期债务，出租人后占有租赁房屋内动产，从而不符合留置权构成要件中债权人先占有动产，债务人后不履行债务的时间先后顺序，逻辑上必然不成立留置权。

是否存在出租人先占有动产，承租人后不履行债务的情形？从房屋租赁合同的内容来看，答案是否定的。因为出租人在承租人未违约或违约行为未达到合同解除条件时，先行留置租赁房屋内的动产，则是出租人阻碍承租人使用房屋，没有履行提供适租房屋的义务，已构成违约，不符合留置权中合法占有动产的构成要件。

故房屋租赁合同不适用留置权。在出租人合法解除合同留置动产的情况下，法院不支持出租人享有留置权的理由应为，承租人未支付租金在先，出租人占有动产在后，不符合留置权构成要件的时间先后顺序，出租人不享有留置权。在出租人未解除合同便留置动产的情况下，法院应以出租人对房屋内动产的占有不属于合法占有为由驳回出租人主张留置权的诉请。上述案例以出租人占有动产与承租人拖欠租金不构成同一法律关系、房屋租赁不属于商行为等为由驳回出租人行使留置权的诉请，结果正确，但理由不准确。

（二）房屋租赁合同的约定不能设立留置权

《民法典》第 116 条规定："物权的种类和内容，由法律规定。"该条款沿用了《物权法》第 5 条关于物权法定主义原则的规定。物权法定主义是指物权的种类和内容由民法或其他法律统一确定，不允许当事人依自己的意思自由创设、变更。《民法典》第 449 条规定："法律规定或者当事人约定不得留置的动产，不得留置。"据此，当事人可以通过约定排除留置权的适用，不能通过约定设立留置权。

实践中，租赁双方往往在租赁合同中设置出租人有留置权的条款，内容包括但不限于以下几种：①出租人有权留置承租人的财物；②出租人对承租人的财物享有留置权；③出租人有权扣留承租人的财物并予以拍卖、变卖优先受偿等。从上文列举的支持出租人享有留置权案例可以看出，租赁合同有关于留置权内容的约定，是法院支持出租人享有留置权的重要依据。

即便租赁合同约定了出租人享有留置权，因物权法定原则不允许当事人自行创设包括留置权在内的物权，从而关于留置权内容的条款违反物权法定原则，必然不产生设立物权法上留置权的效果。法院以租赁合同有约定支持出租人享有留置权，明显与物权法定原则不符。

房屋租赁合同的条款应在合同法视域下考察其效力，而不是在物权法的视域下进行考察。合同相对性原则在合同法规则体系中具有基石性的地位。[1]该原则是指合同的效力仅在缔约的当事人之间发生，对合同以外的第三方没有约束

---

[1] 李建华、彭诚信："论合同相对性原则在处理商品房买卖合同纠纷中的司法适用——基于最高人民法院相关司法解释及其判决的评判和反思"，载《法律科学（西北政法大学学报）》2012 年第 5 期。

力。《合同法》没有直接规定和使用合同相对性的概念和术语。而《民法典》第465 条第 2 款规定："依法成立的合同，仅对当事人具有法律约束力，但是法律另有规定的除外。"该条款确立了合同相对性原则。[1]

根据合同相对性原则，房屋租赁双方的约定只对合同当事人有约束力，对合同之外的第三方没有约束力。留置权作为物权具有优先性和对抗性，债权人占有动产能够对抗所有权人的取回权，且其对于所占有的动产优先于债务人的其他债权人受偿，甚至还优先于该动产上设立的抵押权、质权等担保物权。出租人根据合同约定留置承租人的动产，看似是行使留置权的行为，但该留置行为其实是行使合同权利的行为，受合同相对性原则约束，对与动产所涉及的第三方没有约束力。例如动产为第三方所有的，第三方可以基于所有权向留置动产的出租人主张返还；动产上设有抵押的，抵押权人仍能够就该动产优先受偿，不为出租人留置动产所影响。如租赁双方可以通过合同约定设立留置权，会加重与动产有关的第三方的责任，损害第三方的利益，违背合同相对性原则，令市场秩序混乱。

综上，房屋租赁合同约定出租人享有留置权，一方面违背物权法定原则，不能设立留置权；一方面受合同相对性原则约束，仅对租赁双方有效，对合同外的第三方没有约束力。结合上文所述留置权不适用于房屋租赁合同，意味着租赁双方都没有在合同中约定排除留置权适用的空间和必要。

上文列举的案例根据房屋租赁合同的约定支持出租人享有留置权，法院在此混淆了出租人留置行为和留置权的概念，没有甄别出租人依约留置动产行为的性质，错误地将该留置行为认定为是行使留置权的行为，这就是问题所在。

四、房屋出租人留置行为的性质

房屋租赁合同约定出租人享有留置权，不产生物权法上设立留置权的法律效果。即便如此，该类条款仍属于合法有效的合同条款，对于租赁双方具有约束力，出租人有权依约留置房屋内的动产。在纠纷发生后，出租人行使合同解除权收回租赁房屋，并按照合同约定留置租赁房屋内的动产或财产，外观上容易被误认为是行使留置权的行为。实质上，出租人的留置行为仍属于合同法视域下的民事法律行为，应当从合同法的角度进行分析。

（一）有合法约定时，出租人的留置行为是行使同时履行抗辩权的行为

在一般情况下，租赁合同终止，承租人应当与出租人结清租赁费用，并在合同约定的期限内清空房屋交还给出租人，出租人配合受领。清退房屋是承租人在合同终止时应尽的法定义务，其从房屋中搬走的动产或财物仍为承租人所有或使

---

[1] 杨浦："论合同相对性原则的适用边界"，载《交大法学》2020 年第 3 期。

用。在租赁合同约定出租人有权留置动产的情况下，承租人拖欠租金，出租人依约扣留、留置承租人放置在房屋内的动产，属于行使合同权利的合法行为。因这些被留置的动产不属于出租人所有或使用，出租人基于合同约定采取留置行为，阻止承租人取回动产，由此产生了需向承租人交还动产的债务。此时，承租人基于对动产享有的所有权或使用权，有权要求出租人返还留置的动产。而出租人则根据合同约定抗辩要求承租人付清所欠租金等债务，否则不停止留置。《全国法院民商事审判工作会议纪要》第 36 条、第 49 条确定了双务合同中，合同解除、相互返还的义务仍构成对待给付，原则上应当同时履行。租赁合同解除后，出租人依约留置承租人动产的目的不是为了优先受偿，而是以该留置行为逼迫承租人清偿债务，来维护自身权益。出租人因留置行为产生的返还原物之债与承租人欠付租金产生的合同之债具有牵连性，构成对待给付。《民法典》第 525 条规定："当事人互负债务，没有先后履行顺序的，应当同时履行。一方在对方履行之前有权拒绝其履行请求。一方在对方履行债务不符合约定时，有权拒绝其相应的履行请求。"出租人基于合同约定留置承租人动产符合上述条款规定，应认定是行使《民法典》第 525 条规定的同时履行抗辩权的行为。

在出租人依约留置承租人动产时，同时履行抗辩权成立，法院原则上应作出对待给付判决，在判决主文中写明出租人在一定期限内将留置的动产交还给承租人，同时承租人向出租人支付所欠的费用，不确定先后履行的顺序。[1] 如承租人没有履行判决确定的给付义务，出租人可以在执行过程中申请将其留置的动产作为承租人的财产进行处置，拍卖、变卖留置的动产，所得价款用于清偿承租人的债务。如价款折抵债务后还有剩余，则剩余部分仍属于承租人所有。在债权人存在其他债务，出租人留置的动产不足以清偿时，出租人享有的债权只能作为普通债权参与执行分配，不能优先受偿，亦不优先于动产上设立的抵押权等担保物权。

需要注意的是，房屋租赁合同中有约定承租人逾期不搬走的物品视为放弃所有权，或不搬走的物品归出租人所有等条款，这些条款不同于本文所述的留置权内容条款，留置权内容条款没有约定动产归属，只是约定出租人有权留置动产，而上述条款则对动产的归属进行了约定，同样是租赁双方真实意思表示，合法有效，具有违约责任条款的性质。此时出租人按照合同约定留置承租人动产为自主占有，不再负有将动产返还给承租人的债务，法院可以判决动产归出租人所有或由出租人没收。同样该条款效力不及于动产所涉的第三方，第三方可以作为第三

---

[1] 刘文勇："论同时履行抗辩权成立时对待给付判决之采用"，载《国家检察官学院学报》2020年第 4 期。

人参加诉讼或通过执行异议程序等对动产主张权利。

（二）在没有约定或约定无效等情况下，出租人留置行为是侵权行为

出租人可以基于合同约定留置动产行使同时履行抗辩权，前提是合同条款合法、有效。房屋租赁如存在违法转租、租赁物为违章建筑、约定租期超出法定最长租期等情况时，租赁合同无效或部分无效。当然除此之外，现实生活中亦不能排除存在房屋租赁合同未生效、被撤销的情况。在房屋租赁合同未生效、无效、被撤销时，或者合同没有约定留置权内容条款时，出租人留置承租人动产的行为缺乏合同依据，侵犯了承租人对于动产的所有权或使用权，属于侵权行为。

此时，承租人有权要求出租人归还留置的动产，并承担侵权责任，承租人自身是否违约在所不问。法院对于上述留置行为不作对待给付判决，应直接判决出租人向承租人返还留置的动产，无需与承租人应负的债务同时履行。在归责认定上，该留置行为也与同时履行抗辩权不同，同时履行抗辩权属于合法行为，不需要承担违约责任；出租人留置行为构成侵权行为的，需要向承租人赔偿因留置动产所造成的实际损失，且会因法院加重对其过错程度的认定，而承担不利后果。

《民法总则》《侵权责任法》《合同法》等均未规定自力救济制度，在《民法典》施行之前，出租人的上述留置行为因缺乏法律依据，不构成自力救济行为，不能免责或减轻责任。《民法典》第 1177 条规定："合法权益受到侵害，情况紧迫且不能及时获得国家机关保护，不立即采取措施将使其合法权益受到难以弥补的损害的，受害人可以在保护自己合法权益的必要范围内采取扣留侵权人的财物等合理措施；但是，应当立即请求有关国家机关处理。受害人采取的措施不当造成他人损害的，应当承担侵权责任。"该条款正式确立了自力救济制度。按照该条款的规定，出租人的上述留置行为在合理范围内可以认定构成自力救济，从而减免侵权责任。如留置行为超出合理范围的，则应认定构成侵权行为。至于合理范围的评判标准，还有待此后的理论与实践来确定。

五、结语

留置权不适用于房屋租赁合同，因为出租人占有动产与承租人拖欠租金的时间先后顺序不符合留置权构成要件的时间先后顺序，房屋租赁合同的约定不能设立留置权。实务中不论是支持出租人享有留置权的案例，还是不支持的，在认识上都存在一定偏差。留置行为与留置权是两个不同的概念。出租人依照合法约定采取的留置行为是行使同时履行抗辩权的行为，在没有合同约定或合同未生效、无效、被撤销的情况下，出租人的留置行为是侵权行为。两者的区别在于前者是合法行为，受到法律保护，后者是违法行为，需承担侵权责任。留置权是否适用

于房屋租赁合同是一个实务问题，同时也是一个理论问题，需要更多的关注和研究。本文有自说自话之嫌，在理论支撑上不够充分，即便如此，希望可以抛砖引玉，引起更多的关注和重视。

民刑交叉专题

论刑民交叉案件中被害人的保护

◎张永江　曹岚欣*

一、引言

随着我国经济的迅速增长，个体之间的利益冲突日益加剧，刑事犯罪往往与民事纠纷交织在一起。由于受到"重刑轻民"法律传统思想的影响，司法机关在处理刑民交叉案件时通常直接适用"先刑后民"的原则处理案件，此种做法

---

* 作者简介：张永江（1965—），男，法学博士，湘潭大学法学院副教授，硕士生导师；曹岚欣（1999—），女，湘潭大学法学院 2017 级本科生。

有违刑法的谦抑性，[1] 因为国家只有在运用民事法律手段难以有效规制此类危害行为时，才可适用刑法的方法，而直接适用刑法在某种程度上会给被害人带来"二次伤害"。即使在当前追求人权保障和私人权益的社会背景下，"先刑后民"的原则仍然在司法实践中被广泛运用，但是目前尚未找到明确的法律规范将其作为一项法律原则加以界定，其只是司法者公认的一项基本原则，造成司法实践中"先刑后民"的原则受到公权力的控制，引发权力滥用的现象。对此，司法机关应当重新审视我国刑民交叉案件的处理规则。如何进一步完善与刑民交叉案件有关的法律法规，填补程序法领域的空白，如何处理被害人的精神损害赔偿，如何及时有效补偿被害人的财产损失，如何加大被害人在法律程序选择上的意思自治性，这些都是有待商榷的内容。只有完善刑民交叉案件中对于被害人权利保护，从立法和司法层面真正落实人权保障的理念，才能推进我国法治的新征程。

二、刑民交叉案件中被害人保护存在的问题

在刑民交叉案件的司法处理中，无论是程序还是实体上都存在着很多问题，比如在民事诉讼中发现刑事犯罪，一律采用"先刑后民"的标准是否适当？刑民交叉案件应否立案？经济犯罪中合同效力如何认定？这些问题都切实影响着被害人的权益。

（一）程序上的问题

程序正义是一种独立的法律价值，[2] 它能防止权利的肆意，促进结果正当性的实现，但在刑民交叉案件中程序问题仍然困扰着司法实践。

在司法实践中，不少司法机关一味强调运用"先刑后民"的原则审理案件，结果造成程序的"固式化"，使得被害人应有的权益得不到保障。这一方面是因为受到"先刑后民"法律渊源的影响，如 1985 年《最高人民法院、最高人民检察院、公安部关于及时查处在经济纠纷案件中发现的经济犯罪的通知》（已失效）曾指出："各级人民法院在审理经济纠纷案件中，如发现有经济犯罪，应按照 1979 年 12 月 15 日最高人民法院、最高人民检察院、公安部《关于执行刑事诉讼法规定的案件管辖范围的通知》，将经济犯罪的有关材料分别移送给有管辖权的公安机关或检察机关侦查、起诉，公安机关或检察机关均应及时予以受理。"

---

[1] 有学者称之为谦抑原则，是指刑法不应将所有的违法行为都作为其对象，而应将不得已才使用的刑罚的场合作为其对象的原则。参见 [日] 大谷实：《刑法总论》，黎宏译，法律出版社 2003 年版，第4 页。刑法的谦抑性表现在：对于某种危害社会的行为，国家只有在运用民事的、行政的法律手段和措施，仍不足以抗制时，才能运用刑法的方法，亦即通过刑事立法将其规定为犯罪，处以一定的刑罚，并进而通过相应的刑事司法活动加以解决。参见陈兴良：《刑法哲学》，中国政法大学出版社 2000 年版，第7~8 页。

[2] 陈瑞华：《刑事诉讼的前沿问题》，中国人民大学出版社 2013 年版，第 178 页。

该通知率先确立了对于刑民交叉案件审理的刑事优先原则，对于此后审理民刑交叉案件产生了重大影响。[1] 另一方面是司法机关为了减轻工作压力，降低错案风险。汪明亮教授谈道："就从本人对一些基层法院的调研结果看，一些基层法官明确告诉我，只要办案机关主张案涉经济犯罪要求民事案件中止审理或者移送的，他们都会中止审理并移交案件，因为这样做不仅可以减轻办案压力，而且可以降低错案风险。"[2] 但这种做法并没有结合案件具体实情和被害人的实际利益，具有一定的片面性，容易造成"入刑容易出刑难"的问题。另外，"先刑后民"的原则过于强调"公权优先"的理念，与现代法治倡导个人私益保护的理念不符，"先刑后民"存在容易侵犯当事人权利，为地方保护主义大开方便之门的弊端。[3] 如在一些股权纠纷、侵犯商业秘密等经济类纠纷案件中，因为涉及股权确认以及商业秘密的确认等专门性民事法律问题，如果采用"先刑后民"的处理方式，不但无法及时进行确权之诉，更会给一些社会影响力较大的企业带来难以挽回的经济损失，严重的还会影响到社会稳定，此种情况下，应该对"先刑后民"的原则作出变通，而不是一味地固守"大刑法"的思想。又比如在一些交通肇事犯罪和故意伤害类犯罪中，如果犯罪人潜逃导致案件事实长时间无法查明，被害人无法得到及时救助导致伤势加重，错过了最佳救助时机，这对被害人是极为不利的。

立案是实现程序公正的关键环节，但在刑民交叉案件中经常发生立案难的问题，使得被害人诉诸无门。一方面在司法实践中，法院通常按照"先刑后民"的原则作为立案的标准，即在公安、检察机关没有立案的情况下，法院裁定不予受理或者撤销民事原判决，但已经生效的民事判决原则上对刑事诉讼并没有预决效力。民事判决是对民事事实、关系和责任的确认，即使针对的是同一法律事实，其证明标准也与刑事诉讼大相径庭，不影响刑事关系的确认和刑事责任的分配，如果一律采用"先刑后民"的立案标准，无疑是为民事案件设立了立案门槛，不利于保障当事人的诉权。因此对于符合立案条件的案件，人民法院应当及时立案，不应以案件涉嫌犯罪为由不予受理，且只有在特殊情况下才能撤销原判决。另一方面采用"先刑后民"的立案标准会造成司法机关非法插手经济纠纷的现象，违背了法院依法独立行使审判权的司法原则。对于法院已经作出生效判决的经济纠纷案件，公安机关认为涉嫌经济犯罪的，只有在满足一定条件的情况下才能予以立案，重新启动诉讼程序，否则不仅有损于民事既判力，而且容易滋

〔1〕 陈兴良："刑民交叉案件的刑法适用"，载《法律科学（西北政法大学学报）》2019年第2期。
〔2〕 汪明亮："刑民交叉案件的处理规则和原则"，载《法律适用》2019年第16期。
〔3〕 陈兴良："关于'先刑后民'司法原则的反思"，《北京市政法干部管理学院学报》2004年第2期。

生公安机关非法插手经济纠纷的违法现象。

（二）实体上的问题

刑民交叉案件中的实体问题直接涉及被害人的合法权益，因此有必要进行进一步探析。

第一，法律规定不太明确。法律规范应当明确具体，"没有什么能比法律的语言更恰当地将法律命令的特征作为一种'绝对命令'、一种要求适用的、但又为其纯粹存在而无视其内容上的信服力的信条而予以描绘"。[1] 而我国现行法律对于刑民交叉案件的规定不甚明确，比如《中华人民共和国民事诉讼法》第 150 条第 1 款第 5 项"本案的审理必须以另一案件的审理结果作为依据"中应如何确定"本案"？司法解释应尽可能明确"本案"范围以约束司法裁量权，避免无限制扩大自由裁量权从而损害被害人权益。

第二，经济犯罪中合同效力问题。根据合同法的规定，合同欺诈的法律后果是致使合同可撤销并非无效，而合同诈骗是欺诈中较为严重的一种情形，由刑法所调整，这就涉及合同效力的认定。如果纯粹是以合同的形式掩盖犯罪目的，此时就属于虚假的刑民交叉案件，则仅构成合同诈骗罪，受到刑事法律的规范，合同自然无效，除此之外的刑民交叉案件中合同效力应当按照合同法的规定予以认定。但在司法实践中，法院通常根据行为的刑事违法性直接认定合同无效，这种做法是有待商榷的，因为合同违约可能会涉及违约金、双倍定金等情况，如果此时直接认定合同无效，被害人只能通过司法机关的追缴和侵权之诉来主张自己的权利，会使其丧失合同利益。相反，如果认可合同的效力，被害人可以根据合同条款继续主张自己的权利，一方面被害人获得的可期待利益更大，另一方面对于被告的惩治力度更强，这与被告人权保障的基本精神并不相违背，因为这仅仅涉及民事领域合同违法性的金钱赔偿而不会对被告的人身权益造成损害，在此种情况下应当认可民事合同的效力。

第三，精神损害赔偿未纳入刑事附带民事诉讼中。2011 年《最高人民法院关于刑事附带民事诉讼赔偿范围问题的答复》（法办［2011］159 号）[2] 并未将精神损害赔偿纳入刑事附带民事诉讼中，这无论是从法理上还是从法律精神上都难以自圆其说。中国的社会转型不仅包括物质转型还应当包括精神转型，既然在刑法中能够基于人道主义给予精神病人以免责，给予被处以财产刑的犯罪人以基本的生活保障，为什么对于精神受到严重损害的被害人却要加以苛责，不给予其

---

〔1〕 ［德］拉德布鲁赫：《法学导论》，米健、朱林译，中国大百科全书出版社 1997 年版，第 23 页。

〔2〕 2011 年《最高人民法院关于刑事附带民事诉讼赔偿范围问题的答复》：附带民事诉讼案件依法只应赔偿直接物质损失，即按照犯罪行为给被害人造成的实际损害赔偿，一般不包括死亡赔偿金和残疾赔偿金。

获得精神赔偿的权利呢？这显然不符合法律的基本精神。

第四，刑事和解制度不当适用有"拿钱买刑"之嫌。根据我国刑事和解制度，在被告人进行经济赔偿与补偿后，被害人可以出具谅解书，而刑事判决会将此和解情况作为量刑标准考量。[1] 刑事和解制度虽然减轻了司法机关的压力，在一定程度上抚慰了被害人的心理，但也引发了社会的新型法律问题，即是否相当于"拿钱买刑"？例如备受社会关注的特勤队长强奸致一死一伤案中，一审法院判处被告人死刑，二审法院因被告人与被害人间达成调解，被告人一次性支付被害人90万元，改判死缓。[2] 刑事和解制度的初衷是为了加快案件的审理，缓解被害人与加害人之间的冲突，但是如果扭曲了它的初衷，仅仅作为"拿钱买刑"的一种工具，则破坏了法秩序的统一性，同时损害了被害人享有的合法救济权。

三、刑民交叉案件中被害人保护存在问题的原因

由于受到中国"重刑轻民"法律传统思想的影响，司法实践中通常直接适用"先刑后民"的原则审理案件，不仅使得被害人丧失了程序选择权，导致了立案难的问题，而且刑事诉讼强调"公共利益高于个人利益""公正高于效率"，致使司法工作者常常忽略了对于被害人人权的保障而一味地追求刑罚的公正。

（一）"重刑轻民"思想的影响

"重刑轻民"是指以严刑酷罚、轻罪重刑和原心论罪等为主要特征的刑罚思想，这种思想根深蒂固地影响着中国司法的运转。"重刑轻民"的思想首先源于中国古代法律对于刑罚的侧重。从战国的《法经》到清朝的《大清律例》都表现出了对于刑法和刑罚的重视。并且中国古代的刑罚体系非常完善，商周时期就出现了"五刑"；春秋战国时期，统治者为了加强统治采用了法学的严谨思想；到了秦朝，刑罚的种类更多、力度更强，法家思想占主导地位。尽管随着经济社会的发展，人们的价值观发生了变化，但对于刑法的迷信，是各种迷信中最根深蒂固的一种。如果说，在智识未开的古代社会，这种观念还有一定市场的话，在当今文明社会，刑法迷信应当在被破除之列。[3] 实践中，在很长一段时间内人

---

〔1〕 付钰莹："刑民交叉案件法律问题研究——以B公司合同诈骗案为例"，西北大学2018年硕士学位论文。

〔2〕 2016年1月陕西应急救援总队特勤支队队长聂某用榔头敲击两姐妹（姐姐16岁，妹妹14岁）头部后进行猥亵，致姐姐抢救无效死亡，妹妹重伤二级伤残程度八级。一审法院因被告人自5年内有过强奸罪前科，系累犯，且对于被害人的赔偿金一直没有到位判处被告人死刑，附带民事赔偿19万余元。二审时被害人因为家境贫困且妹妹需要大量治疗费接受了被告人90万元的赔偿，2018年1月省高院改判为死缓。载 www.sohu.com/a/56215279_160913，最后访问时间：2019年9月3日。

〔3〕 陈兴良：《刑法的价值构造》，中国人民大学出版社1998年版，第352页。

们"先刑后民"的思想都是无法彻底消除的，因为人们认为如果采用"先民后刑"的原则容易纵容犯罪，不仅无法保障私人利益，也会对公益造成损害。"转变重刑轻民的观念是民心所望。进入新时代，人民群众对民主、法治、公平、正义、安全、环境等方面的更高需求，不仅体现在刑事案件中，更多体现在民事案件里。"[1]

（二）公正与效率之间的冲突

刑法学者多从实体角度分析刑民交叉案件中"先刑观念"所带来的"入罪倾向"[2]；诉讼法学者多从程序法角度分析，认为现有诉讼模式忽视了民诉与刑诉制度构造的不同，不利于被害人权益的维护，[3] 但无论是从实体还是从程序上分析，其实质上就是关于公正和效率两大基本理念的价值考量，然而司法机关在运用"先刑后民"的原则处理案件时却难以平衡两者之间的关系。一方面体现在不少司法机关为了追求办案的效率、减轻工作压力，往往直接按照"白纸黑字"的法律条文草草结案，没有考虑当事人的独特利益需求和多元化背景。走"模式化"流程，会使得当事人无法充分有效地参与裁判的制作过程，因为程序公正是需要时间保障的，若没有必要的时间投入，当事人就无法在短时间内充分调查取证，准备防御和举证、质证，审判往往流于形式，导致案件事实难以查明，容易作出"无罪入刑"或者"有罪出刑"的错误判决，裁判结果对当事人都不具有可接受性，难以实现真正的司法公正，被害人在诉讼过程中的"错误耗费"对其身心无疑都会造成二次伤害。另一方面两者的难以平衡还体现在"迟来的正义绝非正义"。如果司法者只是一味地追求公正而不顾办案的效率，会造成大量证据的流失，导致案件越来越难以查明，错案的发生概率会大大增加，被害人会认为自己受到了司法歧视，对于其精神上的伤害是不可估量的，同时也会对当事人的基本人权造成严重损害，被告人会长时间处于未决羁押的状态，被害人也会因为犯罪分子无法及时归案而无法及时得到救济进而失去了事后救济的意义，实体结果即使正确，却不一定具有正当性。因此，应当将公正与效率相统一，不得顾此失彼。

（三）公共利益与私人利益之间的冲突

"先刑后民"除了在诉讼程序以及既判力方面存在相互矛盾的判决和其他冲突外，也会导致权力和权利间的进一步的冲突。[4] 首先，从诉讼行为上看，案件管辖的冲突是程序冲突的起点，应该由当事人选择进行民事诉讼还是由公安司

〔1〕 "重刑轻民观念必须改"，载《检察日报》2018 年 11 月 5 日，第 1 版。

〔2〕 杨兴培："刑民交叉案件中'先刑观念'的反思与批评"，载《法治研究》2014 年第 9 期。

〔3〕 江伟、范跃如："刑民交叉案件处理机制研究"，载《法商研究》2005 年第 4 期。

〔4〕 邵世："刑民交叉案件的民事检察监督"，载《中国检察官》2017 年第 2 期。

法机关进行公诉；随着诉讼进程的深入，诉讼行为的不断运行，这种冲突会转变为：在同一案件程序上民事优先还是刑事优先？即公权力与私权利之间的冲突，或者出现民事裁判权与刑事裁判权的冲突。[1]其次，司法实践一味坚持"公共利益优先"的思想，可能会出现公权力干预私生活以及地方保护主义的现象。在我国司法实践中，出于地方保护目的，利用刑事司法权力介入经济纠纷，从而干预民事案件，最终实现"以刑止民"目的的案件屡见不鲜。[2] 最后，社会过于强调"公益大于私益"，在刑民交叉案件中表现得尤为明显。《中华人民共和国刑法》第13条规定犯罪是依照法律应当受刑罚处罚的危害社会的行为，该条所称的社会危害性，是指行为对法益的侵犯性，即《中华人民共和国刑法》第13条所列举的行为对国家法益、公共法益以及公民个人法益的侵犯性。[3] 刑法虽然也打击侵害个人法益的行为，但主要是强调对于公共秩序的维护，而民法则更加注重对于私人利益的保障，致使司法者在审理刑民交叉案件时一律将公共利益放在第一位而忽略了对于私益的保护。如果我们不去考虑刑法处罚的正当性，不去探寻刑法之外的处理手段，就像站在"法的门外"的乡下人习惯了等待和恳求，甚至不去考虑其他出路。如果我们只懂得做固有秩序的守护者，就永远无法推动社会的进步，只会使得"权力关系充分内化，权威达到极致，无权者的卑贱意识达到极致"。[4] 在处理刑民交叉案件时不能钻进刑法的死胡同，不能让私人利益一味让位于公共利益，否则会造成刑罚范围不当扩大，与刑法的谦抑性相违背。国家应当追求公益与私益的协调统一，平衡好两者之间的利益冲突。

四、刑民交叉案件中被害人保护的完善对策

在"大刑法"的背景下，"先刑后民"的思想根深蒂固地影响着司法的运转，以至于在刑民交叉案件中过于强调公共利益而忽略了私益，过于强调对于被告人权利的保障而忽略了对于被害人权利的保护。因此应当积极寻求被害人保护的完善对策。

（一）司法机关应当根据不同的案件实情适用不同的处理原则

所谓刑民交叉案件，又称为刑民交织、刑民互涉案件，是指既涉及刑事法律关系，又涉及民事法律关系，且相互之间存在交叉、牵连、影响的案件。[5] 按照刑民法律事实所涉及的刑民法律关系的不同将刑民交叉类案件分为竞合型、牵

---

〔1〕 文媚媚："刑民交叉案件程序冲突的位序选择"，载《法制博览》2018年第2期。
〔2〕 魏东、钟凯："论刑民交叉及其关涉问题"，载《四川警察学院学报》2009年第4期。
〔3〕 张明楷：《刑法学》，法律出版社2016年版，第88页。
〔4〕 ［美］彼得·德恩里科、邓子滨编著：《法的门前》，北京大学出版社2012年版。
〔5〕 何帆：《刑民交叉案件审理的基本思路》，中国法制出版社2007年版。

连型及疑难型。[1] 竞合型刑民交叉案件要求主体、对象、内容的完全统一性。犯罪人一方面因为违反刑事法律规范应当承担对国家的刑事责任，另一方面因为触犯了民事法律规范而应承担对被害人的民事赔偿责任。在此种情形下，原则上应当优先适用"先刑后民"的处理原则，例外情况下适用"先民后刑"或"刑民并行"的原则。牵连型刑民交叉案件不要求主体、对象、内容的完全统一性，只要满足其中一项即可，因为此时刑事、民事关系并非基于同一法律事实而产生，二者是相互独立的。在此种情况下，原则上适用"刑民并立"的方式，如果"一个案件的审理要以另一案件的审理结果作为依据"，则适用"先刑后民"或"先民后刑"的方式。

第一，竞合型刑民交叉案件通常是由被害人提起刑事附带民事诉讼或者在刑事审理结束后另行提起民事诉讼，即采取"先刑后民"的处理方式。刑事附带民事诉讼最早见于法国。1808 年法国刑事诉讼法对其予以比较完整的规范，称之为"公诉附带私诉"，对后来大陆法系诸国以及社会主义国家的有关立法产生了深远的影响。[2] 它的基本精神在于节约司法资源，提高诉讼效率，实现判决的协调统一，使被害人的合法权益得到有效保护。一方面，在取证标准上，由于刑事诉讼的进行，侦查机关必然会介入其中，因为侦查机关具备专业的侦查取证技术，相比于普通的民事取证，其取证能力更强，取证要求更高；在证明标准上，刑事案件要高于民事案件，例如对于刑事案件，英美法系采用"排除合理怀疑"的标准，源于 1799 年都柏林审理的一起谋逆案一直沿用至今。[3] 如果公诉方的证据没有达到排除合理怀疑的程度就按照无罪推定作出判决，美国的辛普森杀妻案[4] 即是典型的代表。而在大陆法系中，刑事案件的证明标准是要求达到"内心确信"的程度，如果心存疑虑则不能作出有罪判决。对于民事案件，英美国家采取了"优势证据"的证明标准，即证据的证明力不取决于数量而是取决于质量；大陆法系则采用了"高度盖然性"的证明标准。因此不论是英美法系还是大陆法系，刑事诉讼的证明标准都远远高于民事诉讼的证明标准，其对于案件事实的查明具有关键性的作用，可以避免民事诉讼在事实认定上的偏差和不足。另一方面，采用"先刑后民"的方式，可以避免行为人利用民事诉讼达成和解或者调解协议后逃避履行自己的义务，从而损害司法的权威性和公正性。另

---

〔1〕 江伟、范跃如："民刑交叉案件处理机制研究"，载《法商研究》2005 年第 4 期。

〔2〕 孙洁冰主编：《附带民事诉讼制度研究》，重庆大学出版社 1990 年版，第 2 页。

〔3〕 韩象乾："民、刑事证明标准比较论"，载《政法论坛》1996 年第 2 期。

〔4〕 辛普森（O. J. Simpson）在用刀杀前妻及餐馆的侍应生郎·高曼两项一级谋杀罪的指控中，由于警方的几个重大失误导致有力证据的失效，以无罪获释，仅被民事判定为对两人的死亡负有责任。载 https://baike.so.com/doc/5392322-5629109.html，最后访问时间：2019 年 9 月 3 日。

外,《最高人民法院关于刑事附带民事诉讼范围问题的规定》(已失效)第 5 条第 2 款曾规定,[1] 被害人还可以在刑事案件审理结束后另行提起民事诉讼寻求救济。

第二,在"先刑后民"原则的基础上应该结合具体的案情选择适用"先民后刑"或"刑民并行"的处理方式。不能不顾实情就一味适用"先刑后民"原则,而是应当从合法性、合理性、可行性、正当性等多角度综合考察个案的特性,探讨分析正确的处理模式。例如,在"石家庄骗官书记"[2] 一案中,审理民事确权之诉的新华区法院采取了"先刑后民"的方式,即对正在审理的民事案件采取"中止"的方式,等待刑事案件审结,结果造成金宝公司的股权确认无法完成,其经营亦无法进行,导致当事人每年要承受 2000 余万元的巨额损失。不顾实情地一味适用"先刑后民"原则一方面使被害人的合法权益得不到保障,另一方面也破坏了社会经济秩序。因此,若民事诉讼过分延缓会严重影响刑事诉讼,可将民事案件交由民庭或由原告另行起诉,在此情况下,审判组织可以变更,但要注重原来刑事诉讼的指导价值。刑事附带民事诉讼,若无法得到公正的民事审判,建议公诉机关对民事部分撤诉或者建议原告另行起诉,法院裁定中止附带民事诉讼从而分离民诉,继续刑诉,保证刑民两诉都得到正确处理。[3] 例如在一些交通肇事案件中,由于肇事人长期逃逸,导致公安机关对肇事犯罪案件久侦不决,但此时被害人却生命垂危,急需大量的医疗费,此种情况下就不能再坚守"先刑后民"的思想,而应当给予被害人优先通过民事诉讼程序获得赔偿的权利。其实"先刑后民"并非一项司法中的基本原则,近年来为了更好地践行人权保障理念,法律规范已经从司法界普遍通行的"先刑后民"慢慢向"先民后刑"过渡。如 1985 年 8 月 15 日《最高人民法院、最高人民检察院、公安部

---

〔1〕《最高人民法院关于刑事附带民事诉讼范围问题的规定》(已失效)第 5 条规定:"犯罪分子非法占有、处置被害人财产而使其遭受物质损失的,人民法院应当依法予以追缴或者责令退赔。被追缴、退赔的情况,人民法院可以作为量刑情节予以考虑。经过追缴或者退赔仍不能弥补损失,被害人向人民法院民事审判庭另行提起民事诉讼的,人民法院可以受理。"

〔2〕衡水市桃城区检察院起诉书指控,王亚丽勾结他人,伪造工商注册登记资料中的相关文件,伙同他人非法侵占王破盘遗留的价值 1 亿余元资产,涉嫌职务侵占罪。此外,王亚丽为在办理相关案件中得到关照,自己或指使他人,向时任石家庄市新华区政法委书记王瑞征、新华区公安分局刑警队长赵玉虎,提供人民币共计 17 万元,涉嫌行贿罪。载 magazine. caixin. com/2011-04-23/100251686. html,最后访问时间:2019 年 9 月 3 日。

〔3〕陈绍斌:"被害人由于犯罪行为遭受司法损害之司法救济",载《重庆审判》2001 年第 2 期。

关于及时查处在经济纠纷案件中发现的经济犯罪的通知》（已失效）〔1〕以及
1987 年 3 月 11 日《最高人民法院、最高人民检察院、公安部关于在审理经济纠
纷案件中发现经济犯罪必须及时移送的通知》（已失效）〔2〕都反映出了我国早
期司法实践中"先刑后民"的案件处理原则。而 1997 年 11 月 25 日通过的《最
高人民法院关于审理存单纠纷案件的若干规定》第 3 条〔3〕明确了"分案审理"
"刑民并行"的处理原则。"石家庄骗官书记"案应当采用"先民后刑"原则处
理，因为民事案件的审理并不需要以刑事案件的判决结果为依据，相反，该案的
刑事判决结果还需要以民事判决的结果作为依据。职务侵占罪成立的前提是对公
司股权的确认，而涉及股权的问题必须通过民事诉讼的途径解决，因为确权涉及
专业领域的问题，由民事审判人员作出判断，司法裁判才更加具有权威性，具有
最终的法律效力，〔4〕并且可以降低案件久拖不决给被害人造成的经济损失。因
此，"先民后刑"对于特殊类型的案件而言，更加有利于实现司法公正和效率的
统一。

第三，对于牵连型刑民交叉案件，1998 年 4 月 9 日《最高人民法院关于在
审理经济纠纷案件中涉及经济犯罪嫌疑若干问题的规定》确立了"刑民并行"
"分案处理"的基本方式，如第 1 条和第 10 条作了明确的界定。〔5〕因为牵连型
刑民案件在法律事实上是相互独立，互不影响的，同时进行不但可以提高司法效

---

〔1〕 各级人民法院在审理经济纠纷案件中，如发现有经济犯罪，应按照 1979 年 12 月 15 日《最高人
民法院、最高人民检察院、公安部关于执行刑事诉讼法规定的案件管辖范围的通知》（已失效），将经济犯
罪的有关材料分别移送给有管辖权的公安机关或检察机关侦查、起诉，公安机关或检察机关均应及时予以
受理。

〔2〕 人民法院在审理经济纠纷案件中，发现经济犯罪时，一般应将经济犯罪与经济纠纷全案移送，
依照《中华人民共和国刑事诉讼法》第 53 条和第 54 条的规定办理。如果经济纠纷与经济犯罪必须分案审
理的，或者是经济纠纷案经审结后又发现有经济犯罪的，可只移送经济犯罪部分。对于经公安、检察机关
侦查，犯罪事实搞清楚后，仍需分案审理的，经济纠纷部分应退回人民法院继续审理。

〔3〕 存单纠纷案件当事人向人民法院提起诉讼，人民法院应当依照《中华人民共和国民事诉讼法》
第 108 条的规定予以审查，符合规定的，均应受理。人民法院在受理存单纠纷案件后，如现犯罪线索，应
将犯罪线索及时书面告知公安或检察机关。如案件当事人因伪造、变造、虚开存单或涉嫌诈骗，有关国家
机关已立案侦查，存单纠纷案件确须待刑事案件结束后才能审理的，人民法院应当中止审理。对于追究有
关当事人的刑事责任不影响对存单纠纷案件审理的，人民法院应对存单纠纷案件有关当事人是否承担民事
责任以及承担民事责任的大小依法及时进行认定和处理。

〔4〕 毛立新："'先民后刑'抑或'先刑后民'——刑民交叉案件的程序处理"，载 www.dffyw.com/
faxuejieti/ss/201103/21823.htm./，最后访问时间：2019 年 9 月 3 日。

〔5〕《最高人民法院关于在审理经济纠纷案件中涉及经济犯罪嫌疑若干问题的规定》第 1 条规定：
"同一公民、法人或其他经济组织因不同的法律事实，分别涉及经济纠纷和经济犯罪嫌疑的，经济纠纷案
件和经济犯罪嫌疑案件应当分开审理。"第 10 条规定："人民法院在审理经济纠纷案件中，发现与本案有
牵连，但与本案不是同一法律关系的经济犯罪嫌疑线索、材料，应将犯罪嫌疑线索、材料移送有关公安机
关或检察机关查处，经济纠纷案件继续审理。"

率，节约司法资源，更能使被害人的合法权益得到及时有效的保障。比如举世闻名的辛普森杀妻案，刑事认定辛普森无罪，但是民事却判令其承担巨额赔偿。但是，此种情况仍然存在例外情形，如果"一个案件的审理必须以另一个案件的审理结果作为依据"，则应当采用"先刑后民"或者"先民后刑"的形式。

（二）构建竞合型刑民交叉案件下独立的民事诉讼制度

对于《最高人民法院关于刑事附带民事诉讼范围问题的规定》（已失效）第5条第2款的规定[1]应该结合具体的情形判断其合理性，如果刑事追缴的效率高，足以保证被害人得到及时有效的补偿，此种方式相当于通过刑事附带民事诉讼的方式给予了被害人获得充分救济的机会。但如果刑事案件中被告逃避刑事追究致使案件久拖不决，导致被害人不能得到及时救济，将有损于被害人的合法权益，该条的合理性则值得商榷。该条的基本精神是对于已经足额追缴退赔的财产，被害人不能再次提起民事诉讼以避免重复处罚。这一点可以借鉴法国的做法，法国没有刑事审理结束后才能另行提起民事诉讼的前置条件，被害人可以在进行刑事诉讼的过程中同时提起民事诉讼。这种做法存在一定的合理性，比如在刑事审理得不到足够保证的情况下，同时启动民事诉讼，在保障被害人的基本权益得到实现的条件下，再根据实际情况对尚未审结的刑事案件采取追缴退赔的措施，因此应当扩大被害人的程序性选择权利。

（三）将精神损害赔偿纳入刑事附带民事诉讼的诉讼请求

刑罚的目的是惩罚犯罪，维护社会的公共利益，而对被害人进行精神损害赔偿则是从私益的角度出发，安抚被害人的心理。如果将精神损害赔偿纳入刑事附带民事诉讼中，既不会对被告人构成双重保护，也不会对被害人造成二次心理伤害，更加有利于刑罚目的的实现。同时，如果让被害人另行提起民事诉讼主张精神损害赔偿，会造成被害人取证困难，因为在经过繁杂的刑事诉讼程序后，被害人需要重新回忆并举证，这是极其困难的。司法的最终目的就是为了实现公平正义，如果不对被害人进行一定的精神赔偿，会使被害人产生不公正心理，不利于社会的稳定。因此，将被害人精神赔偿一同纳入刑法，除了可以对犯罪人施以更好的惩戒外，还能使被害人在精神上获得更好的救济，降低其对社会不公的不忿心理，更好地维护社会的和谐安定。[2]

---

〔1〕《最高人民法院关于刑事附带民事诉讼范围问题的规定》（已失效）第5条规定："犯罪分子非法占有、处置被害人财产而使其遭受物质损失的，人民法院应当依法予以追缴或者责令退赔。被追缴、退赔的情况，人民法院可以作为量刑情节予以考虑。经过追缴或者退赔仍不能弥补损失，被害人向人民法院民事审判庭另行提起民事诉讼的，人民法院可以受理。"

〔2〕 吴振华："刑案中增加精神损害赔偿之探析"，载《福建法学》2012年第2期。

（四）建立国家救助制度以充分保障被害人合法权益

所谓国家救济制度是指在司法机关通过追缴要求犯罪分子退赔，或者行为人在其能力范围内进行赔偿后，被害人仍不能得到充分救济，此时考虑到大多数犯罪人没有足够的经济赔偿能力，且在"先刑后民"的基本背景下，其在服刑期间也失去了收入来源，无法对被害人进行充分补偿，但对于急需生活费和医疗费的被害人而言，国家可以代替犯罪分子，优先对被害人进行一定程度上的经济救助，待犯罪分子有足够的经济能力时再向他们进行收缴。这种救助制度能够在一定程度上补偿被害人的经济损失，目前我国法律在这方面仍然是空白，实践中该制度也存在着法律地位不明确、资金来源不稳定等问题。因此，探索和建构刑事被害人国家救助制度，不仅有助于在中国建立起司法救助制度，而且有利于进一步彰显司法公正和人道关怀。[1] 当然，国家救助制度的建立也应当设立一些门槛，比如根据国家的经济水平和被害人平均的补偿需求设置补偿的上限，还可以参考英国设立"书面报告 3 年的有效期限"，[2] 要求被害人必须要达到受到严重伤害急需生活和医疗等费用的程度。通过建立国家救助制度，使被害人的救济渠道变得更加广泛，从实质上保障了被害人的合法权益。

五、结语

刑民交叉案件所引发的被害人保护问题一直是学界和理论界探讨的重难点话题，在保障被告人的基本人权的同时，也要重视对于被害人合法权益的保护。加强被害人权益保护的最佳司法途径应当是重新审视"大刑法"背景下的程序和实体处理方式，通过吸收借鉴国外的经验完善刑民交叉案件的诉讼程序，给予被害人相对独立的程序选择权，考虑在刑事附带民事诉讼中适当引入精神损害赔偿制度，同时建立国家补助机制，兼顾公益与私益，实现公平与效率的统一。

---

〔1〕"刑事被害人救助制度及其构建研究"，载 http://www.jcrb.com/，最后访问时间：2019 年 9 月 3 日。

〔2〕付钰莹："刑民交叉案件法律问题研究——以 B 公司合同诈骗案为例"，西北大学 2018 年硕士学位论文。

民间借贷案中"套路贷"抗辩的审查与应对

◎周成锋*

近年来，法学界关注的刑民交叉或民刑交叉问题，大多聚焦于刑民交叉案件

* 作者简介：周成锋，湖南省湘潭市中级人民法院法官助理。

分类、[1] 刑事与民事的程序选择、[2] 刑事处理对民事处理的影响[3] 及其他问题。[4] 应当说，法学界对于上述问题的研究已比较充分。不过，这些研究都建立在刑民区分明显的基础上，如合同一方已构成诈骗等犯罪的情况下，另一方的民事权益该如何维护。问题是，当刑民区分不明显的行为，以民事案件形式呈现在民事法官面前时，民事法官该如何处理？此种情形，以民间借贷与"套路贷"的混淆最为典型。根据 2019 年 4 月发布的《最高人民法院、最高人民检察院、公安部、司法部关于办理"套路贷"刑事案件若干问题的意见》（以下简称《"套路贷"意见》）的规定，"套路贷"，是对以非法占有为目的，假借民间借贷之名，诱使或迫使被害人签订"借贷"或变相"借贷""抵押""担保"等相关协议，通过虚增借贷金额、恶意制造违约、肆意认定违约、毁匿还款证据等方式形成虚假债权债务，并借助诉讼、仲裁、公证或采用暴力、威胁以及其他手段非法占有被害人财物的相关违法犯罪活动的概括性称谓。虽然《"套路贷"意

〔1〕 如李晓明、张鑫："刑民交叉案件分类及其对未来研究的影响"，载《河北法学》2016 年第 2 期；宋英辉、曹文智："论刑民交叉案件程序冲突的协调"，载《河南社会科学》2015 年第 5 期；毛立新："刑民交叉案件的概念、类型及处理原则"，载《北京人民警察学院学报》2010 年第 5 期；陈兴良："刑民交叉案件的刑法适用"，载《法律科学》2019 年第 2 期；张铁军："金融领域刑民聚合案件的解决进路"，载《法学杂志》2015 年第 1 期；等等。

〔2〕 如江伟、范跃如："刑民交叉案件处理机制研究"，载《法商研究》2005 年第 4 期；杨兴培："刑民交叉案件中'先刑观念'的反思与批评"，载《法治研究》2014 年第 9 期；杨兴培："刑民交叉案件法理分析的逻辑进路"，载《中国刑事法杂志》2012 年第 9 期；肖建国、宋春龙："责任聚合下民刑交叉案件的诉讼程序——对'先刑后民'的反思"，载《法学杂志》2017 年第 3 期；张明楷："程序上的刑民关系"，载《人民法院报》2006 年 5 月 24 日，第 B01 版；陈兴良："关于'先刑后民'司法原则的反思"，载《北京市政法管理干部学院学报》2004 年第 2 期；张东平："集资案件刑民关系的交叉与协调"，载《北京社会科学》2014 年第 1 期；张乐泉："法秩序统一视野下的诉讼程序与法律效果的多元性"，载《法学杂志》2017 年第 3 期；赵子强、袁登明："刑民交叉案件的诉讼模式问题研究"，载《法律适用》2009 年第 2 期；等等。

〔3〕 如吴加明："违法相对论下刑民实体冲突及其调试"，载《政治与法律》2017 年第 12 期；王骏："违法性判断必须一元吗？——以刑民实体关系为视角"，载《法学家》2013 年第 5 期；刘宪权、翟寅生："刑民交叉案件中刑事案件对民事合同效力的影响研究"，载《政治与法律》2013 年第 10 期；刘艳红、施建辉："不动产贷款诈骗犯罪刑民交叉问题探讨"，载《华东政法大学学报》2015 年第 4 期；张明楷："实体上的刑民关系"，载《人民法院报》2006 年 5 月 17 日，第 B01 版；詹巍："论商事裁判中刑民交叉案件的犯罪构成与合同效力认定"，载《法治研究》2016 年第 6 期；等等。

〔4〕 如刑民交叉案件中的管辖及管辖权异议问题，李兰英、陆而启："从技术到情感：刑民交叉案件管辖"，载《法律科学》2008 年第 4 期；李蓉："民刑交叉案件中管辖权异议制度探析"，载《政治与法律》2010 年第 6 期；等等。

见》同时指明了"套路贷"与民间借贷之间的差异,[1] 但实践中,有的"套路贷"同真正的民间借贷几乎一模一样,除非"套路贷"行为人承认,否则难以察觉。以笔者看到的一则案例为例:2015 年 12 月 4 日,甲向乙借款 40 万元(有借条和银行流水),同年 12 月 7 日又借款 14 万元(有借条和银行流水),12 月 7 日当天归还了 14.7 万元,现乙起诉甲要求归还借款本金 39.3 万元及利息。甲称,2015 年 12 月 4 日的借款实际只有 20 万元,其收到乙 40 万元转账后(甲本来只想借 20 万元,但乙称按照行规借 20 万元必须写一张借 40 万元的借条),取出 40 万元并将其中 20 万元退还对方,并于 2015 年 12 月 24 日现金归还 26 万元。但上述抗辩没有证据证明,且乙不予认可,最终一审判决甲归还乙借款 39.3 万元。甲不服,提起上诉。[2] 就此案而言,乙的起诉有甲出具的借条和相应金额的银行流水,在甲没有充分证据予以推翻的情况下,乙的诉讼请求得到法院支持的可能性极大。本案或许就是我们所称的"套路贷"。

一、合法与非法:民间借贷与"套路贷"的关系

根据《最高人民法院关于审理民间借贷案件适用法律若干问题的规定》(以下简称《民间借贷规定》)第 1 条的规定,民间借贷,是指自然人、法人和非法人组织之间进行资金融通的行为。除特定情形外,[3] 民间借贷合法有效。当借款人不按照合同约定还本付息[4]时,出借人有权向法院起诉维护合法权益。

而"套路贷"是违法犯罪行为。根据《"套路贷"意见》的规定,"套路贷"的常见犯罪手法和步骤包括但不限于:①"套路贷"行为人以虚假理由诱使或逼迫被害人签订金额虚高的"借贷"协议或相关协议,制造民间借贷假象;

---

〔1〕 《"套路贷"意见》第 2 条第 1 款规定:"套路贷"与平等主体之间基于意思自治而形成的民事借贷关系存在本质区别,民间借贷的出借人是为了到期按照协议约定的内容收回本金并获取利息,不具有非法占有他人财物的目的,也不会在签订、履行借贷协议过程中实施虚增借贷金额、制造虚假给付痕迹、恶意制造违约、肆意认定违约、毁匿还款证据等行为。也有人认为,"套路贷"与高利贷(即民间借贷)存在行为目的、手段方法、侵害客体、法律后果的不同。详见刘海:"一律师成'套路贷'帮凶获刑 3 年",载《上海法治报》2017 年 8 月 29 日,第 A02 版。

〔2〕 陈伊萍:"'套路贷'借 20 万元被起诉还 40 万元",载《公民与法》2017 年第 10 期。

〔3〕 符合《中华人民共和国合同法》第 52 条的规定:①一方以欺诈、胁迫的手段订立合同,损害国家利益;②恶意串通,损害国家、集体或者第三人利益;③以合法形式掩盖非法目的;④损害社会公共利益;⑤违反法律、行政法规的强制性规定。或者符合《民间借贷规定》第 14 条的规定:①套取金融机构贷款转贷的;②以向其他营利法人借贷、向本单位职工集资,或者以向公众非法吸收存款等方式取得的资金转贷的;③未依法取得放贷资格的出借人,以营利为目的向社会不特定对象提供借款的;④出借人事先知道或者应当知道借款人借款用于违法犯罪活动仍然提供借款的;⑤违反法律、行政法规强制性规定的;⑥违背公序良俗的。

〔4〕 自然人之间的民间借贷,没有约定利息或利息约定不明的,视为不支付利息。为行文方便,下文不再另行注明。

②"套路贷"行为人按照虚高的"借贷"协议金额将资金转入被害人账户，制造资金走账流水等虚假给付事实，随后收回其中全部或部分资金，被害人实际上并未取得或完全取得"借贷"协议、银行流水上显示的款项；③"套路贷"行为人通过设置违约陷阱、制造还款障碍等方式，故意制造违约或肆意认定违约；④当被害人无力偿还时，有的"套路贷"行为人会安排其所属公司或关联公司、关联人员为被害人偿还，继而与被害人签订金额更大的虚高"借贷"协议或相关协议，通过"转单平账""以贷还贷"方式不断垒高"债务"；⑤软硬兼施"索债"，"套路贷"行为人可能借助诉讼、仲裁、公证或暴力、威胁以及其他手段向被害人或特定关系人索取"债务"。未采用明显的暴力或威胁手段实施的"套路贷"，一般定诈骗罪，而采用其他手段同时构成其他犯罪的，按照《中华人民共和国刑法》及司法解释规定数罪并罚或择一重处。行为人实施"套路贷"违法所得的一切财物，应予追缴或责令退赔、返还，行为人为实施"套路贷"而交付给被害人的本金，赔偿被害人损失后有剩余的，予以没收。

因此，民间借贷与"套路贷"的法律性质差异极为明显：前者合法有效（特定情形除外），出借人有权要求借款人还本付息；后者是犯罪行为，出借人不仅要被定罪量刑，而且其支付给借款人的本金也被没收，更无权收取利息。换言之，民间借贷与"套路贷"系非白即黑的关系，只要被认定为"套路贷"，则借贷合同违法无效，[1] 不存在"套路贷"行为人被定罪量刑后还有权利依据借贷合同收回本金和利息的问题。

或许有人会说，"套路贷"根本就不是民间借贷，将"套路贷"与民间借贷放在一起，没有比较的余地和价值。确实，如果站在知晓一切事物本质的神的角度来看，"套路贷"与民间借贷毫无关联，也无比较的必要。问题是，人的认识能力和认识水平都有限，而认识对象纷繁复杂、变幻莫测，尤其是高度伪装成民间借贷的"套路贷"，更是难以被识破。就笔者之前所述案件，在目前的证据来看，乙的行为就是合法有效的民间借贷，但客观上可能是"套路贷"。

二、真实与虚假："套路贷"抗辩真假难辨

据统计，2016 年 1 月—2018 年 12 月全国各级法院民事一审判决书中包含"套路贷""套路借贷""套路借款""虚高借款""虚高借条"或"虚高借贷"等相关关键词的案件共 1803 件，其中案由为民间借贷纠纷的 1082 件，合同纠纷 106 件，金融借款合同纠纷 101 件，合计 1289 件，占 71.49%。在上述 1803 案

---

〔1〕 借贷合同因符合《中华人民共和国合同法》第 52 条规定的"以合法形式掩盖非法目的"而无效。

中，原告诉讼请求涉及"借款"的有 1367 件，其中应诉的被告以"套路贷"作为答辩事由的有 1124 件，占 82.22%；而判决结果涉及"偿还（借款本金或利息）"的有 1202 件，占 87.93%。[1] 从这组数据可以看出，虽然被告抗辩称原告的出借行为涉嫌"套路贷"，但绝大多数抗辩意见未被法院采纳。据笔者在人民法院大数据管理和服务平台检索判决书中含有"套路贷"关键词的民事案件，在随机获取的 36 份民事判决书中，借款人[2] 主张出借人涉嫌"套路贷"的成功率为零，其中 33 份判决书中法院以证据不足为由驳回"套路贷"抗辩，另有 3 份判决书补强了驳回"套路贷"抗辩的理由：公安机关经核查相关线索后，认为出借人涉嫌"套路贷"的证据不足。[3] 上述 36 份判决书中，有 7 案的"套路贷"抗辩明显不能成立：

案例 1：借款人甲二审提出"套路贷"抗辩，但其一审时对借款本金数额无异议，且自认已收到该笔借款，并支付了部分利息。[4]

案例 2：甲向房地产公司副总经理乙借款 13.0933 万元，支付了购房首付款。房地产公司向甲开具购房发票并将房屋登记在甲名下。因甲只偿还 1 万元，乙起诉要求甲偿还本金 12.0933 万元及利息。甲抗辩称乙构成"套路贷"。[5]

案例 3：甲以承包工程需要资金支付农民工工资为由，向乙借款 9 万元，并约定月利率为 11.11%，甲认为借款利息太高，属于"套路贷"。担保人丙对借款事实并无异议。[6]

案例 4：甲向乙借款 80 万元，丙、丁提供担保。一审判决甲偿还本金 80 万元及利息，丙、丁承担担保责任。丙、丁不服上诉，以乙支付借款时预先扣除了 3 万元利息、乙是机关公务员没有出借能力为由，推定本案是"套路贷"，请求驳回乙的起诉。[7]

案例 5：甲向乙借款 30 万元，未还。乙起诉甲要求还本付息。甲抗辩称乙构成"套路贷"，且已向公安机关报案。二审法院调取了甲在公安机关的报案材料，其中陈述：甲向乙借款 30 万元后，偿还了甲的个人借款。[8]

---

〔1〕 以上数据来源于中国司法大数据研究院的内部统计数据。

〔2〕 实际上，提出"套路贷"抗辩的既有借款人，也有担保人。为行文简便，除特别注明外，本文统称为借款人或当事人。

〔3〕 案件分别为：浙江省杭州市中级人民法院（2018）浙 01 民终 553 号、重庆市渝北区人民法院（2018）渝 0112 民初 11419 号、重庆市秀山土家族苗族自治县人民法院（2018）渝 0241 民初 767 号。

〔4〕 贵州省黔西南布依族苗族自治州中级人民法院（2018）黔 23 民终 892 号。

〔5〕 湖南省宁乡市人民法院（2019）湘 0124 民初 2107 号。

〔6〕 四川省九寨沟县人民法院（2019）川 3225 民初 2 号。

〔7〕 河南省漯河市中级人民法院（2019）豫 11 民终 564 号。

〔8〕 河北省衡水市中级人民法院（2018）冀 11 民终 997 号。

案例 6：甲等 6 人向乙借款 95 万元，未还。乙诉至法院要求还本付息。甲等 6 人抗辩称：借款约定的月利率为 3%，且乙支付借款时预先扣除了 1 个月的利息，故本案构成"套路贷"。[1]

案例 7：甲向乙借款 2 万元，乙向甲银行转账 1.79 万元，双方口头约定月利率为 3.5%。甲归还了利息，但未偿还本金。乙起诉要求甲偿还借款本金 2 万元及利息。一审中，双方均认可在本金中预先扣除了 3 个月的利息合计 0.21 万元。一审判决甲偿还借款本金 1.79 万元及利息。甲上诉称，乙预先扣除了利息，故该案属于"套路贷"。[2]

实际上，借款人确实全额收到借款的案件（案例 1、案例 2、案例 5），明显不符合"套路贷"制造民间借贷假象、虚假给付资金的特征。双方约定的利率超出法律保护上限（案例 3、案例 6），并不导致民间借贷合同无效，只是会使超过法定上限的利息不受法律保护，对于借款人已支付的年利率超过 36%部分的利息，借款人可主张返还。[3] 而预先扣除利息（案例 4、案例 6、案例 7）属于民间借贷通常做法，该行为虽不被法律认可，[4] 但亦不属于"套路贷"中的虚增借贷金额。以上 7 案表明，在民间借贷案件中，有的当事人为逃避债务，违背客观事实，滥用"套路贷"抗辩。

不过，在上述 36 案中，有 1 案可能涉嫌"套路贷"。

案例 8：据借款人甲陈述，其多次向乙及其公司员工借款共计 37.5 万元。甲收款后立即支付乙或其公司员工"下户费""砍头息"（其中 1 次除外），甲共向乙或其公司员工偿还 30.747 万元。甲向法院提交了甲乙二人的微信聊天记录（其中甲通过微信问乙"我现在转你么"，乙回答称"你转这个人卡里，转完后告诉我"）、多笔汇款记录、案外收款人银行卡信息截图以及甲的丈夫与案外人（非收款人）的通话录音，以证明：乙连同其他人恶意串通，收取高额利息，侵害甲的财产。乙申请案外收款人丙出庭作证称：丙与甲之间存在借款关系，丙从未替乙向甲收取利息。二审法院认为，甲的证据不足以证明乙与案外收款人丙存在恶意串通，亦不足以证明甲实际支付了高额利息；甲与案外人之间的经济往来，可另行解决；对甲主张的"套路贷"抗辩不予支持。[5]

在笔者看来，案例 8 存在"套路贷"嫌疑。从甲的陈述看，其至少有 2 笔转

---

[1] 山东省平邑县人民法院（2017）鲁 1326 民初 4156 号。

[2] 江西省景德镇市中级人民法院（2019）赣 02 民终 455 号。

[3] 根据《民间借贷规定》第 26 条的规定，借贷双方约定的利率超过年利率 36%（即月利率 3%），超过部分的利息约定无效。借款人有权要求出借人返还已支付的超过年利率 36%部分的利息。

[4] 《中华人民共和国合同法》第 200 条：借款的利息不得预先在本金中扣除。利息预先在本金中扣除的，应当按照实际借款数额返还借款并计算利息。

[5] 北京市第一中级人民法院（2018）京 01 民终 7224 号。

账给案外人，而且都是在每笔借款到账后当天就转出去。虽不能排除是甲与案外人之间的经济往来，但也不能排除是乙借款给甲后通过他人收取的"下户费""砍头息"。在构成"套路贷"的案件中，有的出借人会特别要求借款人将还款付到其他人账上，目的是不想让借款人向出借人的还款在银行流水上有所体现。[1] "出借人针对借款人的还款，或要求转账至第三人名下，或要求现金还款但不出具《收条》，嗣后再向借款人全额主张还款。"[2] "常见套路是由出借人A出面与受害人谈妥条件，再由放款人B完成转账及合同签署工作，后续由A接受还款，最终由B向法院提起民事诉讼。"[3]

从上述随机调查情况看，当事人提出的"套路贷"抗辩，有可能是假（如案例1—案例7），也有可能是真（如案例8）。[4] 因此，对"套路贷"抗辩有必要加以审查。

三、严苛与宽松："套路贷"审查标准的选定

实际上，对于民事案件中当事人提出的"套路贷"抗辩，法院、法官已进行了审查。关键问题是，应该如何把握审查标准。

一方面，如果审查标准过严，那就意味着，借款人须提交比较充分的证据，法院才能支持"套路贷"抗辩。但"套路贷"行为人作案手段隐蔽，高度伪装，许多受害人上当受骗而不知，或全程被牵着鼻子走，难以举证。"套路贷"行为人的惯用手法是，先与受害人签订书面借款合同或由受害人出具借条，并通过银行转账方式，向受害人支付与借款合同或借条金额一致的款项，制造"套路贷"行为人向受害人全额支付借款的证据。有的"套路贷"甚至还办理了公证。[5] "套路贷"行为人向受害人转账后，会当即要求受害人将转账金额全部取出，并现金退还部分款项给"套路贷"行为人。而"套路贷"受害人往往法律意识淡薄，[6] 证据意识不强，举证能力有限。法院动辄以证据不足为由驳回"套路

---

〔1〕 福建省福州市台江区人民法院（2018）闽0103刑初571号被告人欧某的供述。

〔2〕 陈颖婷："民间借贷，请你别玩'套路贷'"，载《上海法治报》2017年8月28日，第A02版。

〔3〕 李欢："民间借贷纠纷还有多少'套路贷'影子?"，载《上海法治报》2017年4月5日，第A02版。

〔4〕 需指出的是，笔者无意通过上述随机调查情况，认定实践中"套路贷"抗辩成立与不成立的比例为1∶7。

〔5〕 智英："起底'套路贷'人为刀俎 我为鱼肉"，载《检察风云》2018年第2期；李欢："民间借贷纠纷还有多少'套路贷'影子?"，载《上海法治报》2017年4月5日，第A02版。

〔6〕 陈颖婷："民间借贷，请你别玩'套路贷'"，载《上海法治报》2017年8月28日，第A02版。

贷"抗辩，使受害人的合法权益无法得到保护。若受害人通过刑事程序最终认定出借人的行为构成"套路贷"，则相应的民事判决必将改判，影响了法院裁判的权威性和公信力。

另一方面，如果审查标准过宽，法院轻易采信"套路贷"抗辩，移送公安机关处理，虽然有助于打击"套路贷"，防止"套路贷"犯罪分子通过民事诉讼获得非法利益，但对实际上并不构成"套路贷"的出借人极为不利。虽然最终经公安或检察院或法院认定借款行为不构成"套路贷"，出借人可另行起诉主张权利，但其中所耗费的时间长，借款人也极有可能借此时机转移财产、逃避债务。

事实上，除非采用极端严苛的审查标准（即只有经过公安认定不构成"套路贷"，或检察院作出不起诉决定，或法院作出无罪的生效判决，民事法官才否定"套路贷"抗辩），否则民事法官采信或否定"套路贷"抗辩，客观上都可能存在错误。换言之，法院认定的事实与客观事实可能存在差异，具体情况如下：

法院认定	处理结果	客观事实	出借人	借款人	备注1	备注2
抗辩成立	驳回起诉 移送公安	是	牟利不成	挽回损失	正义	结果①
		否	维权不成	逃避债务	非正义	结果②
抗辩不成立	还本付息	是	牟利成功	雪上加霜	非正义	结果③
		否	维权成功	逃债未遂	正义	结果④

第一，法院认定"套路贷"抗辩成立。当事人主张"套路贷"抗辩并获得法院支持的情况下，根据《最高人民法院关于在审理经济纠纷案件中涉及经济犯罪嫌疑若干问题的规定》第 11 条的规定，[1] 民事案件应裁定驳回起诉，移送公安机关处理。但客观上存在两种可能：一是案件确属"套路贷"；二是案件确非"套路贷"。在案件确属"套路贷"的情形中，出借人要求借款人还本付息以牟取非法利益的行为败露，不仅导致其诉讼请求无法得到支持，就连出借人此前非法占有的借款人财产也要返还或退赔。相对应地，借款人不仅无需再支付本金和

---

〔1〕《最高人民法院关于在审理经济纠纷案件中涉及经济犯罪嫌疑若干问题的规定》第 11 条：人民法院作为经济纠纷受理的案件，经审理认为不属经济纠纷案件而有经济犯罪嫌疑的，应当裁定驳回起诉，将有关材料移送公安机关或检察机关。《民间借贷规定》第 5 条第 1 款：人民法院立案后，发现民间借贷行为本身涉嫌非法集资等犯罪的，应当裁定驳回起诉，并将涉嫌非法集资等犯罪的线索、材料移送公安或者监察机关。

利息,而且因"套路贷"遭受的损失也可挽回。[1] 在此情形中,正义得以实现(即结果①)。而在案件确非"套路贷"的场合,借款人以"套路贷"抗辩骗取了民事法官的信任,案件被裁定驳回起诉,在本次诉讼中成功地逃避了债务,而出借人的本次维权行动因借款人的欺骗而被迫终止。换言之,正当权益未得到法律保护,而失信行为获利,其结果是非正义的(即结果②)。

第二,法院认定"套路贷"抗辩不成立。在借款人提出"套路贷"抗辩而未获得支持的情况下,民事案件将继续审理;基于出借人提交的借款合同或借条以及银行流水,法院极有可能判决借款人还本付息。客观上也有两种可能:一是案件确属"套路贷";二是案件确非"套路贷"。在案件确属"套路贷"的情形中,出借人通过民事诉讼方式为非法利益披上合法外衣,不但导致此前出借人非法占有的财产未予返还或退赔,反而进一步获取了借款人的财产(本金和利息),成功地牟取非法利益。而借款人除此前给付"套路贷"行为人的财产外,还须继续给付财产,可谓"雪上加霜",其结果是非正义的(即结果③)。而在案件确非"套路贷"的情形中,出借人成功地维护了自己的合法权益,借款人意欲通过"套路贷"抗辩逃避债务未遂,正义得以彰显(即结果④)。

从上述表格可知,在法院支持或驳回"套路贷"抗辩的情形下,均可能出现非正义的结果:在结果②中,真实权利人即出借人本次维权不成,而债务人在本次诉讼中成功地逃避了债务;在结果③中,"套路贷"行为人通过欺骗法院获取了非法利益,受害人则进一步遭受财产损失。

不过,在假设公安机关、检察机关或审判机关最终能够准确查明借款行为是否属于"套路贷"的基础上,则结果②中的出借人可等待刑事程序澄清事实后,重新起诉,要求借款人还本付息,[2] 使非正义最终转向正义,正义虽会迟到但从不缺席。不过,此处的风险在于,借款人可能假借"套路贷"抗辩以及相应的刑事程序之机,肆意挥霍或转移财产,致使出借人最终获得了正义的判决也可能无法执行到位。

同样,结果③中的借款人可在民事法官驳回其"套路贷"抗辩后,立即向公安机关报案。假定公安机关等刑事司法机关最终查明,出借人的行为属于"套路贷",则:若民事案件尚在审理过程中,借款人可向法院提交公安机关的立案通知书,请求驳回起诉或中止审理;若法院已就民事案件作出生效判决,借款人可申请再审,并停止执行原生效民事判决。不论属于何种情形,非正义最终将转

---

[1] 仅为法律上的挽回,并非指实际返还或赔偿到位。

[2] 《民间借贷规定》第5条第2款:公安或者检察机关不予立案,或者立案侦查后撤销案件,或者检察机关作出不起诉决定,或者经人民法院生效判决认定不构成非法集资犯罪,当事人又以同一事实向人民法院提起诉讼的,人民法院应予受理。

化为正义。不过，此处的风险在于，若出借人获取生效民事裁判文书并执行到位后，借款人才收到公安机关的立案通知，则出借人可能肆意挥霍或转移财产，导致借款人的财产损失难以被返还或赔偿到位。

四、类型化处理：以"套路贷"可能性大小为标准

除采用极端严苛的审查标准外，不论是否支持"套路贷"抗辩，都可能出现非正义的结果，那么民事法官该如何对待"套路贷"抗辩？显然，一概支持或否定"套路贷"抗辩，都不合适。而采用极端严苛的审查标准也不现实，否则将严重影响真实权利人的合法权益（因等待"套路贷"刑事案件裁判而中止审理民事案件时），或者"套路贷"行为人早就执行财产逃之夭夭（不等待"套路贷"刑事案件裁判而继续审理民事案件时）。

笔者认为，应根据案件涉嫌"套路贷"的可能性大小，确定是否采信"套路贷"抗辩。换言之，"套路贷"可能性大的，可以采信；可能性小的，不应采信。"套路贷"可能性的大与小，没有固定的数值，民事法官应根据具体案情和证据进行综合判断。

（一）出借人自认的案件

从民事诉讼证据的证明力大小来看，证明力最大的无疑是出借人作出的对自己不利的自认，[1] 即出借人承认借贷事实涉及"套路贷"。[2] 对于出借人自认涉及"套路贷"的民事案件，民事法官可直接裁定驳回起诉，并移送公安机关处理。

（二）因涉及"套路贷"而被刑事立案的案件

根据《中华人民共和国刑事诉讼法》第 112 条的规定，公安机关认为有犯罪事实需要追究刑事责任的，应当立案。虽然刑事立案并不意味着案件一定构成"套路贷"，但至少存在嫌疑。因此，出于谨慎考虑，民事法官应采信"套路贷"抗辩，认定案件涉及"套路贷"。接下来的问题是，民事案件应裁定驳回起诉，还是中止审理，等待刑事处理结果？据笔者调研发现，此类案件绝大多数被裁定

---

〔1〕《最高人民法院关于适用〈中华人民共和国民事诉讼法〉的解释》第 92 条：一方当事人在法庭审理中，或者在起诉状、答辩状、代理词等书面材料中，对于己不利的事实明确表示承认的，另一方当事人无需举证证明。对于涉及身份关系、国家利益、社会公共利益等应当由人民法院依职权调查的事实，不适用前款有关自认的规定。自认的事实与查明的事实不符的，人民法院不予确认。

〔2〕不过，出借人自认借贷事实构成"套路贷"的可能性不大。据笔者在人民法院大数据管理和服务平台检索，裁判分析过程（即"本院认为"部分）含有"套路贷"关键词的 938 件民事案件中，尚未发现出借人自认的案件。检索时间：2019 年 9 月 11 日。

驳回起诉，只有 3 案被中止审理。[1] 实际上，不论是将民事案件驳回起诉，还是中止审理，均有法律依据。[2] 这两种处理方式，对借款人的实体权利均无影响；但对出借人而言，其客观效果存在较大差异：在驳回起诉的场合，民事案件已经终结，出借人只能等待刑事处理结果，若借款人乘机肆意挥霍或转移财产，出借人也无可奈何。假定刑事程序最终认定出借人的行为不构成"套路贷"，则出借人再行起诉主张权利，也有执行不到位的风险。而中止审理时，民事案件尚未终结，出借人可申请或续行财产保全，防止借款人肆意挥霍或转移财产。因此，从稳妥的角度看，因案件涉及"套路贷"而被公安机关刑事立案的，民事案件应中止审理，等待刑事处理结果。一旦公安机关立案侦查后撤销案件，或检察机关作出不起诉决定，或经人民法院生效判决认定不构成"套路贷"的，民事案件可立即恢复审理，节省出借人维权时间。

（三）出借人未自认且公安机关也未刑事立案的案件

对于出借人未自认案件涉及"套路贷"且公安机关也未刑事立案[3]的案件，其处理结果比较复杂。这类案件可进一步分为四类：一是借款人收到借款转账当日即全额取出的案件，如甲向乙借款 100 万元，甲收到乙转账而来的 100 万元后，当日又将 100 万元全额取出；二是借款人提供证据证明其向第三人退还或偿还款项的案件；三是借款人自认已收到全部借款的案件；四是其他案件。[4]

1. 借款人收到借款转账当日即全额取出的案件。此类案件涉嫌"套路贷"的可能性极大，应中止审理，并将相关材料和线索移送公安机关处理。前文已述，"套路贷"犯罪分子的常见犯罪手法就是与被害人签订金额虚高的借贷协议，并向被害人转账支付与协议金额相同的款项，再要求被害人将转账金额全部取出，并退还部分资金或全部资金，制造已按照协议全额支付借款的假象。而真正民间借贷的借款人不会在收到转账支付的借款后立即取现，尤其是在借款金额

---

〔1〕 分别是：宁夏回族自治区西吉县人民法院（2019）宁 0422 民初 1555 号、江苏省常州市武进区人民法院（2018）苏 0412 民初 953 号、河南省鹿邑县人民法院（2018）豫 1628 民初 1943 号。

〔2〕《民间借贷规定》第 5 条第 1 款：人民法院立案后，发现民间借贷本身涉嫌非法集资犯罪的，应当裁定驳回起诉，并将涉嫌非法集资犯罪的线索、材料移送公安机关或者检察机关。《民间借贷规定》第 7 条：民间借贷纠纷的基本案件事实必须以刑事案件的审理结果为依据，而该刑事案件尚未审结的，人民法院应当裁定中止诉讼。此外，根据《中华人民共和国民事诉讼法》第 150 条第 1 款第 5 项的规定，本案必须以另一案的审理结果为依据，而另一案尚未审结的，应当中止审理。

〔3〕 公安机关未刑事立案是指公安机关尚未收到报案，或者收到报案材料后尚未作出立案决定或不予立案决定。假如公安机关收到报案材料后，经审查决定不予立案的，民事案件可以继续审理。

〔4〕 这四类案件都是当事人提出"套路贷"抗辩的案件。如果没有当事人提出"套路贷"抗辩，则不属于本文讨论范围。

较大的情况下，大额取现既费力又费心。在电子支付极为发达的今天，微信、支付宝等常用电子支付方式普遍可用，借款人收到转账后倘需向他人付款，其完全可以采用银行转账或微信转账或支付宝转账方式，而完全没有必要全额取现再支付。换言之，真正民间借贷的借款人收到转账借款后全额取现，不合常理。因此，遇到这类案件时，民事法官应保持警惕，在借款人辩称取现退还出借人或其关联人员的情况下，可以案件涉及"套路贷"为由中止审理，并移送公安机关处理。不过，为避免误判，民事法官应同时告知出借人有权申请或续行财产保全措施，防止借款人假借"套路贷"抗辩逃避债务。

2. 借款人提供证据证明其向第三人退还或偿还借款的案件。对于此类案件，民事法官可建议借款人申请追加第三人参与诉讼，也可依职权追加为诉讼第三人，以查明该第三人与出借人之间是否存在恶意串通侵害借款人合法权益的事实。借款人及其代理人因客观原因不能收集的第三人与出借人之间的银行往来证据，可向法院申请调查收集；民事法官认为出借人与第三人有恶意串通损害借款人合法权益可能的，也可主动调查收集。[1] 借款人二审时才提交证据证明其向第三人退还或偿还借款的，二审法院可以一审遗漏诉讼当事人为由，发回重审。经查实，出借人与第三人恶意串通损害借款人合法权益的，应中止审理，并移送公安机关处理。

3. 借款人自认已收到全部借款的案件。对于此类案件，由于明显不符合"套路贷"制造民间借贷假象、虚假给付事实等特征，因此，借款人提出"套路贷"抗辩极有可能是为了逃避债务，[2] 不应支持。借款人收到全部借款的，即便出借人存在非法讨债行为，也不属于"套路贷"。借款人坚称案件涉及"套路贷"的，可建议其向公安机关报案。

4. 其他案件。对于其他案件，由于没有明显的"套路贷"迹象，借款人也未自认已收到全部借款，不易判断。根据民事诉讼"谁主张，谁举证"的基本原则，在借款人不能就案件涉及"套路贷"提供较充分证据前，民事法官只能以证据不足为由，驳回"套路贷"抗辩。但应告知借款人，其有权向公安机关报案。若借款人此前已向公安机关报案，公安机关已作出不予立案决定，或检察院已作出不起诉决定，或法院已作出生效裁判认定出借人不构成"套路贷"的，民事法官可直接据此驳回"套路贷"抗辩。

需特别指出的是，出借人既未自认、公安机关也未刑事立案的案件，并非固定不变，这类案件完全可能因出借人自认或公安机关刑事立案而适用前述出借人

---

〔1〕《中华人民共和国民事诉讼法》第64条第2款，《最高人民法院关于适用〈中华人民共和国民事诉讼法〉的解释》第96条。

〔2〕 如前述案例1、案例5。

自认或公安机关刑事立案的规则。

五、其他需补充的问题

（一）告知出借人申请或续行财产保全的权利

民事法官认为"套路贷"抗辩成立，决定中止审理民事案件时，应同时告知出借人有权申请或续行财产保全措施，避免因民事法官误判而为借款人逃避债务提供可乘之机。保全的财产应尽量不妨碍借款人的正常生产生活。出借人申请财产保全的，民事法官应责令其提供财产担保。这样，出借人可能会慎重决定是否申请或续行财产保全：若案件确实涉及"套路贷"，则出借人极有可能不会申请或续行财产保全，否则一旦被刑事程序认定为"套路贷"，出借人为申请财产保全而提供担保的财产就可能被用于赔偿被害人的损失，出现出借人牟利未遂、借款人挽回损失的正义结果（即结果①）；若出借人坚信案件不涉及"套路贷"，则其自然会申请财产保全并提供担保，防止借款人逃避债务，避免前述结果②中的风险。

（二）告知借款人向公安机关报案的权利

民事法官认为"套路贷"抗辩不成立，继续审理案件时，应同时告知借款人有权向公安机关报案。借款人坚信案件涉及"套路贷"的，其必然会及时向公安机关报案，以试图中止民事案件的审理。若公安机关刑事立案，则民事法官应据此中止案件审理。如此一来，就可避免前述结果③的非正义。若公安机关经审查认为，案件不涉及"套路贷"，则呈现出借人维权成功、借款人逃债未遂的正义局面（即结果④）。[1]

（三）刑事程序终结的，民事程序应立即恢复

对于中止审理的民事案件，一旦相应的刑事程序终结，民事案件应立即恢复审理。经生效刑事裁判认定出借人的行为成立"套路贷"，则民事法官应据此驳回起诉，并立即解除财产保全措施；公安机关不予立案或立案侦查后撤销案件，或检察机关作出不起诉决定，或法院生效裁判认为借贷行为不构成"套路贷"的，则民事法官应依照民事法律规定作出裁判。

六、结语

"套路贷"抗辩在民间借贷案件中越来越常见，但"套路贷"抗辩真假难辨。因此，需探索"套路贷"抗辩的审查标准，尽量确保民事法官正确支持或

---

〔1〕 至于公安机关或检察机关或审判机关将实际上属"套路贷"的行为错误认定为不构成"套路贷"，即刑事认定错误的问题，已超出本文探讨范围。

驳回"套路贷"抗辩。由于认识能力的有限性，错误难以避免，所以，民事法官支持或驳回"套路贷"抗辩的同时，应告知当事人相应的程序性权利，以最终实现合法权益得到法律保护的正义局面。

"一物多卖"拒不返还财产刑民交叉案件的司法处理[*]

◎尹晓闻[**]

目　次

　　学界普遍认为刑民交叉案件就是指既涉及刑事法律关系,又涉及民事法律关系,且相互之间存在交叉、牵连、影响的案件。[1] 但在笔者看来,研究刑民交叉案件的目的不仅在于从实体法角度识别法律关系的种类和数量,还在于从程序法角度论证运用何种法律规范优先调整的问题。正如陈兴良教授所言:"对于刑民交叉案件,既不能仅仅从实体法进行考察,也不能仅仅从程序法进行考察,而是应当坚持实体法和程序法的双重视角。"[2] 既然刑民交叉案件具有民事法律关系和刑事法律关系模糊性和混淆性的特点,那么对刑民交叉案件概念的归纳就不能只阐述所涉及法律关系的类型和交结状态,更要从本质上区分不同法律关系在案件中的地位和作用,最终选择某种法律关系作为优先解决的内容。如果只是说兼具了刑事法律关系和民事法律关系的案件就是刑民交叉案件的话,那么几乎所

---

　　* 基金项目:2019 年湖南省社会科学成果评审委员会项目（XSP19YBC0330）阶段性成果;2017 年湖南省哲学社会科学基金资助项目（17YBA192）。

　　** 作者简介:尹晓闻,男,湖南邵阳人,湖南理工学院政法学院副教授,法学博士,主要研究方向是刑法理论与实务。

〔1〕 何帆:《刑民交叉案件审理的基本思路》,中国法制出版社 2007 年版,第 25~26 页。

〔2〕 陈兴良:"刑民交叉案件的刑法适用",载《法律科学（西北政法大学学报）》2019 年第 2 期。

有犯罪都应当界定为刑民交叉案件，因为绝大多数犯罪都是对民事权利的侵犯和对刑事法律关系的严重破坏。所以，刑民交叉案件应当是指那种交结了民事法律关系和刑事法律关系且难以确定运用何种法律规范优先调整的案件。那种以实施民事行为达到犯罪目的的双重法律关系的案件不能认定为刑民交叉案件。例如，以设立公司法人专门实施骗取贷款的行为就不能称为刑民交叉案件。

一、一起"一房二卖"刑民交叉案件的裁判思考

2013 年被告人陈某与相关机构签订房屋补偿协议，确定可获得两套动迁房。2014 年陈某与朱某签订《房屋买卖合同》，约定将自己的一套房产以人民币 72 万元的价格出售给朱某，朱某随即支付了 62 万元购房款。后来陈某以标的房产不存在、3 年内不能上市交易等为由，向人民法院提起诉讼，要求撤销房屋买卖合同，被人民法院驳回。2017 年被告人陈某隐瞒该房屋已出售的真相，再次以人民币 240 万元的价格将房产出售给被害人金某，并签订《动迁安置房预售合同》，收取房款人民币 200 万元。法院认为，被告人陈某以非法占有为目的，在签订、履行合同过程中，隐瞒重大事实、又与他人签订房屋买卖合同并收取巨额购房款不予返还，其行为已构成合同诈骗罪。[1]

其实，现实当中，基于合同法律关系的刑民交叉案件中刑事司法优先处理的现象越来越普遍，许多因合同侵权或违约引发的民事案件常常被当作刑事犯罪来解决，这不仅抑制了当事人选择解决民事纠纷方式的自由，也限制了非刑事法律规范对社会关系调整作用的发挥。由于现行法律对"一物多卖"行为的规定并不明确，多数司法机关在认可"一物多卖"合同效力的同时，对出卖人拒不返还财产的行为又以合同诈骗罪作刑事犯罪化处理。查询"中国裁判文书网"并初步统计发现，各级法院将"一物多卖"且拒不返还财产引发的刑民交叉案件按合同诈骗罪定罪量刑的判决不在少数。但在笔者看来，司法机关普遍对"一物多卖"作合同诈骗罪的定性处理仅仅是对该罪的刑法规范文本进行价值判断，而未对生活频发的"一物多卖"现象进行事实上的价值判断，忽视了对该行为社会价值基础及其社会危害性程度的评价。事实上，对现实生活中频繁发生的"一物多卖"行为的司法处理需要进行三个方面的谨慎思考：一是犯罪化处理的根据是什么；二是犯罪化处理的必要性是否存在；三是"一物多卖"且拒不返还财产是诈骗故意还是侵占故意。

〔1〕（2018）沪 0112 刑初 1614 号。

二、立约意思自由："一物多卖"实现交换价值最大化的保障

古典经济学认为，市场交换取决于供求关系，财产权作为市场交易的对象是独立于商品交换的。然而，在财富越来越充裕的现代社会里，财产权作为公民权利的重要内容，本质上体现了人对人的特权。市场交易的发生不完全由供求关系失衡来决定，财产权的享有者对财产的支配能力越来越成为决定市场交易发生的重要因素。当商品交换不只是作为生存方式的时候，市场供求关系各方并不具有市场交易的同等支配能力，财产供应者对交易行为发生的主导性地位越来越明显。因为从形式上看，财产的价值量取决于财产数量的供需量，但实质上财产的价值量是由财产所内含的权利量大小所决定的。商品交换形式上是财产物质形态的交易，实质上是财产权利的转移。新制度经济学也认为，"物质商品的交换实质上是这些物品所有者之间的一组权利交换"。[1] 而且，根据帕累托效率定理，当对某种资源或财产进行分配时，如果没有造成其他利益损失，却至少能够使另一部分人获益，这样的分配就是最佳分配，这样的分配制度就是最好的制度。财产权利人可以通过"一物多卖"实现财产交换价值的最大化，如果对其他合同交易对象的补偿足以满足交易的"零"损失，就可以实现帕累托效率。可见，从经济学角度来看，"一物多卖"行为是符合帕累托效率定理的，不禁止这种行为的法律制度具有相当的合理性。

尽管"诚信原则"是处理民事法律关系的"帝王原则"，但民事法律规范却从来没有限制过财产权交易的次数。诚然，民事法律规范不提倡"一物多卖"的非诚信交易行为，甚至运用民事行为的效力规则来约束这种行为的随意发生，但我们绝不能将民事法律规范中的效力限制规则等同于民事行为的禁止性规则。民事法律规定无效民事行为的法律责任仅仅是行为的结果责任，而不是行为合法性和正当性的评判依据。不能一概认为，只要民事主体制造了无效民事行为就推定其实施了法律禁止的行为，更不能认定该行为是严重危害社会的犯罪行为。

众所周知，合同自由原则不限于当事人订立合同的自由，还包含不订立合同、撤销合同和解除合同的自由。合同自由原则还是一种随着当事人意思变化动态调整的原则，不能将当事人订立合同时的意思表示推定为永恒不变的意思表示，允许合同当事人解约和违约也是合同自由原则的内容。不可否认，"一物多卖"可能导致买卖合同无效以及买受人的损失从而引发财产权利人的各种民事责任，但绝不能以此推定财产权利人违反了法律禁止性规定，也不能推定给对方当事人造成了损失就是严重危害社会的犯罪行为。其实，保证财产权利人的立约自

---

〔1〕 钱弘道：《经济分析法学》，法律出版社 2005 年版，第 121 页。

由迎合了人类"趋利性"的本性，是对民事主体自由支配财产权意志的尊重，也是在市场环境下实现财产交换价值最大化的前提。尊重财产权利人在交易过程中的价格比较和交易对象的选择自由，就需要保证权利人的解约和违约自由，否则也是对合同自由原则的背离。《中华人民共和国合同法》（以下简称《合同法》）明文规定了买卖合同标的物所有权的转移时间，在当事人没有特别约定的情形下，动产标的物以交付为所有权转移时间，不动产标的物以不动产产权登记完成为所有权转移的时间。"一物多卖"是基于出卖人仍然对买卖标的物享有所有权的情况下发生的行为。既然合同标的物的所有权没有发生转移，那么所有权人无论与谁签订买卖合同，都没有超越民事主体立约处置物权的自由限度。

因此，笔者认为，合同法理论上违约责任的存在，恰恰为合同当事人违约成为一种可选择的自由提供了依据。与此相反，在"一物多卖"的合同关系当中，如果买受人采取暴力、威胁等手段阻止财产权利人选择交易对象和价格比较，都有可能成为强迫交易的行为，为法律所不允。在现实生活中，"一物多卖"行为的发生往往是由于财产权利人初入市场时对财产交换价值的认识不够充分，只能通过价格的比较和交易对象的选择，才能实现财产交换价值的最大化，致使"一物多卖"成为商品交换的常见行为。正如德国学者马克思·韦伯所说："只要没有违反某些特定的限制，契约当事人可随心所欲地达成任何协议。"[1]

三、刑事规范退缩：强化非刑法规范的制度自信

诚然，现代社会并不完全以市场效率作为判断公平价值的唯一标准。不加限缩的契约自由可能会侵犯他人的利益，甚至破坏稳定的市场交易秩序。"一物多卖"毕竟是损害诚信原则的失约行为，在某种程度上伤害了人们追求社会价值的基础。人们有时会认为，追究失约者的惩罚性责任比赔偿性责任来得更加"痛快"。因此，在一定程度上限缩财产权利人的立约自由就成为民事法律规范应有的功能。《合同法》等民事法律制度正是迎合了"全面责任"的需求，对"一物多卖"行为进行多角度的意思限缩。

第一，民事行为的效力规则为"一物多卖"设定了效力障碍。《中华人民共和国民法总则》和《合同法》规定了民事行为的效力条件。民事行为是符合法律规定的意志行为，但以合法的形式掩盖非法目的的行为是无效民事行为。无效民事行为自行为发生时起不具有法律上的效力，不受法律的保护。一旦民事行为被认定无效之后，也就否定了当事人预设的民事权利。当事人之间因行为而取得

---

〔1〕［德］马克思·韦伯：《论经济与社会中的法律》，张乃根译，中国大百科全书出版社 1998 年版，第 115 页。

的他人财产应当予以返还，导致行为无效存有过失的一方应当向其他当事人承担民事责任。例如，我国《合同法》第 58 条规定，合同无效或者被撤销后，因该合同取得的财产，应当予以返还；不能返还或者没有必要返还的，应当折价补偿。有过错的一方应当赔偿对方因此所受到的损失，双方都有过错的，应当各自承担相应的责任。所以，行为人将自己的特定财产在不同当事人之间进行多次交易，如果其行为意图并不是以合同形式掩盖骗取他人财产之目的，而是通过合同行为实现财产交换价值的最大化，则应当适用无效民事行为的处理规则要求行为人返还已取得的他人财产，并承担相应的民事责任，而不以刑法规范来追究行为人的刑事责任。

第二，缔约过失责任为"一物多卖"确立了意思责任。所谓意思责任主要是指行为人在设定民事行为时因意思不真实而致使民事行为无效或者被撤销而引发的责任。合同法理论中要求订立合同必然是基于当事人真实意思的表达。合同订立人因违背诚实信用导致合同无效或被撤销应当承担缔约过失责任。例如《合同法》第 42 条规定，故意隐瞒与订立合同有关的重要事实或者提供虚假情况等违背诚实信用原则的，给对方造成损失的，应当承担损害赔偿责任。财产权利人在同一财产上签订多个买卖合同是一种违背诚实信用原则的行为，因此导致合同无效或者被撤销的，应当要求其承担缔约过失责任。

第三，违约责任为"一物多卖"设定了行为责任。"一物多卖"可能导致出卖人不能履行签订的所有合同义务而引发违约责任。违约责任的设定可以促成合同交易的完成，保障当事人的合同权利。与此同时，违约责任也为惩罚性民事责任的设立试探了空间。例如《合同法》规定，因当事人违约给对方造成损失的，除应当返还财产之外，还需赔偿合同履行后非违约方可以获得的利益。经营者对消费者提供商品或者服务因欺诈而导致的违约，应当按照消费者的要求增加赔偿其受到的损失，增加赔偿的金额为消费者购买商品的价款或者接受服务的费用的 3 倍。

所以笔者认为，民法规范属于私法范畴，立足于社会成员诚信平等、意思自治原则，实现平等主体当事人之间的客观损害赔偿或补偿；而刑法规范属于公法范畴，立足于公平、正义原则，具有实现社会秩序保护和人权保护的双重机能。如果对"一物多卖"行为作过多的刑事司法处理，也是对民事主体财产权的过多限制，也可能是对合同自由原则的侵犯和对刑法最后保障性机制的破坏。正如张明楷教授所说："由于刑法规定的刑罚具有明显的副作用，所以，只有当民商法等法律不能充分保护某种合法权益时，才由刑法保护。"[1]

---

[1] 张明楷："实体上的刑民关系"，载《人民法院报》2006 年 5 月 17 日。

四、"一物多卖"拒不返还财产：欠缺合同诈骗罪的故意要件

财产权利人以同一财产作为标的与多个买受人签订合同，收取对方支付的货款拒不返还，如果买受人用尽所有民事规范仍然不能实现权利救济时，刑法的干预便成为必要。目前，多数司法机关对于刑民交叉的"一物多卖"拒不返还财产的行为按合同诈骗罪来处理。笔者认为这种定罪惯习值得沉思和警惕。

合同诈骗罪理应具有诈骗型犯罪构成要件的共同特点：一是犯罪人与被害人之间存在行为上的互动关系，即被害人主动将财物交付给犯罪人；[1] 二是犯罪人和被害人之间存在意思上的因果关系，即欺诈意思与认识错误之间的因果关系；三是犯罪人具有非法占有他人财物的犯罪动机或目的；四是被害人有实质的财产损失。"一物多卖"拒不返还财产的行为只有集全全部构成要件时，才可以被认定为诈骗型犯罪。也就是说，当出卖人以财产为"诱饵"骗取他人与其签订买卖合同，从而非法占有他人的合同价款，根本没有履行任何合同的意思，致使对方遭受财产损失时，方可认定为具有诈骗犯罪的主观故意。此时，出卖人仅仅以合同作为犯罪掩盖形式，其目的是为了骗取他人财产，形式上的合同不构成任何民事法律关系的基础，因此，在笔者看来，这种情形下的"一物多卖"拒不返还财产的行为不在民事法律规范调整的范围，不属于典型的刑民交叉案件。

如前所述，生活当中"一物多卖"的刑民交叉案件主要是指出卖人以赚取更多的财产交换价值为目的，将同一标的物出卖给多个买受人，收取合同价款后拒不返还的案件。笔者不主张将刑民交叉的"一物多卖"案件等同于以合同形式掩盖诈骗财产目的的刑事犯罪案件，前者显然欠缺合同诈骗罪的故意要件。

《中华人民共和国刑法》（以下简称《刑法》）第 224 条规定了合同诈骗罪具有三个方面的诈骗故意：一是以"非法占有"他人财产为目的；二是以"明知欠缺的合同履行能力"为前提；三是行为人有诈骗的意思表示。然而，在"一物多卖"情形下，出卖人就某一财产与多人签订买卖合同，在没有转移财产的所有权之前，每次买卖合同的签订都是当事人在平等、自愿基础之上的合意行为，出卖人与所有的买受人之间的合同行为并非是法律禁止的行为。出卖人对合同标的物存有瑕疵有不真实的意思表示，属于因一方欺诈而签订的合同，另一方享有对合同的撤销权。但无论是买受人行使合同撤销权导致合同无效引发出卖人的缔约过失责任，还是买受人不撤销合同导致出卖人无法交付合同标的物而引发的违约责任，买受人和出卖人均是依据合同条款分别交付价款和收取价款的。因此，不论此时的合同是否有效，出卖人收取价款的行为并不是法律明文禁止的行

---

〔1〕 陈兴良、江溯：《判例刑法教程（分则篇）》，北京大学出版社 2015 年版，第 180 页。

为，就不能一律将其认定为非法占有的行为。既然出卖人欠缺"非法占有"的主观目的，其合同诈骗犯罪的主观故意也就不复存在了。

虽然标的物的唯一性导致出卖人不可能履行与所有买受人签订的合同，但并不等于出卖人明知欠缺合同履行能力。在"一物多卖"情形下，由于合同标的物的所有权没有发生转移，只要出卖人具有最终决定将标的物交付给某个买受人的出卖意思，那么，对任何一个买受人来说获得合同预期利益都是可能的。因此，出卖人在最终决定将财产交付给某个确定的买受人之前，对所有买受人签订的合同都具有不确定的履行能力。这种不确定的履行能力显然不同于合同诈骗罪要求的"明知欠缺的合同履行能力"。况且，在"一物多卖"情形下，出卖人将同一标的物出卖给多个买受人，隐瞒与其他人签订合同的事实，属于合同法上的可撤销合同的事实或理由，买受人可以决定是否行使撤销权来要求出卖人承担相应的民事责任。因此，买受人即使不能依据合同取得合同标的物，还可以要求行为人承担一定"失约"责任，从而得到一定程度的补偿或者赔偿，其相关的民事权利并没有被侵犯。

合同诈骗罪的"欺诈"意思表示是骗取对方当事人财物的因果要件，即他人交付财物是基于行为人的欺诈意思表示，两者之间有着直接和必然的因果关系。区分刑民交叉的欺诈行为性质时，关键要区分欺诈行为是否作为受害人给付财产的目的，即要看行为人的欺诈意思是不是作为直接非法取得他人财产的目的意思。日本刑法学家西田典之在论述"不法原因给付与诈骗罪的关系"时，就明确指出："不法原因是指给付的目的，而不包括给付行为本身的不法性与作为给付原因的行为的不法性。"[1] 在"一物多卖"的刑民交叉案件中，出卖人隐瞒的是在同一标的物上签订了了多个买卖合同的事实，其目的不是通过制造这一不真实事实而非法占有他人财产，而是希望通过多次交易实现财产的最大交换价值。出卖人尽管有隐瞒事实的欺诈意思表示，但这种欺诈意思表示并不直接、必然成为对方当事人交付财物导致损失的原因。买受人支付合同价款不是基于出卖人隐瞒了与多个买受人签订合同这一事实，而是基于合同约定的支付条款。可见，"一物多卖"行为的欺诈与合同诈骗罪构成要件中的"欺诈"不具有概念内涵上的重合性。如果不加区分地将刑民交叉的"一物多卖"行为作为合同诈骗罪来处理，显然超出了刑法规范的功能范围。

---

[1] [日]佐伯仁志、道垣内弘人：《刑法与民法的对话》，于改之、张小宁译，北京大学出版社2016年版，第62页。

五、以侵占罪处理"一物多卖"拒不返还财产行为：法律价值与社会价值的统一

侵占犯罪是指将代为保管的他人财物，或者将他人的遗忘物或者埋藏物非法占为己有，数额较大且拒不交出的行为。我国《刑法》第 270 条规定侵占罪为告诉才处理的犯罪，属于通常所说的"亲告罪"。是否要追究"亲告罪"行为人的刑事责任，取决于受害人意志。虽然我国刑法规定的"亲告罪"数量极其有限，但"亲告罪"的社会价值和法律价值越来越被人们所认识。"亲告罪"的共同特点是处在刑事犯罪和民事侵权的交叉地带，因此，刑法的规定为缓解刑民交叉案件的公力救济和私力救济的紧张关系搭建了柔性的"韧带"。在笔者看来，以侵占罪而非合同诈骗罪来处理"一物多卖"拒不返还财产的刑民交叉案件，能最大限度地实现法律价值和社会价值。

从犯罪要件来看，侵占罪成立要件的"代为保管的他人财物"不仅限于基于保管合同而形成的保管关系，还包括了租赁关系、借用关系、担保关系、无因管理关系以及不法原因给付引起的保管。[1] 在"一物多卖"情形下，如果买受人运用所有的民事手段都不能追回自己的财产时，刑法的干预则成为必要。只是此时在双方当事人之间形成的法律关系已不再是基于诈骗行为引起的非法占有关系，而是基于合法取得应当返还而拒不返还行为引起的非法侵占关系。因为，出卖人通过合同行为取得买受人交付的财产后，一旦合同得不到履行，出卖人就具有返还该财产的义务，而在实际返还之前，出卖人对该财产形成事实上的保管关系，这种保管关系正是成立侵占罪的基础要件。而且笔者还认为，在刑民交叉案件中将"一物多卖"拒不返还财产行为作为侵占罪来处理，可以实现法律价值和社会价值的最大化。

第一，将刑民交叉案件中的"一物多卖"拒不返还财产行为作为侵占罪来处理，可以为受害人选择刑事或民事程序来保障其财产权利提供空间，实现了刑民交叉案件处理方式的多样化。如前所述，尽管"一物多卖"行为在民法上可能被认为是缺乏"诚信"的行为，但这种行为在经济法上却很有可能被视为增进财产交换价值的行为，在合同法上可能被视为遵循"合同自由"的行为。诚然，"一物多卖"行为可能会给相对人带来更大的合同风险甚至财产损失，但这种风险或损失都可以通过民事法律法规和经济法律规范进行化解或弥补。在用尽非刑法手段保护利益之前，刑法的超前干预必然阻碍了权利人多样化渠道保护权利的选择自由，致使权利人被动地接受依据刑事法律处理的结果事实，这既与刑法最后保障性机能相悖，也是对公民自由支配民事权利的不尊重。因为，"一物

---

[1] 陈灿平：《刑民实体法关系初探》，法律出版社 2009 年版，第 264 页。

多卖"法律关系中的买受人既可以依据违反"诚信原则"行使合同撤销权追究出卖人的缔约过失责任，也可以依据合同条款追究出卖人不能履行交付义务的违约责任，等等。即使通过民事处理仍然不足以保护自己权利时，权利人还可以选择以侵占犯罪的方式追究出卖人的刑事责任，从而保障自己的民事权利。相反，如果将"一物多卖"拒不返还财产的行为一律定性为合同诈骗罪的话，除了是对诈骗罪构成要件中的"欺诈"和"非法占有"的误判，还是对民事主体权利保护方式自由选择权的一种干预。

第二，将刑民交叉案件中的"一物多卖"拒不返还财产行为作为侵占罪来处理，可以为受害人选择追求财产价值最大化的纠纷解决方式提供空间，实现刑民交叉案件处理经济效益最大化。"一物多卖"中出卖人收取了买受人的财产拒不返还，受害人有权选择刑事程序或民事程序维护自身的权益，追回支付的财物，可以实现财产效益的最大化。因为如果受害人通过提起合同纠纷的民事程序来维护权益，除了可以要求返还已经支付的财产外，还可以追究行为人的违约责任和赔偿责任，从而实现合同可期待利益或预期利益的损失赔偿。例如，在处理缔约过失责任的问题上，理论上基本赞同权利人可信赖利益的赔偿观点。绝大多数学者都认为，缔约过失责任赔偿的受损利益类型及范围，"既包括因信赖受挫时合同未能有效成立而落空的费用，如订约费用、履约准备费用和与履约无关而支出的费用，也包括因信赖受挫而订立一个不利合同的损失，以及因信赖受挫而丧失其他订约机会的损失"。[1] 同样，我国《合同法》规定的违约责任除了应当返还财产之外，还包括赔偿非违约方因合同履行可以获得的利益。因此，作为理性的经济交易者，当其民事权益在刑民交叉案件纠纷中受到侵害时，他们往往会选择最有利于自身权利和经济效益最大化的解决途径，法律应当为这种选择提供保障，至少不能限制或者阻碍这种选择。然而，一旦将刑民交叉的"一物多卖"拒不返还财产行为认定为诈骗型犯罪，权利人的财产经济价值最大化目的必然被无情地扼杀了。

也许有人认为，根据现行的刑事诉讼法规定，犯罪受害人也可以通过提起刑事附带民事诉讼以维护自身的权益。因为《中华人民共和国刑事诉讼法》规定了被害人由于被告人的犯罪行为而遭受物质损失的，在刑事诉讼过程中，有权提起附带民事诉讼。但刑事诉讼法是以解决犯罪人刑事责任作为根本任务，受害人通过刑事附带民事诉讼解决民事权利的赔偿问题，一般只限定在因犯罪行为直接导致的被害人人身权或者财产权损失。这种损失往往是指物理性功能的丧失或经济价值的贬损，而不包括被害人对财产的控制、占有等权利的失去。事实上，

---

[1] 孙维飞："《合同法》第 42 条（缔约过失责任）评注"，载《法学家》2018 年第 1 期。

《最高人民法院关于适用〈中华人民共和国刑事诉讼法〉的解释》就明确规定了刑事附带民事诉讼的"物质损失"范围，仅指被害人因人身权利受到犯罪侵犯或者财物被犯罪分子毁坏而遭受的物质损失。而将被告人非法占有、处置被害人财产而要求返还和赔偿的部分排除在附带民事诉讼之外。在刑民交叉的"一物多卖"案件当中，对买受人来说，出卖人拒不返还自己交付的财产，并不导致财产价值的贬损或功能的丧失，而仅仅使买受人丧失了财产的占有权，这显然不属于刑事附带民事诉讼范围。如果将刑民交叉案件中的"一物多卖"拒不返还财产行为按合同诈骗罪来处理，买受人则只能依据《刑法》第64条的规定，请求司法机关返还自己支付的财物，而不能获得其他更多民事权利的赔偿，这必将压缩受害人通过选择纠纷处理方式实现赔偿最大化的空间。

第三，将刑民交叉案件中的"一物多卖"拒不返还财产行为作为侵占罪来处理，可以为民事纠纷的处理提供缓冲空间，实现刑民交叉案件处理的社会效益最大化。法律纠纷的处理在于解决矛盾而不在于激发矛盾，在"一物多卖"的合同关系当中，当事人之间合同的订立是以充分协商为基础的，在合同得不到履行而无法实现合同预期利益的情况下，如何通过有效的途径弥补损失以实现经济利益的最大化是当事人的主要目的，只有在通过民事程序无法实现权益维护的情况下才可以诉至于刑事司法，依靠国家公权力来保护自己的权利。而刑事手段的运用尽管保障了当事人的合法权益，却也激发了社会矛盾，破坏了当事人之间的交易关系。因此，在非刑事方式可以维护合同当事人合法权益的情况之下，过于依赖公权力的刑事手段来解决民事纠纷，不仅限制了民事主体行使民事权利的自由，还破坏了某种和谐的社会关系。如果按侵占罪来处理"一物多卖"拒不返还财产行为，受害人可以在权利价值、经济价值和伦理价值之间寻求平衡点，决定是否将案件引向刑事程序，为以后的市场交易余留建立和谐关系的空间。正如有学者认为的那样："法律赋予被害人决定是否告诉的权利，被害人经过权衡做出最利于解决矛盾纠纷又最大限度保护自己的决定，是当事人的智慧，更是法律的智慧。"[1]

总之，社会关系的复杂多样导致了法律关系的错综交叉。在人们权利意识普遍得到提升的现代社会，权利救济的途径不能再沿着"家长式"的主导方向推进。在处理类似于"一物多卖"的刑民交叉案件时，应当迎合当事人尤其是权利人的意思表达，以实现民事权利在运行过程中的经济价值、法律价值和社会价值的最大化，同时还需要充分考量刑法规范对社会关系调整的最后保障机能，避免刑事处理的扩大化和随意化，从而确立以非刑法规范调整民事纠纷的信心。

---

〔1〕 吴小帅、周长军："社会转型期告诉才处理制度的价值根基与范围重构"，载《理论学刊》2015年第4期。

论诈骗罪与善意取得共存困境与出路

◎ 李树帅*

一、引言

龚某与丁某密谋出卖龚父名下的房产，龚某向公安机关出示偷出的户口本，进而申请到了龚父的身份证，之后其向房产登记部门以龚父的身份证挂失了产权证，获得新的产权证书。龚某化妆假扮其父亲，持两证件与丁某共同至公证处委托丁某出卖房子，骗取委托公证的文书。经中介介绍，丁某持骗取的两证与王某签订了购房合同。与此同时，丁某还拿着龚父的身份证到建行开了一个账户，通过该账户收了房款，之后丁某将房产过户给王某。龚某和丁某因上述罪行于2010

---

* 作者简介：李树帅（1955—），女，山东潍坊人，湘潭大学法学院知识产权学院法律硕士。

年被法院认定构成合同诈骗罪，判决认定王某为刑事被害人，据此判处龚某、丁某违法所得的一切财物应予追缴后返还被害人。刑事判决发生效力之后，龚父向买受人提起诉讼，主张合同无效、买受人应返还房屋，理由是判决书认定王某为被害人，因此不应当取得房屋所有权。王某主张自己对于冒名处分是善意不知情的，基于公示、公信力，该房屋也已过户，因此享有该房屋所有权，刑事判决不应将自己认定为被害人，因此向检察院提出申诉。[1]

从上述案情可以看出，将冒名处分他人财产这一行为认定为诈骗罪（包括普通诈骗罪和合同诈骗罪，下同）会有买受人无法适用善意取得的声音，认定买受人适用善意取得会有无法认定诈骗罪的声音，表明这种冒名处分行为是一起刑民交叉案件，同一事实同时产生民事法律关系与刑事法律关系。对于该类案件的处理，至今存在很大争议，其中诈骗罪与善意取得是否可以共存的争议愈发激烈。案件的刑事定性是否影响民事部分的处理？民事部分的处理是否影响刑事定性？如何保证刑民判决协调一致，并且实现公正、效率？众所周知，刑事定性按照案件事实是否符合某个具体犯罪的犯罪构成进行，而考察的重点在于行为人是否实施了侵害或威胁法益的行为，就诈骗罪而言，则考察行为人是否实施了虚构事实、隐瞒真相的行为，且该行为使受骗人产生错误认识从而处分财产。受骗人处分财产有时会出现民事上并无实际损失的情形，而刑事定性则无需考察被害人是否遭受民事损失，正因如此，导致刑民处理结果不一致。同样的，物权、债权的认定只需要考虑权利人是否对义务人享有请求权，而请求权的基础在于《中华人民共和国物权法》（以下简称《物权法》）、《中华人民共和国合同法》（以下简称《合同法》）及《中华人民共和国侵权责任法》（以下简称《侵权责任法》）中的规定，由于《物权法》对于不动产盗赃物可否善意取得没有明确规定，民事领域对于盗赃物可否善意取得一直以来存在争议，正因如此，会导致民事判决与刑事判决的处理结果不一致。解决此问题的关键是将诈骗罪与善意取得之间的隔阂祛除，这样才能正确定罪、公正分配利益，从而搭建一条民事与刑事之间的畅通无阻之路。由于合同诈骗罪是从 1979 年《中华人民共和国刑法》的诈骗罪中分离出来的，合同诈骗罪的构成要件在一定程度上为普通诈骗罪所包容，二者属于法条竞合，是特别法与一般法的竞合关系。[2] 合同诈骗罪比普通诈骗罪多

---

[1] "王××等诉龚××房屋买卖合同纠纷案"，（2011）沪一中民二（民）终字第 2719 号，载 https://www.jufaanli.com/wenshu/8262c8abf10b56ab2f7a7a662da30cd9/? q = % EF% BC% 882011% EF% BC% 89% E6% B2% AA% E4% B8% 80% E4% B8% AD% E6% B0% 91% E4% BA% 8C% EF% BC% 88% E6% B0% 91% EF% BC% 89% E7% BB% 88% E5% AD% 97% E7% AC% AC2719% E5% 8F% B7&src = search. html ［OB/OL］，最后访问时间：2019 年 9 月 1 日。

[2] 陈兴良主编：《刑法各论精释》（上），人民法院出版社 2015 年版，第 502 页。

了侵害的法益——市场秩序，而市场秩序的损害与否并不影响善意取得的适用，因此有必要将合同诈骗罪及普通诈骗罪放在一起讨论，以达到全面解决问题的目的。

二、诈骗罪与善意取得之共存困境

合同诈骗与普通诈骗案件中的民刑交叉指的是民法与刑法存在竞合时，同一事实同时触犯民事法律与刑事法律的情形。[1] 民法与刑法对该类型案件的处理结果存在前述诈骗罪（包括合同诈骗罪，下同）和善意取得的冲突，在冒名处分他人财产案件中，关于民法中的善意取得和刑法中的诈骗罪之间的关系存在共存说[2]、不能共存说[3]、有条件共存说[4]三种学说。争议主要围绕刑法中财产损失的界定、被害人的认定以及民法中善意取得对合同效力的要求、善意取得与表见代理对财产损失的影响等展开。刑民交叉案件被刑事司法程序认定为诈骗罪是否会影响民事部分认定善意取得，即如何解决民事判决与刑事判决的冲突、如何平衡各方利益存在困境。

---

〔1〕 王昭武："经济案件中民刑交错问题的解决逻辑"，载《法学》2019 年第 4 期。

〔2〕 该说认为成立诈骗罪，要有财产损失，这里的财产损失只需要受骗者因为行为人的欺骗行为对"财产交换""目的实现"具有认识错误，即产生了法益关系错误，进而处分了财产，就表明造成了财产损失。善意取得财物并不意味着买受人在行为当时没有遭受财产损失，因此认为诈骗罪与善意取得可以同时认定。对于外观符合无权处分，同时构成财产犯罪的情形分为五种：①直接将他人财物出卖给第三者；②本犯窃取赃物后出卖给第三者；③赃物犯罪人隐瞒真相将赃物出卖给第三者；④将自己占有他人所有的财物直接出卖给第三者；⑤将辅助占有的他人财物出卖给第三者。第二、三种类型中将赃物出卖给他人的案件也可同时认定善意取得和诈骗罪，由此推出冒名处分他人合法财物的案件更应该认定善意取得和诈骗罪可以共存。张明楷："无权处分与财产犯罪"，载《人民检察》2012 年第 7 期。

〔3〕 该说认为，从逻辑上分析，同一事实（冒名处分他人财产）不可能既导致犯罪分子触犯诈骗罪，又导致买受人（被骗人）善意取得涉案财产。买受人成立善意取得和冒名处分人成立诈骗罪，彼此不应当兼容，否则会出现刑民冲突的现象，即同一个买受人，如果一方面善意取得了该财物的所有权，另一方面又成为诈骗罪中的被害人获得刑事退赔等救济，就会出现逻辑上的混乱：没有损失怎能认定为被害人？杨兴培、周爱萍："擅自出售登记于自己名下他人房产的行为定性"，载《法治研究》2014 年第 4 期。

〔4〕 冒名处分他人财物构成诈骗罪，因而该财物系赃物，不可完全认定或完全否认适用善意取得的规定，应当采取折中观点，有条件地适用善意取得。应当参照《物权法》第 107 条（"所有权人或者其他权利人有权追回遗失物。该遗失物通过转让被他人占有的，权利人有权向无处分权人请求损害赔偿，或者自知道或者应当知道受让人之日起 2 年内向受让人请求返还原物，但受让人通过拍卖或者向具有经营资格的经营者购得该遗失物的，权利人请求返还原物时应当支付受让人所付的费用。权利人向受让人支付所付费用后，有权向无处分权人追偿。"）对遗失物的规定，买受人善意取得该财物的所有权或者在一定期限内由原所有权人向受让人主张返还并支付买受人购买此物的费用。刘保玉："诈骗所及财物的善意取得和赔偿责任问题探讨——由一起骗卖房屋案谈起"，载 http://www.110.com/ziliao/article-150760.html，最后访问时间：2019 年 9 月 1 日。

（一）诈骗罪中财产及财产损失的界定不明

财产损失是认定诈骗罪的条件之一，但诈骗罪中的财产及财产损失却一直界定不明，财产损失是从整体上考察，还是仅从对方交付的财产来作判断需进一步研究。

在这个问题上，比较有代表性的观点是日本的整体财产减少说以及个别财产减少说。[1] 整体财产减少说认为，财产损失应当是被害人整体财产减少，否则不能成立诈骗罪。由于受骗方遭受损害则加害方获取利益，如果加害方给付了受骗方相当的价款，不成立诈骗罪；个别财产减少说主张，诈骗罪是一种相对于个别财产的犯罪，诈骗者通过虚构事实、隐瞒真相的方法使受骗者陷入错误的认识并处分该特定财物，即使受骗者获得了相当的财产，也认定其具有财产损失，不影响诈骗罪的成立。单单从形式上来判断有无财产损失会得出不合情理的结论，比如如果行为人通过欺诈的方式骗取他人偿还对自己的债务，认定受骗者具有财产损失是不合理的。因此，又有学者提出诈骗罪中的财产损害必须有实质的损害，将"法益关系错误"的理论作为依据研究诈骗罪中的财产损失，根据该观点，成立诈骗罪的前提条件是被骗者由于认识错误因而交付财物，即被骗者对法益关系产生认识错误。诈骗罪中受害人的认识错误仅限于对处分财产所带来的社会意义没有真实地明白、了解，即存在认识上的错误，错误地以为能够实现交易目的。在市场经济中，为了使市场参与者更好地利用经济、获得收益、交换财物，需要保护市场参与者的财产法益，因此对于财产来说，值得保护的仅仅是其作为交换、收益的手段这一作用，而非其自身的价值。这也是日本判例和通说的观点。

我国学者形成了实质的个别财产减少说和整体财产减少说的对立。持实质的个别财产减少说观点的学者认为，诈骗罪是针对个别财产的犯罪，而不是针对整体财产的犯罪，只要受骗人转移财产时意思表示存在瑕疵，就可以认为诈骗行为对受骗人的财产法益产生侵害。也就是说，其不仅客观地对受骗人处分的财物与其得到的财物进行经济价值的比较，还综合判断受骗人的交易目的以及其对财物的可利用性等。[2]

整体财产减少说认为在财产损失的框架内，必须产生直接的财产减少的后果。财产减少意味着，在财产处分前后对财产状况进行比较，出现了亏损。其对财产损失的定义是，当在交换关系中，在财产处分前后财产的对比状况是，财产的减少并没有直接地通过财产价值上的等价物得到补偿和平衡，则存在财产

---

〔1〕 刘明祥：《财产罪比较研究》，中国政法大学出版社 2001 年版，第 239~241 页。

〔2〕 刘明祥：《财产罪比较研究》，中国政法大学出版社 2001 年版，第 239~241 页。

损失。[1]

其实上述两种学说并无本质区别，实质的个别财产减少说结合受骗者的交易目的、行为人交付的对价财物的可用性进行实质判断得出是否具有财产损失的结论，和整体财产减少说对财产损失作出的判断具有一致性。[2] 但在处理一些具体的案件时，两种理论的处理结果虽然相同，但在本质上仍存在不同：前者客观价值的比较和交易目的的衡量不存在位阶性的关系，即使客观价值没有减少，但是受骗者转移财产的意思表示存在瑕疵，综合起来考虑，也可能由于交易目的未实现最终得出受骗者具有财产损失的结果；而后者首先进行纯客观的价值衡量，如果受骗者的客观经济价值没有损失，可能考虑受骗者的主观层面，但对主观层面并没有那么看重，最终得出没有财产损失的结果。[3] 在确定诈骗罪造成的财产损失时，我们应该考虑哪些因素，怎样看待受害者的主观因素？这些问题都需要进一步探讨。

（二）刑民核心价值不同导致损失承担者与被害人不一致

刑法的目的是保护法益，刑法只能将违反这一目的的行为予以禁止，因此刑法中的犯罪构成要件是对违反保护法益目的的情形所规定的。在这种情况下，刑法中的违法性不同于民法中的违法性，在财产犯罪理论中，刑法没有必要以民法为基础来确定其构成要件。以本案为例，即使在民法中认定买受人善意取得房屋所有权从而没有民法上的"财产损失"，也可认定行为人对买受人实施了合同诈骗罪。在市场经济背景下，财产法益是被作为经济的利用、交换、收益的手段而予以保护的，货币本身不值得保护，而其作为交易手段、达到目的的手段值得保护。此外，交付财产既获得了经济上的利益又实现了一定的社会目的，因此法益处分产生了不言而喻的重大社会意义。若受害人错误地认为达成了财产交换并实现其社会目的，则应当确认存在法益关系错误。[4] 刑法中，只要被害人处分财产的目的没有实现、交换财产失败，就意味着财产法益遭受侵害，根据诈骗罪中保护财产法益的立法目的，可以认定受骗者为诈骗罪中的被害人。

民法以保护交易安全和善意信赖为基本的核心价值，除有更高的法律价值需要保护外，不应否定之。冒名处分他人财物的案件关系到交易安全保护和所有权保护二者之间的利益衡量，只能在二者中选出最值得保护的一个。在现代社会中，交易安全是维护社会经济秩序正常稳定的重要保证，具有更加重要的作用。

---

[1] 陈兴良主编：《刑法各论精释》（上），人民法院出版社 2015 年版，第 467~468 页。

[2] 张明楷："论诈骗罪中的财产损失"，载《中国法学》2005 年第 5 期。

[3] 参见史蔚："诈骗罪财产损失的类型化讨论"，载《江西警察学院学报》2017 年第 2 期。

[4] 张明楷："论诈骗罪中的财产损失"，载《中国法学》2005 年第 5 期。

因此，法律特别重视建立具体制度来保护交易安全，例如善意取得制度[1]、表见代理制度[2]、法律行为的无因性原则等。以善意取得制度为例，其实质是为了保护受让人的善意信赖和交易的安全，以牺牲他人的所有权为代价。由此可见，在交易中存在符合善意取得的情形时，除非有特殊原因或更值得保护的利益，否则应允许善意买受人运用善意取得保护自己的合法权益。[3]

由于民法与刑法的价值目标的不同，本案得出如下结论：①在民事法律关系中，买受人善意取得房屋所有权，被冒名人应当对买受人承担房屋过户的义务。②在刑事法律关系中，买受人的财产交换失败、处分财产的目的没有实现，客观上该交易没有产生对等交易，即买受人财产法益受到侵害，冒名人构成合同诈骗罪，应当对买受人承担购房款的退赔义务。这就导致在刑民交叉的刑事案件处理过程中实际损失承担者与刑事被害人不一致，而实践中对犯罪行为定性常常错误地以被害人为判断标准，将民法中实际损失的承担者与刑法中的被害人混为一谈进而根据被害人对犯罪行为定性，从而得出诈骗罪无法与善意取得共存的结论，这是极其荒谬的。

（三）以犯罪为目的的合同是否有效存在模糊

由于冒名处分的行为可能构成合同诈骗罪或者诈骗罪，房屋买卖交易就属于非正当的交易，我国没有明确规定以犯罪为目的的合同效力如何，《合同法》第52 条合同无效的情形中"损害社会公共利益"和"违反法律、行政法规的强制性规定"存在概念模糊的问题，冒名处分行为是否属于损害社会公共利益、违反法律、行政法规的强制性规定等合同无效的情形，我国立法及司法实践存在混乱，国外的法律规定也不尽相同。

《德国民法典》和《法国民法典》规定的是违反禁止性条款的合同无效，而

---

[1]《物权法》第 106 条规定："无处分权人将不动产或者动产转让给受让人的，所有权人有权追回；除法律另有规定外，符合下列情形的，受让人取得该不动产或者动产的所有权：①受让人受让该不动产或者动产时是善意的；②以合理的价格转让；③转让的不动产或者动产依照法律规定应当登记的已经登记，不需要登记的已经交付给受让人。受让人依照前款规定取得不动产或者动产的所有权的，原所有权人有权向无处分权人请求赔偿损失。当事人善意取得其他物权的，参照前两款规定。"

[2]《合同法》第 49 条规定："行为人没有代理权、超越代理权或者代理权终止后以被代理人名义订立合同，相对人有理由相信行为人有代理权的，该代理行为有效。"

[3] 戴永盛："论不动产冒名处分的法律适用"，载《法学》2014 年第 7 期。

《意大利民法典》规定的是违反强制性规范的合同无效。[1]《日本民法典》第90条规定了违反公序良俗无效。我国台湾地区"民法"第71条规定，"法律行为，违反强制或禁止之规定者，无效。但其规定并不以之为无效者，不在此限"。[2]可以看出，由于强制性规范概念模糊，对于违反法律强制性规范的法律行为效力没有定论。

"违反强制性规定"并非一定导致合同无效，应当改为"违反禁止性规定"并增设但书，并以大陆法通行的"公共秩序或者善良风俗"概念，取代"社会公共利益"概念。[3] 如果按照"违反禁止性规定"来规制冒名处分行为签订的合同，只有当法律明确规定不得冒名处分他人财物时，才能看作该冒名处分所签订的合同无效。但是这一行为同时也可以被"公共秩序或者善良风俗"条款所规制，因此笔者认为冒名处分所达成的合同应为无效，因为虽然法律没有明确规定冒名处分所签订的合同无效，但是如果承认合同有效，无疑是在鼓励不法分子冒名处分他人财物从中牟利，将会违反公序良俗，因此冒名处分行为以犯罪为目的订立合同，应当认定该合同无效。

（四）善意取得是否以"合同有效"为要件存在分歧

在认定冒名处分行为签订的合同无效的情形下，买受人是否能够善意取得？善意取得是否应以"转让合同的有效"为要件一直以来是争议的话题。

肯定说认为善意取得以合同的有效为要件。其理由在于，善意取得制度是通过牺牲原所有权人的利益来实现保护交易安全的目的，因此适用善意取得制度时必须重视交易是否具有正当性，而合同有效能够保证交易的正当性，那么善意取得制度适用的前提应当是合同有效，将合同有效作为善意取得构成要件是基于维护交易安全的考虑，善意取得只为有效合同达成的交易保驾护航，没必要保护无效合同达成的交易，更没有理由葬送财产所有人的利益和财产关系的静态安全来

〔1〕《德国民法典》第134条规定，"违反法律之禁止规定的法律行为无效，但由该法律另生其他结果者，不在此限"。《法国民法典》第1133条规定，"如原因为法律所禁止，或原因违反善良风俗或公共秩序时，此种原因为不法原因"。《意大利民法典》第1343条规定，"当与强制性规范、公序或良俗相抵触时，即是不法原因"。《意大利民法典》第1418条规定了契约无效的原因，"①与强制性规范相抵触的契约无效，法律另有规定的除外。②第1325条规定的要件之一的缺乏，原因的不法，第1345条规定情形中的动机不法和第1346条规定的有关标的要件的欠缺，导致契约的无效。③此外，法律规定无效情形中的契约亦无效"。《法国民法典》第1131条规定，"无原因的债、基于错误原因或不法原因的债，不发生效力"。《日本民法典》第90条规定，"此违反公共秩序或善良风俗的事项为标的的法律行为，无效"。

〔2〕 梁慧星：《中国民法典草案建议稿附理由·合同编》（上），法律出版社2013年版，第107~109页。

〔3〕 梁慧星：《中国民法典草案建议稿附理由·合同编》（上），法律出版社2013年版，第107~109页。

保护无效合同达成的交易之安全，否则会因小失大。[1] 若"合同无效就不能善意取得"，则诈骗罪与善意取得无法共存。

否定说认为，善意取得的构成不以合同有效为要件。当合同有效时，受让人当然根据有效的买卖合同获得标的物的所有权，因此没有必要将合同有效作为善意取得的构成要件。善意取得制度的设立初衷正是为了解决无权处分的问题：当权利人不追认以及无处分权的人一直没有获得处分权导致合同被认定无效时，强行使善意第三人原始取得标的物所有权。[2]

三、善意取得与诈骗罪共存的解决路径

善意取得制度与合同诈骗罪及诈骗罪之间确实存在一些冲突，但是并不表示二者不能共存，对于其冲突和衔接不予以一定的弥补还是可以使其共存的。

（一）应按照实质的个别财产说界定财产损失

诈骗罪（普通诈骗罪和合同诈骗罪）中财产损失的认定不能过于注重客观上整体经济价值的实现，而应当将经济价值和交易目的置于同等重要的地位。即行为人虽提供了同等价值的财物，但告诉买受人真相后买受人将不再支付价款的情形下，受骗者的交换目的基本未能实现，宜认定为诈骗罪；或者在行为人实施欺骗行为，导致受害人错误地相信行为人交付的财产之用途，错误地认为行为人是真实的交易主体，这就存在法益关系的认识错误，[3] 虽然客观上看不出有损失，但是买受人主观上的交易目的没有满足，仍可认定具有财产损失。笔者反对整体财产说和形式的个别财产说的原因在于：其一，整体财产说将受骗者的交换目的的考虑置于纯客观的价值衡量之后，对于具有重大交换目的的被骗者来讲，其交换目的的重要性程度并不比财产的损益重要性程度低，因此交换目的应当与客观价值衡量置于同等的地位。整体财产说过于注重客观价值而忽视了当事人在主观上对利益的损失判断，即使受骗者客观上没有经济损失，但是其交易目的没有达成就相当于其花费的财产浪费甚至流失。其二，形式的个别财产说仅仅从形式上判断被骗者是否具有财产损失，只要被骗者由于欺诈行为交付了财产就具有财产损失，这完全不考虑被骗者是否具有实质的经济上的损害，违背国家鼓励市场交易的宗旨，一些还未被市场普遍认同的经济交易容易被认定为诈骗，在债权人欺骗债务人偿还债务的场合，债务人虽然受到欺骗，但是由于债务人并没有实质上的经济价值的减少，认定其构成诈骗罪是不公平的。在骗卖的场合被害人虽

---

[1] 傅鼎生："不动产善意取得应排除冒名处分之适用"，载《法学》2011 年第 12 期。

[2] 梁慧星："《物权法司法解释（一）》解读"，载《法治研究》2017 年第 1 期。

[3] 张明楷：《刑法学》，法律出版社 2016 年版，第 1005 页。

然获得了与其支付价款相当的标的物，但是他如果知道真相就一定不会购买该商品，并且根据一般社会公众的认识，基于购房用于居住生活的目的，购买一个产权有争议的房屋达不到安定居住、不受干扰的预定目的，应当认定购买者有经济损失。因此，认定是否具有经济损失，应按照实质的个别财产说，将客观的经济价值和交易目的同等重视、综合衡量，这里的交易目的是否实现按照社会一般人的标准来认定，客观的经济价值与交易目的两个标准缺一不可，任缺其一则应认定具有财产损失。

（二）在符合想象竞合的情况下认定构成诈骗罪与盗窃罪想象竞合

想象竞合理论可以解决一行为造成两个损害结果的情形，冒名人的行为既损害了买受人知情权，同时也损害了被冒名人的财产权，此时被害人是被冒名人和买受人，善意取得中的损失承担者是被冒名人，在符合想象竞合的情况下认定构成盗窃罪与诈骗罪（合同诈骗罪与诈骗罪）的想象竞合，可以保证被冒名人既是民事损失的承担者又是刑事被害人，这样就能保证案件处理结果的逻辑一致。

本案中，行为人只实施了转移房屋所有权一项行为，该行为又经历了多个阶段：骗取公证机关公证文书的阶段、签订买卖合同阶段（出售房屋）、收取购房款阶段、房屋过户阶段，这四个阶段都是为了达到出卖房屋的目的，收取购房款、房屋过户的行为与出售房屋是原因与结果的关系，因此只需要评价签订买卖合同阶段（出售房屋）这一个行为，否则会重复评价。行为人欺骗公证机关作出委托代理出售房屋的公证文书这一行为并不能单独评价，因为在与房产登记部门、公证机关及被冒名人的法律关系中，由于公证机关没有法律上和事实上的处分权，不可能成为三角诈骗中的被骗人。因此，这一行为不能单独造成原权利人财产损失，当骗取公证机关公证文书的阶段、签订买卖合同阶段两个行为叠加起来之后，行为人此时对原权利人的法益产生了损害，由于不动产可以成为盗窃罪的犯罪对象，因此行为人对原所有权人成立盗窃罪。同时，行为人明知实际不能履行合同而将房屋转卖与买受人，使得买受人获得具有瑕疵的房屋所有权，致使买受人遭受财产损失，故行为人对买受人成立合同诈骗罪。此时可以认定行为人实施的转移房屋所有权的行为正是盗窃行为与合同诈骗行为的重合。[1] 根据想象竞合犯理论，当一项行为侵害了不同主体的合法权益，且不能被其中一项犯罪包容评价时，该行为应被认定触犯数项犯罪，构成想象竞合，从一重罪论处。[2] 本案中，行为人无权处分系争房屋所有权的行为，同时侵害了对被冒名人以及买受人两个主体的财产法益，而财产法益属个人专有，此时该行为不能被盗窃罪与

---

〔1〕 陈伟、谢可君："无权处分行为中财产犯罪的性质认定——以'司机盗卖房产案'为切入"，载《西部法学评论》2016 年第 3 期。

〔2〕 刘士心："想象竞合犯概念与类型再研究"，载《国家检察官学院学报》2003 年第 2 期。

合同诈骗罪中任一罪名包容评价，因此应当认定为存在两个法益侵害事实，触犯了数罪名，应认定为盗窃罪与合同诈骗罪的想象竞合犯，从一重罪论处。

刑事判决中认定冒名人构成盗窃罪与合同诈骗罪或者普通诈骗罪的想象竞合，那么被害人就是被冒名人和买受人，不管民事判决认定二者中谁为损失的承担者，即是否认定买受人构成善意取得，二者都具有财产损失，都可以与刑事判决的被害人保持一致。

（三）诈骗案中受骗者应适用善意取得

在冒名处分他人财物的诈骗案件中，买受人可以适用善意取得从而对被冒名人行使物权请求权。原因在于：

1. 本案符合善意取得的适用条件。善意取得的认定在民法中作了明确的规定，就冒名处分他人不动产的案件而言，其一，买受人在购买该房屋时是善意的。善意是指不知情，不知或者不应知道行为人出卖房屋时没有处分权。房屋买卖案件中，善意的判断标准为买受人在购买该不动产时有合理的理由信赖不动产登记簿上记载的权利事项，则属于善意。由于现实社会中，亲属之间代为处理房屋买卖事宜的情况并不少见，买受人对行为人冒充被冒名人出卖房屋的事实并不知情。并且，买受人对行为人冒名处分不知情不存在过失，买受人通过中介联系出卖人，且有公证机关的证明，应认定买受人尽到了买卖行为中的一般注意义务。且房产局未能发现伪造证件的事实，对行为人提供的材料审核通过，在此情形下，不能苛责买受人比房产登记部门承担更为严格的注意义务。其二，买受人支付了合理的价款。其三，案涉房屋已经登记过户到买受人名下，实现了物权变动。综上，买受人依照善意取得涉案房屋的所有权。

2. 涉案不动产虽属于盗赃物，但可以适用善意取得。首先，我国《物权法》关于不动产所有权的善意取得，并不存在类似于动产物权善意取得制度中有关遗失物、盗赃物的规定。这应该也是强化不动产登记公信力的必然结论。[1] 其次，最高法、最高检、公安部相继出台一系列规定，明确诈骗、盗窃、抢劫等方式取得赃款赃物可以善意取得，不予追缴。比如，《最高人民法院关于刑事裁判涉财产部分执行的若干规定》第 11 条第 1 款明确规定第三人以恶意方式取得的案涉财物应予追缴，而第 2 款明确规定对于第三人善意取得的案涉财物则不予追缴。[2] 该规定已然表明最高法认可盗赃物也能适用善意取得制度的司法态度。最后，盗赃物适用善意取得制度是保障交易安全的需要，也符合法律平衡保护各

---

〔1〕 戴永盛："论不动产冒名处分的法律适用"，载《法学》2014 年第 7 期。

〔2〕《最高人民法院关于刑事裁判涉财产部分执行的若干规定》第 11 条第 2 款：第三人善意取得涉案财物的，执行程序中不予追缴。作为原所有人的被害人对该涉案财物主张权利的，人民法院应当告知其通过诉讼程序处理。

方利益的衡平观念。否定盗赃物适用善意取得制度，固然保护了原所有权人的利益，使其能够向受让人主张返还原物从而恢复物的原始归属状态，但却会对受让人所代表的交易安全和交易秩序造成极大的损害。笔者认为对盗赃物能否适用善意取得这一问题应在《中华人民共和国民法典》（以下简称《民法典》）物权编中予以明确，从而实现社会整体正义。

3. 善意取得的构成不以"合同有效"为前提。主张将"转让合同的有效"作为善意取得构成要件是基于对非法交易的抵制，以维护市场交易秩序。对于那种合同内容违法（例如毒品交易）的无权处分，买受人确实不能善意取得，但是对于订立合同的手段违法、内容合法的，比如本案中行为人使用欺诈的手段与买受人达成合同，即使认定合同无效，也应当保护善意买受人的利益，这种情形下买受人适用善意取得同样可以维护市场交易的安全。如果转让合同有效则买受人基于有效的买卖合同当然取得标的物所有权，没有必要适用善意取得，赋予无权处分合同中的善意第三人原始取得标的物所有权的权利，才能保护善意第三人的信赖利益，保证交易安全。

但是买受人在适用善意取得制度取得标的物所有权时，应当附加公平补偿被冒名人的义务，买受人补偿被冒名人之后有权向冒名人追偿。这主要是依据民法中的公平原则，均衡各方当事人的利益，合理分配义务。因此，笔者认为《民法典》应当对冒名处分适用善意取得进行明确规定。首先，对于冒名处分他人财物的行为应当适用善意取得制度。其次，被冒名人的房屋不应毫无补偿地被买受人善意取得，根据公平原则，买受人应当偿付被冒名人部分财产损失，从而摆脱向冒名人追偿的负担和追偿不能的风险。最后，买受人在公平补偿被害人后可以向冒名人主张赔偿。至于公平补偿的比例和范围，笔者认为这属于民法的考虑范围，不予赘述。被冒名人除上述救济途径外，有权要求行政机关为其错误登记承担赔偿责任，行政机关在赔偿后可向冒名人进行追偿。

（四）善意取得无须以"合同有效"为要件

在合同无效、权利人行使取回权的情况下，善意的买受人可以主张善意取得原始所有权，善意取得无须以"合同有效"为要件。

第一，从法经济学的角度来看，无效的合同有必要进行保护，善意第三人非因自己过错但由于合同无效无法行使债权请求权，设置善意取得制度的目的就是为无效合同的善意相对方创设一条维权道路，在财产关系之静的安全与交易的动的安全之间寻求平衡，使交易的动的安全不仅能达到公正目的还能达到提高交易效率的目的。在买受人善意无过失、以合理价格支付且办理了所有权转移登记的情况以及被冒名人没有过失的两种情形之间很难判断出谁的权益更值得保护时，不仅应当注重"蛋糕"的公平分配，还要注意有效地做大"蛋糕"，从而实现制度的优化。善意取得是否以合同有效为前提可以运用法经济学的分析思路来考察，应当努力保证各利害关系人的损失最小化、提高交易效率的同时维护法律的公平和正义。[1] 如果坚持善意取得以"合同有效"为要件，所有权人可以通过报案或诉讼要求善意第三人返还原物，但追回不动产之后其能获得的效用由于付出诉讼费用以及买受人使用的损耗而降低，并且社会公众在交易时为交易安全将会付出更大的努力。而如果坚持善意取得无须以"合同有效"为要件，所有权人的损失可以要求未尽谨慎义务的国家机关以及冒名人承担赔偿责任，买受人不需要在房屋价款之外付出额外的财产，并且也没有过度提高社会公众的注意义务。从社会整体的经济发展来讲，否定说更加有效率，更节约社会资源。

第二，善意取得的适用范围是无权处分导致合同无效的案型。[2]《物权法》对于不动产的善意取得制度规定中最显著的特征是物债二分，即使房屋买卖合同是无效的，但买受人由于物权的公示、公信力办理了房屋过户手续的，仍然认定善意买受人获得不动产权。[3] 对于合同诈骗案件中不动产买受人是否构成善意取得只需要根据《物权法》第 106 条对不动产适用善意取得的规定来判断即可，因此只需要根据买受人的主观状态、交易价格、不动产登记情况予以判断，不需要考虑合同的效力。如果合同有效，买受人仅需要根据债权请求权请求被冒名人承担房屋过户的责任即可，善意取得制度没有适用的必要。

第三，从美国的判例法对于善意取得的规定来看，出卖他人之物的合同通常被法院宣告无效，原所有权人可以提出合同无效的主张，同时可以向买受人行使取回权以恢复其财产。但若买方向法院提起诉讼并证明自己是善意的，则法院将驳回原所有权人的诉讼请求，宣告合同无效，判决善意买受人取得标的物所有权。原所有权人不能追回其财产而遭受的损失应要求卖方赔偿。这与我国的善意取得制度一致。[4]

四、结语

在司法层面，刑法中的普通诈骗罪和合同诈骗罪的认定与民法中的善意取得制度的认定应当保持一个互相尊重的态度，对于冒名处分他人财产的行为在刑法上认定构成诈骗罪（普通诈骗罪或者合同诈骗罪）与盗窃罪的想象竞合，在民

---

〔1〕 费安玲、汪源："论盗赃物善意取得之正当性——以法经济学为分析视角"，载《法学杂志》2018 年第 39 期。

〔2〕 参见梁慧星："《物权法司法解释（一）》解读"，载《法治研究》2017 年第 1 期。

〔3〕 参见杨兴培："龚某盗卖其父房产一案之我见——兼谈不动产可以成为盗窃罪之对象"，载《政治与法律》2012 年第 3 期。

〔4〕 参见梁慧星："关于民法典分则草案的若干问题"，载《法治研究》2019 年第 4 期。

法上认定买受人构成善意取得，这样就可以得出民事判决与刑事判决对被害人与实际损失的承担者一致的结论。至此，诈骗罪与善意取得之间的冲突就解决了。在立法层面，《民法典》应当明确合同诈骗案件可以适用善意取得制度，并且明确被冒名人的追偿权，其可以向善意第三人要求一定的补偿，或者向具有过错的行政机关主张赔偿。

国际法与体育法专题

论中国航天产品贸易法律制度的构建*

◎蔡高强 蔡 鋆**

21 世纪以来，航天技术成为世界各国争相角逐的新兴技术领域，同时也日益被认为是衡量一国科技竞争力的重要标尺。相比于美国、俄罗斯等航天强国，中国的航天事业起步较晚，但在经过几代航天人的辛苦耕耘后，中国的航天技术在各个领域取得了全面的发展。然而长期以来中国航天产品贸易制度的缺失却导致了中国航天产品市场竞争力与自身航天技术实力严重不符的尴尬局面。因此，我们必须认清并承认自身的不足，通过吸收、借鉴美国和欧盟在航天产品贸易法律制度构建方面的成功经验，争取通过早日构建好中国航天产品贸易法律制度来

* 基金项目：本文为国家社科基金项目"基于太空竞争的航天贸易管控及法律规范研究"（16BGJ024）。
** 作者简介：蔡高强，男，法学博士，湘潭大学法学院教授，博士生导师；蔡鋆，女，湘潭大学法学院国际法学研究生。

完善中国航天事业版图。

一、中国构建航天产品贸易法律制度的缘起

世界最早的航空探索活动始自 1944 年，而中国航天探索活动却在此十多年后才真正开始起步。虽然中国在航天探索的道路上，起步稍有落后，但在历代领导人极具前瞻性的战略领导下，一代代航天人奋起直追，坚持独立自主研发。中国现在不仅能够研制、发射各种应用卫星，而且独立自主研发了北斗卫星导航系统，还按计划、分步实施了探月工程计划，并形成了"三步走"的载人航天战略。[1] 脚踏实地的工作作风和刻苦钻研的科研精神成就了中国航天事业的稳健发展。

航天技术领域的国际化交流和合作日益频繁，促使与此密切相关的航天产品贸易开始进入大众的视线。航天产品贸易，作为航天贸易的主要分支，是指以航天产品及其材料和零部件为对象的贸易。它不同于普通的商品贸易，多为出口，对价高，技术保护要求高，甚至与国家安全直接挂钩，因此各国对其调控十分严密，尤其注重通过法律制度来严格规制。

美国和欧盟，作为世界航天事业的先行者，一直以来在空间活动的商业化领域表现得十分出彩。首先是确立了针对航天产品贸易的基本法律体系，其次还为法律体系的运行配备了合理的管控机制，最后还不忘做好国内法与国际条约的衔接工作，形成了一整套独特的既满足国内需要又适应国际形势的体制。这为其他国家，尤其是对航天产品贸易市场巨大却缺乏相应管制保障的国家来说，提供了可鉴性极高的宝贵经验。

在世界航天事业纵深式的发展道路上，航天产品贸易的竞争力越来越成为决定一国航天实力的重要指标。中国作为世界航天大国的重要一员，国内航天产品贸易的学术研究水平却远远跟不上自身航天实力的增长速度。为促进我国航天产品贸易取得更加全面、稳健的发展，如何在充分学习和借鉴先进经验的基础上，构建中国航天产品贸易法律制度便成为当下最炙手可热的问题。

二、中国构建航天产品贸易法律制度的现实困境

国家政策的推动、大量资金的投入和科研能力的提升，是我国航空航天产业蓬勃发展的根本保证。随着航天产品贸易成为世界航天竞争的新热门，我国航天产品国际竞争力低下的现实却给我们敲响了警钟。要想改变我国航天产品竞争力与航天实力不相匹配的这一窘迫现状，确立中国自己的航天产品贸易法律制度至

---

〔1〕 参见庞兴国："我国航天事业的辉煌发展"，载《中国经贸导刊》2016 年第 31 期。

关重要。据此，我们首先需要直面的现实困境就是：①现阶段我国航天基本法和航天产品贸易专门法的缺失；②我国配合法律实施的航天产品贸易具体管控机制的不健全；③一直以来我国在国内法与相关航天产品贸易国际机制衔接上的不当。

（一）基本法和专门法缺失

根据法理学法律位阶的划分标准，我国现行法律的位阶关系基本如下：宪法最高，其他所有法律和规范性法律文件都不得与之抵触；基本法高于普通法；普通法高于行政法规；行政法规高于地方性法规；地方性法规高于规章；上级地方性法规和规章又高于下级地方性法规和规章。[1]

然而到目前为止，我国仍未颁布航天基本法，除此以外，也尚未制定任何规制航天产品贸易的专门性行政法规或规章，即我国在航天活动领域既无航天基本法的原则性指引，也无航天专门法的具体化规范，而只能参考相关的规范性法律文件。虽然在具体实践中，可供我们参考的航天相关政策和法律文件数量可观，但其先天存在位阶低、零散、模糊以及滞后的缺点，完全满足不了中国蒸蒸日上的航天产品贸易市场的实际需求。制定航天基本法和航天产品贸易专门法的提议也绝非一时兴起，早在2012年的全国人大会议上就已经提交过制定航天基本法的议案，这表明航天立法已经获得了社会大众的高度认可和关注。而现存丰富的法律文件以及国外先进的立法实践也都为我们加快推进航天基本法和航天产品贸易专门法的建立提供了有力支持。

综上所述，我国目前针对航天产品贸易，既没有航天领域的基本法律可以参照遵循，也没有专门性的行政法规和其他规范性法律文件作为依据进行规范，而只能参考其他相关规范性法律文件进行管控。也就是说，相关主体在对我国航天产品贸易进行管制时，只能以多变且不稳定的政府政策为主要依据来进行管控，任意性极强。这折射出的是中国航天产品贸易的法律规制存在立法层级低、针对性弱和具体法律适用混乱等问题。建立完备的法律体系是推动我国航天技术创新的重要保障，更是中国航天产品贸易法律制度构建的必经之路。"不以规矩，不能成方圆"，我们必须尽快制定航天基本法和航天产品贸易专门法，否则，长此以往，法律的缺失酿成的恶果就是我国航天产品贸易市场秩序的紊乱和航天产品贸易的畸形发展。

（二）具体管控机制不健全

我国航天产品贸易法律制度的构建除却面临基本法和专门法缺失的困境，同

---

〔1〕参见张强、梅扬："论法律位阶的概念及其划分标准——兼议《立法法》第87—91条的修正"，载《东华大学学报（社会科学版）》2015年第4期。

样不容忽视的是现行管控机制存在许多不合理之处亟待解决的问题，其中最为突出的可以总结为：过时的管控模式、模糊的管理机构、冗杂的操作程序和落后的保密管理。

1. 管控模式过时。航天产品最大的特点是其中绝大多数都属于我们所说的"军民两用物品"——即不仅可用作军事目的，也可作为民用产品对待。因此一旦民用航天产品被恶意以军事目的应用，将对国际安全构成严峻威胁。过去"军民混线"管控模式实行的时代背景已不复存在，若还死守过时的"军民混线"管控模式，将无法实现对军民两用产品的差别化和针对性管理，因而也无法在实践中保证管控的有效和严格落实。[1] 为了避免此前因混合管控而导致的效率低下和管理混乱的现象出现，同时考虑到航天产品贸易市场的逐步扩大，我们必须摒弃过去不合时宜的"军民混线"管控模式，探索开发新的管控模式，实现航天产品的有效管控。

2. 管理机构模糊。由于我国没有成立航天产品贸易的专门管理机构，因此，只能依靠我国对外贸易的主管机关商务部来完成相关的基本管理工作，同时需要海关、发改委和质监局等部门协同实现对其的专门性管理和控制。但正如前文所述，航天产品不同于普通商品，将其置于现有相关机关和机构的笼统管理下，既达不到预期的管理效果，也影响了相关机关和机构执行本职工作的效率和效果。[2] 对于具有军民两用性质的航天产品，理应特殊对待，建立专门的管理机构去统领和协助其他相关机关完成对这种特殊产品贸易的全面管理。

3. 操作程序冗杂。航天产品因其自身的特殊性，在我国需要进行的审批程序相当繁复，各类别产品的审批部门和审批程序大相径庭，尤其是航天产品进出口许可证的发放与管理极其繁琐，拉低了相关部门的工作效率，阻碍了我国航天产品贸易的正常、高效运转。将相关机关的精力折耗在重复、机械的审批工作上，分散了其对真正技术含量高、扩散风险大的航天产品贸易进行严格审批的精力，与"简政放权、放管结合，优化服务"的理念背道而驰。[3] 为了降低航天产品进出口贸易所耗费的时间成本，创造良好的航天产品国内审批环境，我们必须下定决心，精简航天产品贸易过分冗杂的操作程序。

4. 保密管理落后。航天产品贸易市场的开放化和自由化，直接威胁了涉及相关技术的保密管理工作。一方面，我们受航天产品贸易自由化背后的巨大经济

---

〔1〕 参见赵云："外层空间法中的热点问题评议"，载《北京航空航天大学学报（社会科学版）》2010 年第 1 期。

〔2〕 参见董珍祥："关于中国航天法定位与路径研究"，载《科学决策》2017 年第 8 期。

〔3〕 参见蔡高强、高阳："论中国航天产品贸易管控法律制度的完善"，载《北京航空航天大学学报（社会科学版）》2013 年第 3 期。

利益驱使，致力于航天产品贸易市场的深入交流；另一方面，航天产品贸易的开放化，日益加重了相关航天技术保密管理工作的负担。我们既不能落后于世界航天产品贸易发展的步伐，同时又想做好保密管理和维护国家安全的工作，一方面需要拒绝成为绝对保守主义者，将一切自由化的航天产品贸易拒之门外；另一方面也不能做一个完全自由主义者，对一切航天产品贸易市场的扩大敞开胸怀，任其自由发展。[1] 固然我们无法阻挡航天产品贸易的开放化和自由化的脚步，但强化保密管理工作是必须始终被我们铭记于心的。

（三）与国际机制衔接不当

目前有关航天产品贸易的成熟国际机制包括：《导弹技术控制制度》、核供应国集团、澳大利亚集团以及《瓦森纳协定》等。《导弹技术控制制度》，由美国等西方七国建立，是一项集团性的出口控制制度，旨在防止大规模杀伤性武器的扩散；而核供应国集团，是为了阻止核设施在《不扩散核武器条约》之外的国家的任意使用而由众多拥有核供应能力的国家组成的多国出口控制机制；澳大利亚集团，则是一个呼吁全世界消除生化武器的尚无强制力的非正式组织；《瓦森纳协定》是在前述三大体制下成立的，实现成员国间情报和资源共享的自愿性集团出口控制机制。[2]

美国、欧盟作为航天产品贸易的先驱者，不仅依靠自身完善的国内法实现了对航天产品的进出口严密妥当的管控，更是紧跟国际组织的步伐，积极参与、加入到上述相关影响力深远的国际机制中去，身体力行地为全球航天产品贸易法律规制的统一而奋斗。而我国则在上述国际机制的参与上显得十分消极和被动。中国于 2004 年才正式加入核供应国集团，除此以外，再未成为任何其他相关国际机制的成员国。因此中国国内的航天产品贸易的相关规则，大多与国际机制存在严重脱节，导致我国航天产品贸易的全球竞争力大幅降低。在竞争激烈的世界航天产品贸易市场上，中国若想早日稳占一席之地，就需要考虑妥善对待现有的与航天产品贸易相关的国际机制。

三、中国构建航天产品贸易法律制度的应然路径

根据前文分析，中国航天产品贸易法律制度的构建现阶段面临着基本法和专门法缺失、具体管控机制不健全以及与国际机制衔接不当的困境。随着中国航天事业版图向航天商业化的延伸，必须对作为航天商业化中重头戏的航天产品贸易形成全面且完善的法律规制体制，才能找出破除现实困境的应然路径。根据美国

---

〔1〕 参见高阳："论我国航天产品贸易管控法律制度的构建"，湘潭大学 2012 年硕士学位论文。

〔2〕 参见蔡高强、高阳："论中国航天产品贸易管控法律制度的完善"，载《北京航空航天大学学报（社会科学版）》2013 年第 3 期。

和欧盟的成功经验，具体而言，我们有以下三个突破口。

（一）建立完备的法律体系

欣欣向荣的航天产品贸易市场给中国航天产品贸易的有效管控提出了重重难题。中国目前既无实实在在的航天基本法，也无航天产品贸易的专门法，整体航空立法存在数量极少、层级不高的缺陷，与中国航天产品贸易的实际需求相差甚远，往往使我们处于无法可依的被动局面。因此，中国构建航天产品贸易的法律制度，首先应当建立完备的法律体系：

第一，必须尽早出台中国航天基本法。现存可供参考用于规范中国航天产品贸易的其他相关规范性法律文件，完全替代不了航天基本法的作用，无法给中国航天产品贸易中出现的问题提供统筹性的规范和指引。[1] 制定中国航天基本法虽然迫在眉睫，但也应该遵循循序渐进的客观规律：首先，建议按照先制定原则性规定，再对原则性管理规范进行细化的立法模式，即先确立整体的法律制度框架，再根据实际需要一一具化和落实细节；其次，必须注意国内法对于国际条约的遵守与转化，绝不能违背相关国际条约义务，即新法不能随意违背事先已经确立和存在的规范，避免出现立法的矛盾和混乱；再次，中国的航天基本法并不需要完全摒弃现有的空间管理模式，可以以现有管理模式为母体，保留其中合理的部分，剔除其中不合时宜的部分，制定出符合国情且可行性高的法律；最后，我们制定的基本法，不仅仅是满足现行航天产品贸易市场的需求，还要有预见性地作出有前瞻性的规定，为此后极可能出现的新情况、新问题作出指引，即要制定承上启下的基本法，来同时满足中国航天事业发展的现实需要和潜在需求。[2]

第二，针对航天产品贸易的专门立法。我国已经出台的《核出口管制条例》《军品出口管理条例》《核两用品及相关技术出口管制条例》《导弹及相关物项和技术出口管制条例》，以及商务部会同海关总署出台的《两用物项和技术进出口管理办法》和《两用物项和技术进出口许可证管理目录》等法规为此前我国航天产品贸易的正常开展已经做出了重要贡献，但仍然不能代行航天产品贸易专门立法的作用。[3] 航天产品贸易日益成为国际贸易领域的明日之星，我们必须在完成航天基本立法的工作后，尽快将制定航天产品贸易专门法提上日程，保证专门性规定对实践的针对性指引作用。

总而言之，尽早出台航天基本法，随即制定航天产品贸易专门法，来建立完备的法律体系，为我国航天产品贸易的发展提供全面的法律保障。

---

[1] 参见赵海峰、张超："中国航天商业化及法律政策问题研究"，载《国际太空》2017 年第 10 期。
[2] 参见王国语："论中国航天法立法的必要性与可行性"，载《北京理工大学学报（社会科学版）》2012 年第 6 期。
[3] 参见曹天奇："浅谈欧盟两用产品出口管制新改革"，载《现代交际》2018 年第 6 期。

（二）确立合理高效的管控机制

针对前述我国航天产品贸易现行管控机制存在的突出问题，以美国、欧盟的成功经验为鉴，我们可以分别从更新管控模式、明确管理机构、简化操作程序和改进保密管理来实现合理高效管控机制在我国的确立。

1. 更新管控模式。目前我国主要是依据《核两用品及相关技术出口管制条例》和《生物两用品及相关设备和技术出口管制条例》来对军民两用产品进行规制，采用的是"军民混线"的管控模式，这完全无法满足我国航天产品贸易顺利开展所要求的管控力度和精确度。以往"军民混线"只能对航天产品进行笼统的管理，而随着航空航天技术的飞速发展，航天产品品类的日益丰富，陈旧的管控模式到了不得不革新的地步。市场经济为我国军用和民用技术的融合创造了有利条件，大大加快了技术变革和创新的速度，军民两用产品也因其突出的技术优势成了国际贸易市场的"香饽饽"。航天产品贸易的有效管控，离不开两大指标，一是安全，首当其冲且不可忽视；二是顺应国际潮流，要符合客观规律。具体而言，即我国应采取"军民双线"的新型管控模式，分开管理军品和两用物品，从源头上遏制管理混同带来的负面影响。[1] 除此以外，我国还可以效仿欧盟，提出明确的军民两用产品清单，进一步落实和明确两用产品的管控标准。在确保安全的前提下，对军民两用物品贸易实现规范化的管控，促进此后我国航天产品贸易市场的自由化蓬勃发展。

2. 明确管理机构。此前，我国主要依靠商务部来管理航天产品贸易，由其负责对外贸易政策和相关法律法规的起草和拟定，再出台具体的商品进出口管理办法和公布管理目录等工作。除此以外，再由海关、发改委、质监局等部门协同实现对航天产品贸易的管理和控制。总而言之，我国并不存在专门的航天产品贸易管理机构。航天产品贸易如果只接受上述部门统一、粗泛的管理，在其实施过程中出现的特别问题就将被撇在一边，得不到有效的解决，长此以往，隐患四起。因此，我们必须将健全航天产品贸易管理机构提上日程，具体可以分两步走：首先，设立航天产品贸易的专门管理机构，负责完成航天产品贸易的专门性管理[2]；其次，设立航天产品贸易临时管理机构，即根据特别需要设立单独的临时机构来实现对航天产品贸易的特殊管理。这样在正常情况下，航天产品贸易管理均由专门管理机构来完成，特殊时期则可由临时管理机构代行职责，有的放矢，既能从源头避免社会资源的浪费，还能合理分配管理资源，实现我国航天产品贸易管理机构的规范化构建。

---

〔1〕 参见蔡高强、高阳："美国航天产品贸易管控法律制度探析"，载《湘潭大学学报（哲学社会科学版）》2012年第4期。

〔2〕 参见操群、代坤："航天国际合作管理体制立法问题研究"，载《国际太空》2018年第3期。

3. 简化操作程序。我国的行政管理体制和航天产品贸易的特殊性决定了航天产品的审批需要经过多个不同层级的行政管理部门的错综复杂的程序，这就直接导致了审批效率的严重滞后。其中，深受诟病的就是航天产品贸易进出口许可证的发放与管理，存在程序一再重复和过于僵化的问题，是中国航天产品贸易发展进程中不容忽视的绊脚石。因此，简化航天产品贸易的操作程序亟待落实，包括：①减少审批部门，避免多头执法、职责不明、互相推诿的情况出现；②修改相关法规，精简审批程序，促进航天产品贸易更加自由和高效的发展；③避免重复审批，扩大通用许可批复的使用范围和频率，少做无用功，简单便民。[1] 简化操作程序，不仅节省了经营者申请许可的时间，还降低了经营者的成本，最重要的是，提高了行政机关的工作效率和服务水平。

4. 改进保密管理。随着航天产品贸易市场的进一步开放和自由，航天产品贸易的保密管理工作一度严重阻滞。我们既要拒绝一味追求经济利益，盲目遵循航天产品自由化，对技术保密管理的重要性视而不见；又要避免完全抵制航天产品贸易市场的开放化，将对技术的保密管理推向僵化的边缘。我们应该积极面对和适应航天产品贸易市场开放化和自由化的趋势，着手改进航天产品贸易的保密管理。首先，划分保密等级和列明保密范围。严格划分航天产品技术秘密的等级，制定分级的保密规定，列明各级航天产品的保密范围，重视涉及国防安全和具备优势竞争力的项目的保密管理。其次，加强法制宣传和提高保密意识。加强技术保密的普法宣传，提升技术人员和相关主体的保密意识，改变企业对我国航天产品保密需要的错误估计，革除保密观念先天不足对我国航天产品贸易发展的潜在消极影响。最后，强化对企业的监督管理。加强政府对于企业的外部监管力度，将定期检查和不定期抽查制度化，从制度层面上避免出现因为监督管理的失职而导致的企业为利越线的行为。

（三）融入相应的国际机制

对航天产品贸易进行管制，旨在为国家和人民把好安全关，本质上是以国际社会的共同利益为出发点。为此，国际社会齐心协力成立了相对完善的敏感物项进出口管控体系，并已经成为维护世界和平与安全的重要组成部分。世界主要航天先驱，如美国和欧盟，都是在"核供应国集团"和《瓦森纳协议》等国际机制的框架下，成立了有自身特色的航天产品出口管控体制。

反观中国，在发展早期对航天产品贸易国际机制持保留态度，仅仅批准加入到屈指可数的国际机制中，导致中国在航天产品贸易法律制度构建上一开始就落

---

[1] 参见蔡高强、高阳："欧盟航天产品贸易管控法律制度及其借鉴"，载《北京理工大学学报（社会科学版）》2012 年第 2 期。

后于西方航天大国。现阶段，中国要改变以往的落后观念，积极做好航天产品贸易相关国内法与国际机制的衔接工作，融入相应的国际机制，主要包括以下内容：首先，对于我国已经参加并成为其成员国的"核供应国集团"，首要任务是积极履行自身义务，按照"核供应国集团"的要求，完成国内法的转化，实现我国航天产品贸易法律制度与国际机制的接轨；其次，对于其他世界航天产品贸易相关国际机制，我国应当在增加了解与互信的基础上，积极参与和我国基本立场不相违背的国际机制，努力早日在航天产品贸易的管控问题上与国际通行做法实现统一；最后，对于与中国存在分歧的国际机制，也不能和过去一样一味选择回避，应该积极促成分歧的淡化与消除，实现各国互利与共赢的最终目标。

简言之，国际航天产品贸易市场上的优势竞争地位的稳固，要求我国必须融入航天产品贸易的国际机制，深化国际交流与合作，使中国航天产品贸易法律制度的构建跟上国际步伐。

四、结语

世界航天技术繁荣发展的背景给予了中国机遇与挑战并存的全新局面，航天产品贸易作为反映各国综合实力的新指标，理应得到中国政府和航天人的重视和关注。作为航天大国，中国不像美国和欧盟，由于自身一开始的抵触和犹疑心理，错失了和世界航天产品贸易管控机制衔接的最佳时机，同时面临基本法和专门法缺失、具体管控机制不健全以及与国际机制衔接不当的困境，因而暂时出现了航天产品贸易竞争力低下的非理想化状况。[1]

中国现阶段要想稳健完成从航天大国向航天强国的转变，加速推进航天产品贸易法律制度构建的进程、改变航天产品贸易滞后发展的现状是重中之重。我们应该在充分汲取美国、欧盟在航天产品贸易法律制度构建方面的教训并学习其宝贵的成功经验，从建立完备的法律体系，确立合理高效的管控机制和融入相应的国际机制三个维度发力，构建贴合中国当下国情的航天产品贸易法律制度，为中国航天产品贸易和中国航天事业繁荣稳定的发展添砖加瓦。

---

〔1〕 参见刘小红："我国空间活动商业化与规范化的几点思考"，载《中国航天》2001 年第 4 期。

论美国航天服务贸易法律规范[*]

◎唐熳婷　焦园博[**]

目　次

按照美国航天基金会发布的《航天报告 2018》，全球商业航天收入 3073 亿美元，约占全球航天经济总量的 80.1%，[1]比 2014 年的 76%[2]增长了 4 个百分点，商业航天已然成为全球航天经济中的主导力量。在商业航天领域中，航天

---

* 基金项目：国家社科基金项目"基于太空竞争的航天贸易管控及法律规范研究"（16BGJ024）。

** 作者简介：唐熳婷，女，湘潭大学 2016 级法学硕士；焦园博，男，国防科技大学文理学院讲师。

〔1〕刘悦、贾茹、李立凌、王阳："从美国航天基金会《航天报告（2018）》看世界航天发展态势"，载《国际太空》2019 年第 1 期。

〔2〕冯国栋："论中国商业航天的法律体系构建"，载《中国航天》2017 年第 9 期。

服务贸易是商业航天的主要经济来源，其中商业发射服务尤其成为衡量各国航天发展能力的重要指标；除此之外，卫星数据服务也是全球商业航天的重要组成部分，遥感、导航以及通信卫星等的数据是各国生产生活中必不可少的工具；太空旅游是各国商事主体一直致力于投资开发的航天活动，将在不久的未来投入实施并成为商业航天的重要组成部分。

随着商业航天的发展，该领域势必将吸引越来越多的国家参与其中，随之航天服务贸易将在全球航天经济中发挥更显著的作用。与此形成对比的是，由于航天产品受发达国家的四大管控机制监管，[1] 且当前全球贸易保护主义卷土重来，航天服务贸易也将因此面临诸多限制。此类国际机制的话语权实际上由少数掌握先进航天技术的国家所垄断，这些航天大国的航天政策取向将在较大程度上决定全球航天服务贸易市场的发展方向，其中作为航天领域最先进的国家美国更是备受瞩目。在探索与利用外层空间方面，美国一直占据国际领先位置，不仅具备持久的创新能力与航天技术发展能力，其航天立法也紧跟国内航天发展的步伐，为航天发展提供制度保障与支持。其中航天服务贸易相关立法是美国航天政策的重要窗口，深入研究探讨其航天服务贸易立法以及相关政策，对于国际航天服务的合作与发展，以及对我国航天服务贸易领域的发展都具有参考价值。

一、美国航天服务贸易法规沿革

探索与利用外层空间的能力需要不断积累，形成完整产业链更不可能一蹴而就。对于航天类高技术密集型产业而言，只有将技术发展至成熟并确保已至低风险甚至零风险的程度才具备研发下一阶段技术的能力，此时才有将该技术推广并进行贸易的可能性，此种持续性地对技术发展的追求与完善使得相关立法表现得更为灵活。事实上，美国至今仍未就航天类的服务贸易制定专门的法律，而是随着航天技术的发展历程来增补相应的法律规范。

（一）冷战时期的航天民用计划：通信卫星服务的萌发及规范

美苏争霸时期，苏联成功发射第一颗人造卫星后，美国反观本国航天立法的空白，之后便致力于以法律促进本国航天的发展，并且鼓励国际社会建立国际层面上的空间法，[2] 并于1958年颁布《国家航空航天法》。在美国的第一部航天立法中，便提出航天军用与民用并行，并建立了美国国家航空航天局（NASA）负责执行民用计划。1958年《国家航空航天法》的航天民用计划使得美国航天活动取得重大进展，并于1969年实现人类第一次着陆月球。随着航天发展，该

---

〔1〕 四大管控机制：核供应国集团、澳大利亚集团、导弹及其技术控制制度、瓦森纳协定。

〔2〕 Walter A. McDougall, *The Heavens and the Earth: A political History of the Space Age* 6-8, The Johns Hopkins Univ. Press 1997 (1985).

法也经历多次修改，现被纳入《美国法典》第 51 编第 2 分编。

在此时期，美苏双方为了保持彼此间的实力均衡，都不断研发航天产品并提高航天技术，由此通信卫星得以产生。美国在冷战中抓住商业机遇，为当时的"新兴民主国家"提供电信服务，[1] 也在 1962 年顺势推出《商业通信卫星法》，令美国迅速占据国际电信业市场，美国也借此契机参与国际通信卫星组织和卫星通信系统的发展与运行。此后随着商业航天活动的发展，私营主体兴起，但是国际通信卫星组织规定的"成员国不得与组织竞争"与此种私营主体的兴起趋势无法兼容，美国此时进一步修改法律以迎合商业航天的发展趋势。

（二）里根政府主导下的商业航天时代：商业发射与遥感数据服务的兴起及法律体系化

20 世纪 80 年代，里根政府强调私营部门在航天领域的重要性，商业航天就此拉开序幕，1984 年《商业发射法》由此诞生。《商业航天发射法》鼓励、推动、促进私营部门的商业航天发射，并以许可制度实现商业航天产业的发展。[2] 在该法之前，美国所有的有效载荷只能使用航天飞机发射，而在此之后，美国允许在商业基础上使用一次性运载火箭发射。同年，《陆地遥感商业化法》通过，目的是商业化运营由联邦政府 1972 年建立的地球观测卫星系统，意图通过三个阶段最终实现建立脱离政府援助的私人投资体系，但最终未达到彻底商业化的目标，只实现了政府与私营公司以合同实现的私人运营。[3]

1986 年"挑战者号"的失败令里根政府意识到保险与损害赔偿制度在商业航天活动中的重要性，因此于 1988 年颁布《商业发射法》修正案，授权美国政府为商业航天运输服务中的第三方责任赔偿者，进而要求按每次发射的"最大可能损失"为保险标准。在陆地遥感领域，1984 年《陆地遥感商业化法》被《陆地遥感政策法》取代，将地球观测卫星系统交还公共部门运行，意欲使所有用户可以通过支付获得遥感数据。美国商务部国家海洋大气管理局负责批准与管理私营遥感系统，[4] 对于私营公司经营的遥感卫星，该法只要求私人经营者将数据提供给被遥感国，[5] 且私营主体可以引用许可证中列举的原因拒绝提供数据，政府也可以随时叫停私营主体对数据的采集与分发。[6]

---

〔1〕 中国空间法学会主编：《空间法学研究》，中国宇航出版社 2013 年版，第 494 页。

〔2〕 49 U.S.C. § 70101（b）.

〔3〕 中国空间法学会主编：《空间法学研究》，中国宇航出版社 2013 年版，第 500 页。

〔4〕 15 U.S.C. § 5621（Supp. II 2008）.

〔5〕 15 U.S.C. § 5651（Supp. II 2008）.

〔6〕 Fact Sheet Regarding the Memorandum of Understanding Concerning the Licensing of Private Remote Sensing Satellite Systems, 15 C.F.R. § 960 app. 2（2000）.

（三）持续发展时期的美国航天业：航天服务贸易法规的集中编纂

随着美国的商业航天进一步深化发展，航天飞机的高成本威胁着 NASA 的预算，[1] NASA 开始与私营主体签订航天计划合同，并催生了太空旅游的发展。《商业航天发射法》2004 年修正案赋予私人和商务旅客进行亚轨道太空旅游的权利，并许可私营主体提供该服务。该法要求商业亚轨道飞行操纵者作出书面信息披露，以保护游客的知情权，[2] 但是游客被排除在赔偿资格范围外并且不受责任保险保护。

美国航天事业经过长期发展，航天活动日益频繁，美国逐渐致力于航天法律的编纂工作，并于 2010 年将航天法律制度进行系统梳理编纂，如《美国法典》第 51 编涵盖了美国航天发展以来的多数联邦单行立法。因此，1958 年《国家航空航天法》、《商业航天发射法》及其修正案、《陆地遥感政策法》等随之失效。在美国的航天法律规范中，最为重要的是 2010 年颁布的《美国法典》第 51 编"国家航天与商业航天方案"，其中第 501 章整章节围绕商业航天开展，"促进商业航天机会"与"航天运输服务的联邦采购"项规范了商主体可以从事以下航天活动：空间科学数据的提供、商业技术转让项目、商业航天运输服务；同时设立隶属于商务部的空间商业办公室，负责促进商业航天的发展，通过搜集、分析与传播空间市场信息以推动商业航天投资，以及协助商业航天提供者与美国政府交易，并帮助商业航天提供者与政府进行业务分流，避免其与政府在提供空间硬件设置和服务方面发生冲突。该法强调美国鼓励私人企业提供发射及配套服务，只在必要的情况下调整发射与服务，[3] 并通过简化与加快商业发射许可证的发放和转让实现鼓励私营企业的目标。[4] 在私营遥感空间系统的许可规定中，私营主体在运营系统时应保护美国国家安全与履行国际义务，并且任何一国政府都可以以合理条件适用由此系统获取的有关该政府管辖区域的未增强可用数据；私营主体必须向商务部部长提供系统全部的轨道和数据收集特性，而且持证者与外空或外国实体签订协议时应当通知部长。[5] 而在太空旅游方面，并未进行详细规定。

联邦立法与行政法规为航天服务贸易指明发展方向并提供法律保障，除此之

---

〔1〕 United States General Accounting Office, GAO/NAIAD-95-118, Space Shuttle: NASA Must Reduce Cost Further to Operate Within Future Projected Funds (1995), See http://archive.gao.gov/t2pbat1/154853.pdf. Access date: 2019-4-20.

〔2〕 14 C.F.R. § 460.45 (2009).

〔3〕 51 U.S.C. § 50901 (a) (7).

〔4〕 51 U.S.C. § 50901 (b) (2).

〔5〕 51 U.S.C. § 50901 (b).

外，地方政府也通过地方立法积极支持本区域内的航天产业发展。由于立法程序繁琐，而且法律需要经过多方面利益相关者之间的博弈折中才得以颁布与实施。因此，航天服务贸易相关的行政命令凸显出较高的时效性价值，从总统与其所代表的政府所公布的行政命令中更能预知美国航天事业未来几年的发展重点与战略目标。

二、美国航天服务贸易法规中的"本国利益优先"原则

从美国航天服务贸易的法规沿革来看，美国总体上奉行商业化政策，但也适当对商业化予以规制，其背后的总体逻辑依然是"美国利益优先"的价值取向，此种逻辑在更具灵活性的航天政策中可以得到充分展现。在探索与利用外层空间领域，从里根总统时期至今，都签署过相关太空政策以体现其执政期间的太空理念。[1] 航天政策可以紧跟美国航天产业发展的步伐，其相对于法律规范，具有更高的更新频率，不仅反映着当下美国航天产业的进程，更指引着美国航天产业的发展方向，其中不少航天政策也在之后被落实为法律条文。从这个意义上说，美国的航天政策走在立法之先，在一定程度上充当着航天法规的角色，应当被视为其航天法规的事实组成部分。

（一）"本国利益优先"原则下的美国航天战略

"本国利益优先"乃是美国一以贯之的国策，在二战后时期，单极格局下的美国有能力将自身价值塑造为全球价值，此时美国将本国利益与全球利益链捆绑。但是当美国无法从国际交往中获取更多利益时，回归本地乃至一些逆全球化的举措都可能是其选择，布雷顿森林体系的变迁即是最好的例证，[2] 无论是提出或是终结某种制度，其内在驱动力都在于维护美国的利益与领导地位。

随着美国总统的更新迭代，美国的航天政策也不断被替代，在前述较长的时期内，商业化趋势是美国航天业一以贯之的主线，航天贸易服务商业化已然具备较高的成熟度，居于航天霸主地位的美国当然选择秉持开放政策，以使国家从航天服务贸易中获取更多的利益。随着全球经济的提振，航天技术作为各国重点关

---

〔1〕 美国《宪法》第 2 条第 1 款规定行政权属于美利坚合众国总统，并在第 3 款中进一步详细明确总统应向国会提出他认为必要和适当的措施，供国会考虑，并且应监督一切法律的切实执行。虽然美国《宪法》中并未规定总统以发布行政命令的方式行使行政权，但是自 1789 年以来美国总统通过发布行政命令推行其执政理念与政策，并且具有法律效力。

〔2〕 布雷顿森林体系的提出与终结都带有明显的维护美国利益的特性，其体系的提出促进国际贸易、投资的发展，同时也对应于美国彼时的扩张政策，为美国企业占据全球市场奠定基础，大量美国企业在此时期奠定了其在本领域无可撼动的国际地位；随着美元本位制度本身困境的显现，美国终结了布雷顿森林体系，对于美元的信任危机使其不再坚挺，终结布雷顿森林体系也旨在处理经济危机，重整、提振本国经济。

注的高科技领域得到更多关注与发展，如今航天服务市场已经走向百花齐放的局面。面对全球航天服务市场的竞争压力，现美国政府则比以往更直白地强调"本国利益优先"，强调维护美国在航天领域的领导地位。

此种"本国利益优先"的基本方向是在当前特朗普政府发布的航天政策中被明确的。2018 年 3 月，特朗普政府制定了美国历史上首份航天战略《国家航天战略》，该战略围绕"美国利益优先"理念，强调国家安全、商业与民用空间部门之间应相互合作，加强与商业部门合作以确保美国航天公司在空间技术方面保持世界领先地位，在国内进行工业监管改革并保证美国在全球航天服务提供商中的领先地位，在国际上寻求双边与多边合作以维护人类共同利益。

（二）美国利益优先引导下的航天服务贸易法规走向

"本国利益优先"原则集中体现在特朗普政府的三个太空政策指令之中，这三项太空政策指令通过鼓励航天领域的技术发展、私营参与、碎片管理三个方面增进了美国航天服务贸易市场的活力，在国际市场中提升了美国航天业的竞争力。

2017 年 12 月特朗普签署一号太空政策指令，宣布美国将重返月球计划，并最终前往火星，意味着美国政府将集中资源于深空研发，进一步释放商业活力。一号太空政策指令反映出美国航天领域的私营企业经过多年的优胜劣汰，已经具备成熟的航天技术与服务能力，可以成为美国航天事业发展的重要助力，美国借由其相对成熟的航天商业体系来反哺本国最前沿的航天技术开发。一号太空政策指令对尖端航天技术的重视也凸显出美国维持本国在航天领域影响力、维护其航天利益的意图。2018 年 5 月发布的二号太空政策指令明确商业监管改革，设立四大目标：实现现行的行政法规促进经济增长、减少投资者与私营企业的不确定性、保护国家公共安全与外交利益及美国在太空贸易中发挥领导作用，经由上述目标的实现来进一步释放私营企业潜力，激发美国经济发展。[1] 二号太空政策指令则直接提出扩大私营航天企业影响力的具体举措，旨在通过政策性保护来释放私营企业的市场潜力，催化本国市场成熟来提供更好的航天服务，通过政策性保护发育起来的航天企业将以更强的竞争力在全球航天市场中为美国攫取利益。

――――――――――

〔1〕 在商业发射许可方面，负责商业发射许可证颁发的商业航天运输部部长将发布全新的监管系统，为所有类型的商业太空发射和重新进入的申请进行单一许可，并用基于绩效的标准取代之前的要求；除此之外，商务部部长将审查商业遥感法规以与该政策保持一致，也必须在 30 天内实现商务部以"一站式服务"管理商业太空飞行活动；在无线电频谱方面，相关的机构必须提交改善美国空间无线电频谱的政策，政策必须符合国际电信联盟及多边组织的规则，以保持美国无线电频谱的全球竞争力；国家空间委员会被要求审查影响商业太空飞行活动的出口许可条例。See 2018 WL 2356308（White House），The White House, Office of Communications：PRESIDENT DONALD J. TRUMP IS UNVEILING AN AMERICA FIRST NATIONAL SPACE STRATEGY, March 23, 2018.

2018 年 7 月发布的三号太空政策指令，旨在指示美国在全球领导空间交通管理并减轻空间碎片，实质上该政策预示着商业航天的浪潮将来临，全球参与航天活动的私营主体将不断增加，外层空间的交通管理必须纳入管理框架。该政策将确保美国在商业和民用交通量增加时为其提供安全可靠的环境，并重点保护美国太空资产和利益。[1] 空间的快速商业化令美国欲建立一个既保护美国利益又满足私营企业需求的外空管理框架，而外空碎片的管理框架仅是其通过规则建立竞争优势的开端，三号太空政策指令引入环境保障与规范治理，本质上还是为提升美国航天服务贸易的竞争力保驾护航。

从特朗普政府的外空政策不难看出，美国航天服务贸易背后的战略目标是美国利益先行，美国对外合作的前提是必须将美国的可得利益置于第一位。美国在实行贸易保护主义的同时，以"美国利益优先"的航天战略理念引导法规的走向，在航天服务贸易领域意图进一步释放商业活力，通过监管改革以缩减提供服务资格的时间成本，利用私营主体的强大实力占据世界航天产业的领先地位，占据更多市场份额，将美国利益置于世界市场首位，牢牢掌握世界航天服务贸易领域的话语权。不置可否，国家利益是一国对外活动的重要目标，尤其对于美国而言，美国凭借强大的经济实力掌握国际话语权已半个多世纪，其核心诉求即在于维持其在国际社会中的既得利益。问题在于，随着世界多极化发展，欧盟、中国等力量的崛起令一国主导世界格局的局面被打破，其在航天领域所欲维持的霸主地位并非不可撼动。

三、全球视野下的美国航天服务贸易法规审视

1991 年《美国商业航天政策指引》中指出，商业空间领域至少由五个领域构成，即卫星通信、发射与运载器服务、遥感、材料加工及商业基础设施，其中属于航天服务贸易的有卫星通信服务、空间商业运输服务、遥感数据服务及商业基础设施服务，此外还应包括随着航天技术的发展而出现的太空旅游。由这些航天活动构成的航天服务贸易是美国对外开拓商业航天市场，并占据全球航天领导地位的重要载体。美国航天服务贸易法规服务于"本国利益优先"理念，对于国际环境的影响不仅仅是美国追求航天服务贸易市场主导地位的意图的宣示，客观上也在激化航天服务贸易国际市场的竞争环境。

---

〔1〕 在减轻太空碎片方面，该政策阐明美国将采取政策追踪与检测空间碎片，以符合所有国家的共同利益；改进空间态势感知数据标准并实现信息共享；利用美国标准与经实践的最佳方式来制定国际规范，以及简化流程减少抑制商业增长的监管负担，使美国商业部门引领世界。See 2018 WL 3019090（White House），The White House, Office of Communications: PRESIDENT DONALD J. TRUMP IS ACHIEVING A SAFE AND SECURE FUTURE IN SPACE, June 18, 2018.

（一）美国航天服务贸易法规背后的主导权诉求

1991 年《美国商业航天政策指引》的实施纲要指出，美国将致力于建立以市场为导向的国际贸易竞争环境，通过与贸易伙伴合作的方式鼓励市场化，消除直接补贴等不公正做法，以及消除航天市场上政府导致的不公平竞争。美国航天法虽致力于推动建立航天服务贸易的国际市场，但是其中隐含的深层意图不言而喻。在其后续的法律规范中，美国支持私营企业参与航天活动，不断简化私营主体的许可程序，旨在为本国的航天商业主体参与航天国际服务贸易提供便利。实际上美国在各类航天法律规范及政策中不断申明，美国应保持其在空间领域的领先地位，这点在特朗普政府《国家航天战略》的"本国利益优先"原则中已得到彰显。

从产业兴衰的角度来看，美国是善于在新兴产业上提倡开展国际合作与建立相应国际组织的国家，其原因在于美国通常是该产业的先锋者，同时也表现出美国意图掌握该产业在国际层面的主导权，以此推动美国产业引领世界市场。在航天服务贸易领域亦如此，特朗普政府明确表达雄心，针对航天领域美国将确保国际协议将美国利益置顶。美国航天服务贸易的法规及行政命令，在国内是其本国航天服务贸易业的国内法保障，在国际社会中则是各国航天服务贸易发展的模仿对象，对于各国国内航天服务贸易立法具有借鉴意义。美国在提出国际合作以构建航天国际贸易环境时，又强调要将美国的利益置于优先位置，并要保证美国的领导地位，意在利用美国在航天领域的优势，主导国际航天服务贸易市场，并向世界宣示美国意欲成为太空竞争中的首得利益者。问题在于美国所欲追求的主导权已远离以往其作为单极世界格局之核心的背景，其在航天服务贸易方面的主导权诉求已与多极化的世界格局格格不入。不难发现美国航天服务贸易法规体现着"促进国际航天服务贸易"与"垄断航天服务贸易经营"的双重特征，既追求做大蛋糕，也意图独享蛋糕。

（二）美国航天服务贸易争取主导地位的杀手锏：国家安全条款

国家安全是国家安邦定国的重要基石，[1] 国家对外展开航天服务贸易必须以国家安全为最低底线，国家安全亦是 WTO 认可的可以对 WTO 原则进行例外处理的理由，即可以引用国家安全的原因从而不遵循 WTO 基本原则。在《服务贸易总协定》中，基于国家安全事由可引用"安全例外"条款，"安全例外"通常指涉及军事或国家安全方面，一国可以采取其认为对保护国家基本安全利益所必

---

〔1〕 郑淑娜主编：《〈中华人民共和国国家安全法〉导读与释义》，中国民主法制出版社 2016 年版，第 19 页。

需的任何行动，如限制或禁止国际服务贸易的措施。[1]"安全例外"的适用应当是审慎且具备充分依据的。

对于航天服务贸易而言，国家安全是终止航天服务贸易的绝对红线，但对国家安全的解释的不确定性也可能使之成为实施贸易壁垒措施的借口。对于航天服务贸易领域国家安全条款的运用，当前航天服务贸易的提供者与购买者主要由国内法审核资质，但各国的审核标准不一。为了维护国家安全，美国在航天法中规定，私人经营者可以凭借许可证中包含的商业原因和任何国家安全、外交政策或其他原因，拒绝向任何人提供数据。[2]美国航天法虽然是对私营主体参与航天活动最宽容的国家，但也在不断重申国家安全的问题。从其他国家的视角来看，国家安全条款极有可能成为美国在本国利益优先时期滥用航天服务贸易壁垒措施的借口。通过观察美国近些年的贸易政策，美国在推动本国航天服务贸易提供商对外开拓市场的同时，也在不断打压其他国家的航天服务贸易发展。在对外贸易中，频频引用"安全例外"实施打压。例如美国在《联邦行政法规会典》中即单独提出：与中国的主体进行商业航天发射服务合作协议，管理者至少提前 15 天证实协议没有不利于美国，以及协议中的任何非直接技术利益不能提高中国的空间或发射能力。[3]

国家安全条款已然成为美国对外贸易中的博弈手段，而非底线规则。事实上，在美国《国家安全战略报告》的"促进美国繁荣"章节中赫然印着"经济安全即国家安全"的题记。[4]美国在商业领域对国家安全例外的使用态度，对于全球的航天贸易健康发展而言并不友好，其中埋藏着重大的隐患，即美国秉持本国优先的政策恣意限制与其他国家的航天服务贸易以保障美国的太空利益。未来美国借由"国家安全"措施寻求航天服务贸易主导权地位极易成为现实，通过选择性的在航天服务贸易中适用国家安全条款，美国航天服务企业将更易取得优势地位。

---

〔1〕《服务贸易总协定》第 14 条第 2 款：1. 本协定不得解释为：（a）要求任何成员提供其认为公开后会违背其基本安全利益的任何资料；（b）阻止任何成员为保护其基本安全利益而有必要采取的行动：(1)直接或间接地为建立军事设施而提供服务；(2)有关裂变或聚变材料或提炼这些材料的原料；(3)在战时或国际关系中其他紧急情况期间采取的行动；（c）阻止任何成员为履行联合国宪章下的维护国际和平与安全的义务而采取的行动。2. 根据第 1 款（b）、（c）两项规定所采取的措施及其终止，应尽可能充分地通知服务贸易理事会。

〔2〕1992《陆地遥感政策法》，Pub. L. No. 102-555，§501，106 Stat. 4163，4176（编纂及修改于 15 U. S. C. §5651（Supp. Ⅱ 2008）).

〔3〕《联邦行政法规会典》第 42 编第 26 章第 1 副章第 2475a 节：竞争和国际合作。

〔4〕彭岳："中美贸易战中的安全例外问题"，载《武汉大学学报（哲学社会科学版）》2019 年第 1 期。

四、美国航天服务贸易法规竞争策略的中国应对

世界贸易组织在《2018 世界贸易报告》中提出："未来的技术变革预计会促进贸易增长，特别是在服务贸易方面，发展中国家可能会在全球贸易中获得越来越大的份额。"[1] 随着发展中国家对高新技术重视程度的提升，此种份额的增长在航天服务贸易等高端产业中也将有所体现，中国也将不断致力于航天服务贸易产业的探索开发。美国的先例已经告诉我们：成熟的商业航天服务环境与完善的航天服务贸易法规体系息息相关，然而在航天事业不断突破发展之际，我国依然尚未及时跟进制定航天服务贸易的相关法律规范，这将不利于我国应对美国航天服务贸易法规引发的竞争态势。当前对美国航天服务贸易法规进行研究，不仅要学习美国立法中对我国航天服务贸易有借鉴价值的内容，更需要警惕其中与我国国家治理理念、全球治理理念不相符的部分，对内增强我国竞争力，对外实现我国话语理念输出，从而制定与我国航天服务贸易发展现状相协调、与全球航天服务贸易市场持续发展相协调的法律法规。

（一）紧跟航天服务贸易商业化步伐完善国内立法

美国的航天服务贸易市场如今可以健康快速地发展，与美国以相对健全的航天法律规范保障航天商业化的发展密切相关，法律法规以其指引作用为航天服务贸易的商业化发展提供合法有效的方向。从卫星通信开始，美国便以法律保障其发展，鼓励商事主体参与卫星通信服务，并对外开展服务贸易，更进一步发挥大国的作用推动建立国际通信组织，以国际组织的主导者身份从法律层面保证美国国内法与国际法的协同，以此促进本国商业化的卫星通信服务走出国门，确立本国的领先地位。随着遥感数据的发展，美国立法也与时俱进，出台遥感商业化法，并在面对新的问题时不断修正。在航天服务贸易最热门的商业发射领域，美国随着商业发射现状的状态变化不断进行监管改革，以推动商事主体高效获得许可进而抢占国际航天服务贸易市场。虽然太空旅游并未兴起，美国依然许可私营企业参与太空旅游，加强商事主体的投资力度与研发能力，以此推动美国抢占外空旅游资源空间利用上的领先优势。美国在航天服务贸易的诸多细分领域健全法律法规的前瞻性与效率性值得我国重视并借鉴。

随着国家航天技术的发展，我国正不断鼓励私营主体参与航天事业，参与到国际航天商业的浪潮中。经过多年自主发展，我国已具备成熟的商业发射能力，北斗导航卫星已投入运营，同时也拥有卫星数据服务项目。然而我国的航天立法

---

〔1〕 "World Trade Report 2018: The future of world trade"，载 https://www.wto.org/english/res_ e/publications_ e/wtr18_ e.htm，最后访问时间：2018 年 12 月 30 日。

仍停留在部门规章层级，立法现状与我国航天能力实为云泥之别。对此，我们要在规范保障中注重两个方面的投入。

第一，美国作为全世界第一个发展商业航天的国家，随着其空间技术的提高以及面对全球太空竞争日益激烈的环境，美国进一步释放商业活力，放宽私营企业可参与的航天活动范围，简化许可流程并摆脱书面规定要求，以绩效的实际能力作为颁发许可证的标准，这一举措不仅放松了私营主体参与航天的形式性要求，并将从根本上提高美国商业航天活动的成功率，这是参与全球航天服务贸易的关键因素，对此我国要予以重视。为了使我国航天服务贸易获得更多市场份额，我国应为私营主体获得参与航天服务贸易的主体资质提供法律保障。一方面，从事航天服务贸易的主体必须通过资质审查，审查标准可以借鉴美国，不必过分拘泥于书面的形式审查，商业主体的绩效则是更为重要的考察部分，对于航天服务贸易而言，成本与成功率是发展的关键；另一方面，资质审查应该提高效率，贯彻行政法高效原则，实施集中审批或一站式审批，为私营主体开展服务贸易节省时间成本，以高效行政程序服务于资本市场对参与航天服务贸易的需求。

第二，从特朗普政府发布的太空政策中不难看出，美国之所以能占据航天领域的领先地位，不仅在于立法者紧跟航天产业商业化的发展，为其提供法律保障，还在于国家运用行政权根据当下航天产业的商业化发展状况预测未来发展方向，为航天产业商业化发展提供政策指南。美国国内法律法规对商业航天活动的鼓励引导直接建立起美国在航天市场中的领先优势，对此我国也需要予以重视。航天服务贸易市场作为高技术产业，立法及政策对航天服务贸易商业化的引导价值极高，其效率更甚于市场的自然选择。作为后发国家，我国的优势在于可以直接学习美国国内立法中的有效部分来完善我国的商业航天服务立法，而无须走太多弯路。对此，我国需要结合国家航天政策的基本方向与航天技术发展的基本现状确立对商业航天服务贸易活动的引导策略，立法及行政部门需要结合我国的航天技术发展总方向提出航天服务贸易市场的指引纲领，参与航天技术研发的各行政及事业单位基于航天技术发展现状提出航天服务贸易市场中的可行性指引预测。通过强调规范、政策的指引作用快速提升我国航天服务贸易市场的成熟度，为促进国际航天服务贸易市场的良性竞争提供助力。

（二）契合人类命运共同体理念引领国际规则

与美国"本国利益优先"的航天战略相反，"人类命运共同体"是我国宪法明确规定的发展对外关系以及实现整体发展的理念。[1] 随着我国经济实力不断增强，我国航天业已经成为世界航天业中不可忽视的力量，我国应当以合作共赢的精神积极开展对外合作，将世界人民的命运紧密相连，塑造利益、责任与命运三个共同体。[2] 中国在对外开展航天服务贸易时，也必将秉持"人类命运共同体"理念，以实现共同发展、合作共赢为目标，为确立其基本依据，我国需要在航天相关的双多边国际法及各类国际文本中引入"人类命运共同体"理念，并阐释其内涵，这也是我国应对美国航天服务贸易法规的竞争策略，是提升全球航天服务贸易市场公正性的基本策略。

第一，倡导利益共同体理念以推动航天服务贸易的公正性。利益共同体即各国利益并不是独立的孤体，在世界经济高度融合的时代背景下，各国的经济发展相互依存，一国的经济政策变动将导致国际经济波动乃必然之势。尤其航天活动的重要性在国际社会不断得到认可，获取航天服务并将其投入本国生产生活之中与国家利益目标相符，而具备提供航天服务能力的国家为少数，航天服务贸易对于服务提供者与接收者而言都将是实现互利的最有效方式。因此，在航天服务贸易领域，我国应谨防走向美国的"本国利益优先"道路，尽量排斥航天服务贸易中的政治化因素，通过推进相关国际法治来维护贸易的公平性。

第二，倡导责任共同体以促进航天服务贸易的安全性。责任共同体意指对于向全体人类开放的太空，必须对其负责，确保自己的行为不对其造成损害。延伸至航天服务贸易，我国在倡导私营主体参与外空活动的同时，强调应以"责任共同体"约束自我，服务提供者应不断提高业务能力，确保服务的成功率，国家应尽到监管义务；服务购买者则应保证购买的最终目的不致损害世界和平，共同促进航天服务贸易的安全性；在针对第三方时，私营主体造成的损害在国际上由国家承担责任，虽然在航天服务贸易中，双方依合同规定行使权利履行义务，但是若对第三者或太空环境造成损害，必须承担国家责任。[3]

第三，倡导命运共同体以推动航天服务贸易的合作机制构建。当今国际社会的互动交往日益密切，国家利益通过合作得到快速增长，不同国家的利益存在着互补、一致或冲突的形态，但是合作是大势所趋，合作便需要国际机制加以引导与维护。航天服务贸易对于世界各国而言是符合国家利益的活动，进行国际合作

---

〔1〕《中华人民共和国宪法》序言：中国坚持独立自主的对外政策，坚持互相尊重主权和领土完整、互不侵犯、互不干涉内政、平等互利、和平共处的五项原则，坚持和平发展道路，坚持互利共赢开放战略，发展同各国的外交关系和经济、文化交流，推动构建人类命运共同体。

〔2〕肖永平："论迈向人类命运共同体的国际法律共同体建设"，载《武汉大学学报（哲学社会科学版）》2019年第1期。

〔3〕依据《空间物体所造成损害的国际责任公约》的规定，国家对本国的空间物体在地球表面，或给飞行中的飞机造成损害，应负有赔偿的绝对责任。

是命运共同体最好的选择，由此构建国际机制以维护各国的航天服务贸易活动实为实现命运共同体利益最大化的最佳方案。我国作为"人类命运共同体"的提出者与倡议者，应积极发挥大国的作用，主动对外交流与开展合作，致力于构建航天服务贸易国际合作机制。

美国职业体育领域知识产权的法律保护及启示[*]

◎周青山^{**}

职业体育以追求经济利益为目标，在职业体育中，相关的知识产权是获取经济利益非常重要的途径，特别是现代社会对于知识产权保护越来越严格，保护知识产权就是保护利益。因此，职业体育目前都非常重视对于自身知识产权的保护。对于职业体育而言，所涉及的主要知识产权法律问题包括商标的法律保护、运动员形象权的法律保护、赛事转播权的法律保护等。美国是世界上知识产权保护比较严格的国家，也是职业体育非常发达的国家，其对职业体育领域知识产权的保护对我们开展体育知识产权的保护具有一定的启示。

一、美国职业体育领域商标的法律保护

美国的职业体育联盟及俱乐部都非常注意通过注册商标保护自己的合法权

* 基金项目：湖南省教育厅资助科研项目"美国职业体育法律问题研究"（17A214）。

** 作者简介：周青山，湘潭大学法学院教授，博士生导师，法学博士。

益，它们所注册的商标主要包括俱乐部名称、别号、俱乐部开发的独特体育产品名称等，这些商标一经合法注册后，俱乐部作为权利人即可以合法使用商标，包括许可他人使用商标，而对于违法使用俱乐部注册商标的，则可以获得赔偿。知名运动员的姓名、绰号等也具有非常高的商业价值，因此，有的运动员为保护自己的商业利益，会单独进行注册。也有运动员协会集体为运动员进行注册的。

美国的商标立法主要是《兰哈姆法》，该法于 1946 年通过，对商标的取得、使用等作了较为详细的规定。美国职业体育主要利用该法保护其商标利益。尽管有法律的保护，但在利益的驱使下，违法使用商标的情形仍然经常出现，主要包括故意或者错用职业体育注册商标、搭便车的隐性营销行为等，在市场有限的情形下，这些侵权行为不仅直接损害了商标所有者的经济利益，而且可能会影响商标所有者的声誉，比如粗制滥造的体育用品贴上知名俱乐部的商标，则可能会直接影响该俱乐部的声誉。

对这些侵权行为，一般可以通过三种途径获得救济：一是双方协商解决，由侵权人和被侵权人基于友好的态度，合法、自愿、公平地达成解决方案；二是请求行政机关进行查处；三是通过诉讼的方式。从实践来看，美国职业体育中的很多违法使用商标行为是通过诉讼来解决的，特别是对于故意的侵权行为，一般可以通过诉讼的方式获得赔偿，对于此类诉讼，法官易于判断，美国法院一般注重维护职业体育商标权，保障其合法权利。

职业体育领域所出现的隐性营销行为（ambush marketing）是一种非常特殊的情况，其并没有直接使用职业体育联盟或俱乐部所拥有的标志，而是通过带有混淆性的做法，使得受众误以为其也是相关赛事的赞助商，从而提升自身的品牌价值。这样一种搭便车行为严重地损害了其他赞助商的利益，也不利于职业体育组织者开拓赞助市场，因此，对于隐性营销行为，职业体育组织者希望能够尽量保护赞助商的利益，杜绝此类搭便车行为。但是，美国在联邦和州层面，目前尚没有专门的立法对职业体育中的隐性营销行为予以规制，只是在 1998 年的《奥林匹克和业余体育法》中，将奥林匹克标志使用中的隐性营销行为纳入进去，并规定了认定和制裁的方法。但显然，该法并不能适用于职业体育。《兰哈姆法》对于打击隐性营销行为也是力不从心，在这一立法空白地带，更多只能通过司法裁判来确定相应的规则。但有趣的是，在美国，相关的案例并不多，有人分析了其中原因，认为隐性营销行为的受害者不愿意提起诉讼，一是因为隐性营销者并没有直接使用所有权人的商标，按照美国的《兰哈姆法》，要证明构成商标侵权行为存在极大障碍；二是隐性营销行为存续的时间往往比较短暂，使得通过诉讼方式来阻止无论从时间还是效益来看都是不划算的；三是诉讼可能会增加隐性营销实施者的曝光度，这可能恰恰是其想要达到的效果。因此，相关案例较少也是正常现象。

在美国，一个典型的隐性营销案例是"美国冰球大联盟（National Hockey League，以下简称 NHL）诉加拿大百事可乐有限公司案"，[1] 百事可乐与可口可乐公司是竞争对手，但在竞争中百事没有赢得 NHL 的官方赞助权，于是转而采取了隐性营销措施，其发现加拿大广播公司取得了转播 NHL 比赛的权利，于是与其签约，获得了在其转播 NHL 冰球比赛节目时独家播放饮料类广告的权利，NHL 认为，百事的此种行为构成了隐性营销行为，是不正当的，遂起诉到法院。法官在处理该案时就表示，虽然百事可乐的行为确实构成埋伏营销，但在此案中没有法律可以保护可口可乐公司的利益。根据美国法律，只在涉及奥运会标志的隐性营销案件中，有特殊保护的法律根据，因此，法律能够提供的救济措施很有限。[2]

而在另一起案件中，达拉斯小牛队的特许权所有人杰瑞·琼斯（Jerry Jones）与美国国家橄榄球联盟（National Football League，以下简称 NFL）的非赞助商百事、七喜、耐克签订了赞助合同，而这些品牌与 NFL 的官方赞助商比如可口可乐、锐步等存在竞争关系。NFL 在 1963 年起，就将各俱乐部的电视转播、许可、赞助等权益收归联盟统一经营，并由其分配收益，因此，NFL 认为达拉斯小牛队的行为违反了其先前的承诺，构成了隐性营销。杰瑞·琼斯则坚持认为，他所签订的赞助合同仅限于其所在体育场，不属于 NFL 的集中许可范围之内，他也只是想最大化其利益而已。该案最终在庭外和解了，虽然从案情来看，本案的主要问题并不是隐性营销问题，而是许可权的归属问题，但其中涉及隐性营销的问题，因为达拉斯小牛队的许可行为如果有效，不可避免会给公众造成混淆，无法区分谁是赞助商。

美国的隐性营销行为没有得到有效打击的另一原因与美国宪法第一修正案密切相关。美国宪法第一修正案所确定的言论自由和商业自由原则，对隐性营销行为的规制形成了障碍，在这两者之间如何达成一个平衡，也就是说，如何做到既尽量消除隐性营销行为，同时又保护美国宪法所确定的言论自由和商业自由原则，这是一件极为困难的事情。美国可以对言论自由进行限制，但要求非常严格，一般只有在公共利益受到损害，而对言论自由的限制能够保护公共利益时才可以，并且只能在一定范围内限制，不能超过必要的度。但在隐性营销的规制方面，其所保护的利益并不能归类于公共利益，而是职业体育联盟或者是赞助商的私人利益，因此难以以公共利益为由作为限制隐性营销行为的正当性理由，那

---

〔1〕 NHL v. Pepsi-Cola Canada Ltd, 42 C. P. R. （3d）390, 1992 C. P. R. Lexis 1773（British Columbia Supreme Court）.

〔2〕 宋彬龄、童丹："反埋伏营销特别立法的类型化研究"，载《体育科学》2016 年第 3 期。

么，如何对限制隐性营销行为进行正当化说明，目前在美国缺乏直接立法的情形下，是一个非常值得探讨的问题。这在某种意义上也是当事人较少提起相关诉讼的重要原因。

二、美国职业体育领域运动员形象权的法律保护

在美国，形象权概念的提出与运动员有密切关系。1953 年，美国第二巡回上诉法院法官弗兰克（Jerome Frank）在涉及多位棒球运动员肖像使用的"海兰案"中，创设了独立于隐私权之外的形象权。[1] 1977 年在联邦最高法院的推动下，美国法学会在《反不正当竞争法（第三次重述）》第 46 条对形象权进行了规定：一个人对其形象的商业价值享有形象权。未经他人同意，出于商业目的使用他人的姓名、肖像或其他人格标识即构成侵犯形象权，判其承担责任的形式包括下达禁令和金钱赔偿。[2] 美国已经有半数以上的州在法律上认可了形象权的存在。[3] 运动员对其身份进行商业化开发的权利称为运动员形象权（right of publicity），这是运动员基于其知名度而可以对自己的某些特定的身份要素进行商业开发，比如姓名、肖像，甚至包括其特殊的能够作为其身份象征的声音、语言等，对于这一权益，美国的法律都给予充分的保护，这有助于激励运动员提高运动水平，提升自己的公众影响力，维护自己的公众形象。但因为运动员形象权的巨大价值，其被侵权的情况也经常发生，一般认为，如果运动员的肖像、姓名等未经许可被使用，并且对方获得了商业上的利益，则运动员可以请求赔偿。

在美国，对于运动员形象权的保护也受到限制，宪法第一修正案所确立的言论自由和新闻自由，允许在合理的情形下使用相关人员的姓名、肖像等，那么，如何判断到底是合理使用还是非法使用侵犯运动员的形象权，美国在司法实践中创设了相关联使用检测法、转变性使用检测法和主要目的检测法等方法，以在形象权保护与言论和新闻自由之间寻求平衡点。[4] 形象权的承认和法律保护给职业运动员提升自己的收益吃了一颗定心丸，也拓展了职业体育的收入空间，有利于推动职业体育的发展。

三、美国职业体育领域赛事转播权的法律保护

在现阶段，出售赛事转播权是美国职业体育获得收入的最为重要的途径。有

---

〔1〕 Haelan Laboratories, Inc. v. Topps Chewing Gum, Inc. 202 F. 2d 866（2d Cir. 1953）.

〔2〕 张博："美国的形象权保护"，载《人民法院报》2012 年 3 月 2 日。

〔3〕 朱广新："形象权在美国的发展状况及对我国立法的启示"，载《暨南学报（社会科学版）》2012 年第 3 期。

〔4〕 陈锋："论美国法下对运动员形象权的保护"，载《北京体育大学学报》2007 年第 5 期。

新闻报道，2016 年开始生效的新一期的电视转播协议，是一份 9 年总价 240 亿美元的天价合同，让美国职业篮球联盟（National Basketball Association，以下简称 NBA）每年收入 26.6 亿美元，其中的 15 亿来自 ESPN。[1] 而在 2008 年—2016 年的转播合同中，平均每年的转播费为 9.3 亿美元。[2] 美国职业体育赛事转播权之所以能够卖出如此高的价格，当然最根本的原因是其赛事的高水准，极具观赏性，但是另一方面，美国在赛事转播方面较为完善的法律制度和司法保护措施也是职业体育的赛事转播能够获得成功的重要保障。

美国职业体育赛事转播的法律保护主要体现在两个部门法，一个是版权法，另一个是反垄断法。版权法主要是对赛事转播所形成的作品的权利确认，而反垄断法则保障了美国职业体育赛事转播权的出售方式符合权利拥有者的利益。

（一）赛事转播的版权法保护

首先，我们需要区分赛事转播权以及通过转播体育赛事所形成的作品。赛事转播权是一项通俗的说法，它指的是体育赛事主办者可以许可他人通过一定的媒介，比如电视、广播、网络等对体育赛事进行转播的权利，在绝大多数国家，目前还并没有将赛事转播权特定化为一类法定的权利，更多是通过转播合同的方式来确定赛事转播权拥有者的权利存在，相对于有学者认为赛事转播权为知识产权，或者是契约权利，或者是类物权，[3] 姚鹤徽提出，体育赛事转播的权利由于尚未得到立法认可，在本质上应是一种尚未上升为权利的利益形态。[4] 较为贴切的描述了赛事转播权在现行法律框架下的性质和定位。在美国，对于赛事转播权的法律性质，一般认为，属于财产权的一种，[5] 应该以物权的保护方式对其进行保护。

对于赛事转播权到底该通过什么样的形式予以保护，目前存在着不同的观点和做法，有的直接通过立法来进行保护，比如美国、英国等国都在法律里明确规定了赛事转播权，确认了可以直接通过法律获得保护，有的则并没有直接规定赛事转播权，在这种情况下，赛事转播权只能通过合同或者体育组织的内部章程规则来进行保护。比如在我国，现行法律框架下，没有涉及对体育赛事转播的定性及规制的立法。[6]

对于通过获得赛事转播权后以各种制作方式所形成的作品的性质认定，目前

〔1〕 楼栋编译："小心别戳破了美国体育赛事转播费这个天价泡沫"，载《钱江晚报》2016 年 12 月 6 日。

〔2〕 姜熙、谭小勇、向会英：《职业体育反垄断理论研究》，法律出版社 2015 年版，第 106 页。

〔3〕 马法超："体育赛事转播权法律性质研究"，载《体育科学》2008 年第 1 期。

〔4〕 姚鹤徽："论体育赛事类节目法律保护制度的缺陷与完善"，载《体育科学》2015 年第 5 期。

〔5〕 裴洋：《反垄断法视野下的体育产业》，武汉大学出版社 2009 年版，第 192 页。

〔6〕 林子英："体育赛事网络转播画面的知识产权保护"，载《中国知识产权报》2015 年 7 月 24 日。

也存在着不同的观点，有的认为属于录像制品，有的认为属于以类似摄制电影方式创作的作品，[1] 有人认为就是著作权法所保护的作品，应该受到完整的保护。

那么，在美国，对于体育赛事节目的性质是如何认定的呢？美国众议院在 1976 年 10 月 19 日公布的针对 1976 年版权法修改报告中明确指出："如果一场足球赛由四台电视摄影机拍摄，有一位导演指导四位摄影师的工作，并选择将摄影机拍摄的哪些电子图像、以怎样的顺序呈现在观众面前时，毫无疑问这些摄影师和导演所从事的工作构成'作者创作'。"[2]

在美国 1976 年的《版权法》中，其对版权的保护已经拓展到体育转播所形成的作品，该法规定"一个由声音、图像，或由两者组成，并被传播的作品，如果它的固定与它的传播同时进行，那么它是'固定的'（用于《版权法》的目的）"。[3] 因此，只要转播的体育赛事节目经过了"固定"（就是记录到录像带、电影，或其他媒体格式），体育赛事转播就能受《版权法》的合法保护。[4] 一旦体育转播以这种方式"固定"，它就会进入《版权法》保护的"电影和其他视听作品"的主题范畴。[5] 可见，美国对于体育赛事转播所制作形成的节目给予非常严格的保护，并明确了其作品属性，可以享有著作权。

在美国法院所判决的诸多判例中，也对体育赛事节目的版权法保护作了确认，在 NFL v. McBee & Bruno's, Inc. 一案中，[6] 法院认定布鲁诺公司未经允许使用卫星天线接收体育转播信号并公开播出，违反了《版权法》的规定。而在互联网技术发达的今天，在美国，通过互联网的方式侵犯受著作权保护的体育赛事转播节目也是违法的。在 NFL v. TV Radio Now 一案中，[7] 被告通过技术手段从美国部分电视台盗取了体育赛事转播节目和其他受著作权保护的节目的信号，并把这些节目上传到一个位于加拿大的网站上，供用户进行观看。法院裁定，"被告通过互联网向公众传播（采用'流媒体'（streaming）这一数据传送技术）原告的赛事，非法地公开传播原告在美国享有著作权保护的作品，侵犯了

---

[1] 姚鹤徽："论体育赛事类节目法律保护制度的缺陷与完善"，载《体育科学》2015 年第 5 期。

[2] 宋海燕：《中国版权新问题》，商务印书馆 2011 年版，第 115 页。

[3] 17 U. S. C. §101.

[4] ［美］凯瑟琳·安·鲁安、布瑞恩 T. 叶："美国职业体育体育转播的法律规制"，周青山、刘丹江译，载《湘江法律评论》（第 14 卷），湘潭大学出版社 2016 年版，第 41 页。

[5] 17 U. S. C. §102 (a) (6).

[6] 792 F. 2d 726 (8th Cir. 1986).

[7] 53 U. S. P. Q. 2d 1831 (W. D. Pa. 2000). 同时参见 Live Nation Motor Sports, Inc. v. Davis, 2006 WL 3616983 (N. D. Tex. 2006)（通过被告的网站未经授权的链接就能进入摩托车赛组织者的直播网站，构成了著作权侵权）。一般性论述，参见 Michael J. Mellis, "Internet Piracy of Live Sports Telecasts", 18 Marq. *Sports L. Rev.* 259 (2008).

原告向公众传播其作品的独家权利，以及原告独家授权其他人转播的权利"。[1]

（二）赛事转播权出售的反垄断豁免

在职业体育组织通过法律获得赛事转播权利的基础上，它们需要通过出售赛事转播权将其变现为实实在在的收入，而售卖的方式则会直接影响其价格，特别对于职业体育联盟而言，如果由单个俱乐部独自出售其所拥有的赛事转播权，那么各俱乐部之间的竞争将会严重影响其价格。为此，联盟发展出了集中出售这一方式，赛事转播权由联盟集中出售，然后将收入分配给各俱乐部。事实表明，此种出售方式不仅大大提升了转播权的价格，而且有利于各俱乐部之间转播权收入的均衡，这在转播权收入占俱乐部收入重要部分的今天，对于各俱乐部之间战力的均衡具有十分重要的意义。而我们知道，俱乐部之间的实力均衡对于一个职业联盟至关重要，一场结果没有任何悬念的比赛是无法吸引观众的，这也是职业体育相对于其他领域一个非常重要的特性。但是，此种出售方式从形式来看显然属于垄断，是一种典型的横向联合以控制价格的行为，根据美国《谢尔曼法》第 1条的规定，任何协议，托拉斯或其他形式的联合、共谋，如果限制了州际的贸易活动或者与国外进行的贸易往来，均为非法行为。显然，这是反垄断法所不能容忍的，最初的集中出售法院也给出了否定的评价，在 1953 年的 United States v. NFL 案[2]和 1961 年的 United States v. NFL 案[3]中，美国法院将 NFL 集中出售转播权的行为认定为违反了《谢尔曼法》第 1 条，构成垄断。

在这样的背景下，经过职业联盟的游说，特别是有职业棒球的司法反垄断豁免的范例，[4] 以及对职业体育发展本质性规律的认识，美国国会在 1961 年通过了《体育赛事转播法》（Sports Broadcasting Act），《体育赛事转播法》规定了 5项关于赛事转播协议反垄断审查豁免的内容，随后这 5 项内容被编入到法典之中，成为法典的第 1291—1295 条。[5] 该法对反垄断法在体育赛事转播合同中的适用做了规定，在《谢尔曼法》所构建的反垄断法适用框架中撕开了一个口子，对特定的体育转播合同，主要是职业体育联盟的赛事转播合同，给予反垄断豁免。该法对职业体育赛事转播权出售的豁免条款主要是第 1291 条，该条规定：反托拉斯法对于协议的豁免覆盖了体育比赛的电视转播和结合性的职业橄榄球联

〔1〕 Matthew J. Mitten, *Sports Law in the United States*, Wolters Kluwer, Law & Business, 2014, p. 214.

〔2〕 United States v. NFL, 116 F. Supp. 319 (E. D. Pa. 1953).

〔3〕 United States v. NFL, 196 F. Supp. 445 (E. D. Pa. 1961).

〔4〕 姜熙、谭小勇："美国职业棒球反垄断豁免制度的历史演进——基于案例分析"，载《天津体育学院学报》2010 年第 2 期。

〔5〕 朱雪忠、杨曦："美国体育赛事转播反垄断审查豁免规则及其对中国的启示"，载《科技与法律》2016 年第 2 期。

盟。反托拉斯法……将不再适于任何参与到职业橄榄球、棒球、篮球和曲棍球联盟从事或经营有组织的职业橄榄球、棒球、篮球和曲棍球团队运动的人之间关于出售或转让全部或一部分成员俱乐部的职业橄榄球、棒球、篮球和曲棍球比赛的赞助电视转播权的联合协议。此外，这个法案将不适用于橄榄球联盟两个或两个以上成员俱乐部之间的联合协议。[1]

这对于职业体育联盟而言，无异于拿到了尚方宝剑，在《体育赛事转播法》的支持下，美国四大职业联盟的电视转播出售价格屡创新高，为美国职业体育的发展提供了充足的资金，体现了立法对职业体育发展的支持。但是，根据法院事后的判例，我们看到，该法对于职业体育出售赛事转播权虽然给予了较大权限的豁免，但是这种豁免不是没有边界，在司法实践中，对于该法的豁免范围确定了如下边界：其一，适用的职业体育范围仅限于美国四大职业体育联盟，而不包括其他的职业体育转播合同。其二，豁免的范围仅限于免费电视，也就是说仅指免费向用户提供信号的电视台，而不包括向用户收费的有线电视，更不包括互联网兴起后所出现的网络转播。[2] 其三，《体育赛事转播法》豁免的是职业联盟的横向集中售卖转播权的行为，而对于在转播权出售中所可能出现的纵向限制协议，并不属于该法所涵盖的豁免范围，仍然受到《谢尔曼法》的调整。[3] 其四，通过司法判例所形成的棒球反垄断豁免并不包括体育转播合同，也就是说，棒球转播合同的反垄断豁免仍然适用《体育赛事转播法》的相关规定，这事实上大大缩小了职业棒球在体育转播方面所享有的反垄断豁免范围。

四、中国职业体育领域知识产权保护法律制度的完善

中国越来越重视知识产权包括体育知识产权的法律保护，在体育知识产权保护方面取得了较大的成绩。特别是2008年北京奥运会的召开，我国的奥林匹克标志保护法律制度得到进一步完善。[4] 但客观来看，鉴于体育知识产权的特殊性，以及其所包含的内容广泛性，不仅仅是奥林匹克标志或者奥林匹克知识产权，对体育知识产权的法律保护在我国目前仍然有很大的空间，而近年来一系列职业体育领域所出现的知识产权侵权行为，比如北京新浪互联网信息服务有限公司诉被告北京天盈九州网络技术有限公司著作权侵权及不正当竞争纠纷案、迈克

〔1〕 姜熙、谭小勇、向会英：《职业体育反垄断理论研究》，法律出版社2015年版，第111页。

〔2〕 Shaw v. Dallas Cowboys Football Club Ltd., 172 F. 3d 299 (3d Cir. 1999).

〔3〕 Kingray, Inc. v. NBA, 188F. Supp. 2d1777 (S. D. Cal. 2002).

〔4〕 我国《奥林匹克标志保护条例》于2002年1月30日国务院第54次常务会议通过，自2002年4月1日起施行。随着我国获得2022年冬奥会的主办权，2018年国务院发布了新修改的《奥林匹克标志保护条例》。

尔·杰弗里·乔丹与被申请人国家工商行政管理总局商标评审委员会、一审第三人乔丹体育股份有限公司商标争议行政纠纷系列案等，更突显出我国加强这一领域知识产权法律保护的紧迫性。考虑到职业体育所涉及的知识产权问题多样，结合前述美国的职业体育知识产权法律保护，下面主要就其中的隐性营销行为的法律规制、运动员形象权的法律保护以及职业体育赛事转播的法律保护进行探讨。

（一）隐性营销行为的规范

在我国，对体育领域隐性营销行为的认识，与 2008 年奥运会在我国召开具有非常重要的关系，在此以前，对隐性营销行为并没有较为清晰的认识，我国获得 2008 年奥运会主办权后，认识到奥运会筹办和召开期间可能会出现隐性营销行为，损害赞助商的利益。为此，北京奥组委采取了系列措施打击隐性营销行为，主要是通过行政措施，联合工商、版权等行政部门进行打击。[1] 其法律依据主要包括《奥林匹克标志保护条例》第 5 条的规定：本条例所称为商业目的的使用，是指以营利为目的，以下列方式利用奥林匹克标志：……⑥可能使人认为行为人与奥林匹克标志权利人之间有赞助或者其他支持关系而使用奥林匹克标志的其他行为。[2] 当然在一些情况下也可以通过反不正当竞争法和消费者权益保护法来处理。但对于职业体育而言，我国目前尚没有哪一部法律法规对隐性营销行为进行界定，这给职业体育打击隐性营销行为造成了一定的法律困境。我们建议，为了从法律上对职业体育中可能存在的隐性营销行为进行打击，一是应该在《特殊标志管理条例》中对隐性营销行为进行界定，在对《奥林匹克标志保护条例》进行修改的基础上，将隐性营销行为上升为更为普遍适用的法律概念，加强对赛事标志的法律保护力度。二是对隐性营销行为进行合理的限制。虽然对赞助商的利益进行法律保护具有天然的正当性，但如果肆意的限制非赞助商的营销行为，则不仅有损市场活力，甚至可能损害非赞助商的合法合理利益及其诉求。因此，需要在法律，至少在行政执法裁量标准上适当照顾非赞助商的生存空间，避免将非赞助商的合法营销行为界定为隐性营销行为。

---

〔1〕 张海志："奥组委黄牌警告'隐性奥运营销'"，载《中国知识产权报》2006 年 11 月 8 日。

〔2〕 根据国家体育总局 2017 年 5 月份发布的《奥林匹克标志保护条例（征求意见稿）》，新的修改稿对第 5 条进行了修改，新增了第 2 款：本条例所称为潜在商业目的的使用，是借助祝贺、加油、庆功、倒计时、公布比赛成绩、获奖榜单、冠名宣传及其他类似名义，可能使人误认为行为人与奥林匹克标志权利人之间有赞助或者其他支持关系的行为。其中所称的潜在商业目的的使用就是隐性营销行为，该款对隐性营销行为进行了明确界定。但在最终通过的《奥林匹克标志保护条例》中，该款被删掉，而是在第 6 条中采取了较为概括性的表述，该条规定：除本条例第 5 条规定外，利用与奥林匹克运动有关的元素开展活动，足以引人误认为与奥林匹克标志权利人之间有赞助或者其他支持关系，构成不正当竞争行为的，依照《中华人民共和国反不正当竞争法》处理。

（二）运动员形象权法律保护的完善

在我国，对于形象权的法律保护，已经有较多的学理探讨，[1] 一般认为，可以通过民法、商标法、反不正当竞争法等对运动员的形象权进行保护。应该说，形象权的本质是对知名运动员的姓名、肖像、声音所可能产生的商业价值进行保护，《中华人民共和国民法总则》（以下简称《民法总则》）第 110 条明确了自然人享有姓名权、肖像权等权利，并受到法律的保护，但一般认为，这属于通常的人格权保护的内容，也就是说，在《民法总则》中并没有对形象权作出确认。

形象权更多被认为属于财产权，是运动员可以通过许可他人使用自己的姓名、肖像等获取利益的权利。这就给运动员通过法律维护自己的合法权益形成了障碍，虽然在个别案件中，比如"王军霞诉昆烟集团名誉权肖像权侵权案"中运动员获得了较高的经济赔偿，但是对于很多运动员，在被侵权时，是否能够获得相应的经济赔偿，值得怀疑，因为经济赔偿额度的确认一是要看该运动员的知名度，二是要看侵权行为者的营利情况，特别在一般的人格权侵权中，我国的司法实践应该来说对经济赔偿持谨慎的态度。而对于运动员而言，在目前的代言市场上，运动员特别是知名度较高的运动员的商业价值是非常大的，通过对人格权的法律保护可能难以体现出这一商业价值。因此，对于运动员形象权的法律确认的主要作用在于其姓名、肖像权等受到损害时，在计算损害赔偿时应该要考虑到其市场价值。但在《民法总则》没有规定该权利的情形下，我们认为，司法机构可以通过司法解释、指导性案例等方式，明确法院在处理有关案件时，计算损害赔偿时应该要考虑到该运动员姓名、形象等的市场价值。

（三）职业体育赛事转播法律保护制度的完善

随着我国职业体育的发展，赛事版权的交易金额呈直线上升的趋势。比如2015 年，中超联赛有限责任公司与体奥动力（北京）体育传播有限公司达成协议，后者以 80 亿人民币的价格获得 2016 年—2020 年中超联赛电视公共信号制作及版权，这一价格大大超过了人们的预期。如此高的版权价格，也对赛事转播的法律保护提出了新的要求，但客观来看，我国法律对于赛事转播的立法保护存在着空白，包括对于赛事转播权如何从法律上进行认定，以及对于通过赛事转播所

---

〔1〕 对形象权和运动员形象权的研究，主要有马法超、于善旭："运动员形象权及其法律保护"，载《北京体育大学学报》2008 年第 1 期；刘泽玉、杜以同："运动员形象权研究"，载《山东体育学院学报》2015 年第 1 期。

形成的节目如何进行保护，我国法律上目前并没有对其进行直接定性。[1] 这些问题的存在给我国现阶段保护职业体育所有者的转播权益带来诸多问题。

第一，对于体育赛事转播权利的法律定性问题。在我国，目前并没有法律法规规定赛事转播这一权利，很多人认为赛事转播权并不是一个法律概念，而是一个市场概念，是为了保护赛事投资者、组织者的权益而赋予的一个权利。在现代职业体育中，精彩的体育赛事需要大量的资本投入，这必然会期待有更好的产出，否则将会极大地影响投资者的积极性，赛事转播权就是赋予他们垄断性地控制赛事转播的权利。所以，无论是用赛场准入说还是企业权利说等来解读赛事转播权，[2] 其目的都是为了维护职业体育赛事组织者的权益。对于赛事组织者这一权利，部分体育组织章程做了规定，比如《国际足联章程》（2012 版）第 78 条规定，国际足联、其会员协会以及各洲际足联为由其管辖的各项比赛和赛事的所有权利的原始所有者，且不受任何内容，时间，地点和法律的限制。这些权利包括各种财务权利，视、听和广播录制，复制和播放版权，多媒体版权，市场开发和推广权利以及无形资产权如会徽及其他版权法规定的权利。并在第 79 条对其中的部分权利转让进行了规定，国际足联、其会员协会以及各洲际足联独家负责对其各自管辖范围内的足球比赛和赛事的图像、声音和其他方式的资料的分配给予授权，且不受内容、时间、地点、技术和法律方面的限制。《中国足球协会章程》（2017 年版）第 56 条第 1 款规定：根据《国际足联章程》和《中华人民共和国体育法》（以下简称《体育法》）的规定，本会作为中国足球运动的管理机构，是本会管辖的各项赛事、活动所产生的所有权利的最初所有者。这些权利包括但不限于各种赛事权利、知识产权、市场开发和推广权利以及财务权利等。

---

〔1〕 在 2017 年 6 月 23 日举行的"中美体育赛事节目法律保护研讨会"上，国家新闻出版广电总局（国家版权局）版权管理司长于慈珂表述，在国内层面，中国现行的著作权法没有对体育赛事节目的保护做出明确的规定，只是从广播组织层面规定，广播组织有权禁止他人未经许可将其播放广播、电视转播，即广播组织针对传统广播侵权行为进行维权不存在障碍的；虽然中国国家版权局提交给国务院法制办的第三次《著作权法修改草案（送审稿）》中，规定了广播电台、电视台享有许可他人以无线或有线方式转播其广播电视节目的权利，但该修订稿毕竟还没有正式出台，而广播组织针对网络同步转播体育赛事节目能不能在著作权法框架下直接维权。国家新闻出版广电总局（国家版权局）政策法制司副司长高思在会上表示不支持"体育赛事节目的法律保护在中国立法上是空白"的观点。因为根据《罗马公约》，明确将"广播节目"作为与著作权有关的权利（邻接权）给予保护。根据《中华人民共和国著作权法》，对于电影作品与录像制品的区分是明确的，即录像制品"是指电影作品和以类似摄制电影方法创作的作品以外的任何有伴音或者无伴音的连续相关形象、图像的录制品"。录音录像制作者，对其制作的录音录像制品享有信息网络传播权。因此，体育赛事节目应作为邻接权受著作权法保护。而作为体育赛事节目的广播组织者，对它播出的节目或信号行为，享有转播权、复制权。也包括信息网络传播权。赖名芳："中美体育赛事节目法律保护研讨会在京举行"，载 http://www.ncac.gov.cn/chinacopyright/contents/518/338461.html，最后访问时间：2019 年 12 月 20 日。

〔2〕 裴洋：《反垄断法视野下的体育产业》，武汉大学出版社 2009 年版，第 197 页。

第5款规定：本会及其会员有权在其管辖范围内，授权传播涉及足球比赛、足球活动的图像、声音及其他数据。对于民间社会组织能够设定此项赛事转播权，有学者有不同看法，认为民事主体不能自行创设民事权利，而只能由法律来进行创设。[1] 我们认为，根据法理，民事权利显然应该由法律来进行承认和创设，但需要考虑到体育社会团体的特殊性，体育社团作为体育自治组织，对于本行业范围内的事务，在不违背法律强制性规定的前提下，可以设定本行业的内部行为规则，其中就包括禁止未经许可的当事人传播相关的图像、声音及其他数据，这对于赛事组织者而言是可行的，而事实上，目前在我国有关赛事转播的纠纷中，其争议的核心并不是在于赛事转播权，而是持权转播商在获得赛事转播权利后，其制作所形成的节目被侵权而形成的纠纷，也就是说，在司法实践中，对于赛事组织者所拥有的对赛事画面转播的权利是认可的。当然，从长远来看，通过法律规定赛事组织者的转播权利是保障其获得合法稳定收益的最佳途径，也是保障其在被侵权后能够获得法律救济的直接依据。我们认为，赛事转播权作为一项无形财产权，通过立法规定有两种途径：一是在修改《体育法》时，在其中明确规定赛事转播权，目前世界上有部分国家就是在体育专门法中确认赛事转播权的，比如法国、保加利亚、匈牙利等；[2] 二是在未来知识产权立法中通过对无形财产权的设定来确认赛事转播权。

第二，对于体育赛事转播节目的法律定性及保护问题。体育赛事节目是赛事组织者或者持权转播商通过特定的手段对赛事进行录制后所形成的作品，它既基于赛事，又区别于赛事本身。从我国目前的立法来看，对于体育赛事节目的性质认定主要有两种不同的观点：一种观点认为体育赛事节目还没有达到著作权法所要求的独创性，属于录像制品，录像制品根据《中华人民共和国著作权法》（以下简称《著作权法》）只能享有著作权的邻接权保护。显然，邻接权的保护力度并没有作品的保护力度那么大。第二种观点认为，体育赛事节目具有一定的独创性，可以构成我国著作权法所规定的作品，比如在司法实践中，有判决直接将其认定为作品。我国法院在"北京新浪互联信息服务有限公司诉北京天盈九州网络技术有限公司著作权侵权及不正当竞争纠纷案"中认为："尽管法律上没有规定独创性的标准，但应当认为对赛事录制镜头的选择、编排，形成可供观赏的新的画面，无疑是一种创作性劳动，且该创作性不同的选择、不同的制作，会产生不同的画面效果恰恰反映了其独创性。即赛事录制形成的画面，构成我国著作权

---

[1] 王迁："论体育赛事现场直播画面的著作权保护"，载《法律科学》2016年第1期。

[2] See Asser International Sports Law Centre, *Study on Sports Organisers' Rights in the European Union*, 2014, pp. 38–40.

法对作品独创性的要求，应当认定为作品。"〔1〕 该案法院最终根据我国《著作权法》第 10 条的兜底条款直接进行了判决。

根据我国的著作权法律制度，在日益发展的网络技术以及层出不穷的侵权形态的背景下，对录像制品权利人的保护至少存在以下问题。其一，录像制品权利所有者在现有的法律框架下，仅享有复制、发行、出租、信息网络传播、许可电视台播放这五项权利，〔2〕 那么，通过电视现场直播的体育比赛被网站实时转播的情形是否侵权在我国法律上存在疑问。而对于直接通过网络平台进行直播的体育比赛被其他未获授权网站实时转播的情形，我国法律规定更是空白，因为我国《著作权法》所规定的广播组织并不包括网站等可以直播体育赛事的新媒体。其二，我国《著作权法》所确定的广播组织权内涵狭窄，难以解释成包括禁止他人对正在直播的体育赛事所进行的网络转播。〔3〕 其三，即使我们将体育赛事转播节目认定为具有一定独创性的作品，根据我国现有的著作权法律制度，其所享有的广播权仅限于传统的广播和电视传播手段，并不涵盖新的网络传播，这也是前面"北京新浪互联信息服务有限公司诉被告北京天盈九州网络技术有限公司案"中，法院根据《著作权法》第 10 条的兜底条款进行裁判的重要原因。

2020 年 11 月 11 日，全国人大常委会通过了《全国人民代表大会常务委员会关于修改〈中华人民共和国著作权法〉的决定》，其中修改稿第 47 条关于广播组织权的规定扩大了广播组织权的内涵，即"广播电台、电视台有权禁止未经其许可将其播放的广播、电视通过信息网络向公众传播"，修改稿将网络传播纳入了广播组织权的控制范畴。但是对于上文提及的我国著作权法律制度存在的其他问题，修改稿并没有妥善解决，比如说修改稿中并没有将体育赛事节目直接认定为作品，那它的性质如何界定依然需要探讨。当然，未来如果能够在法律上直接将体育赛事节目认定为作品，对于职业体育赛事转播的投资者而言，其法律保护力度将是最大的。

---

〔1〕 参见北京市朝阳区人民法院（2014）朝民（知）初字第 40334 号民事判决书。

〔2〕 一般认为，根据《信息网络传播权保护条例》，信息网络传播是指以有线或者无线方式向公众提供作品、表演或者录音录像制品，使公众可以在其个人选定的时间和地点获得作品、表演或者录音录像制品的权利。这也就是我们通常所说的点播，受众有选择的自主权，而对于网络直播而言，因为是实时的，受众是被动接受，并不能进行自主选择，除非其选择不看。

〔3〕 姚鹤徽："体育赛事网络转播法律制度的缺席与完善"，载《天津体育学院学报》2016 年第 3 期。

美国《教育修正案》第九章对跨性别学生运动员的保护[*]

◎斯科特·斯金纳·汤普森　伊洛娜·M.特纳^{**}　孟　瑶译　宋彬龄校^{***}

* 基金项目：本文系湘潭大学教学改革研究项目"法学院体育法课程教材建设研究"的阶段性成果。

** 作者简介：斯科特·斯金纳·汤普森（Scott Skinner Thompson），华盛顿州西雅图市多西惠特尼律师事务所律师。伊洛娜·M.特纳（Ilona M. Turner），加州奥克兰变性人法律中心法律总监。作者感谢珍妮弗·奥瑟温（Jennifer Orthwein）提供的研究帮助，以及其他研讨会撰稿人提供的宝贵见解。最后，作者感谢《威斯康星州法律、性别与社会杂志》的工作人员组织这次重要的研讨会，并感谢他们在编辑本文方面的帮助。

*** 孟瑶，湘潭大学法学院硕士研究生；宋彬龄，湘潭大学法学院副教授，博士。

一、简介

虽然跨性别者的权利在就业、医疗保健和身份识别等领域有所发展，但在获得公平参与世界竞技体育的机会时，跨性别人群仍遇到很多障碍。许多人对跨性别运动员的身份感到不舒服，尤其是跨性别的女性[1]与非跨性别者一同参与体育竞争时，即使在中小学运动中也是如此。本文分析了这些担忧，并且认为必须允许 K-12 学校中的跨性别学生根据其社会性别认同[2]参加体育运动。这样的政策与《教育修正案》第七章和第九章下的法律规则一致，更重要的是，这能使这些学生融入并参与对身体、社会、心理、情感发展和健康至关重要的体育活动，提高本已脆弱的跨性别青年的幸福感。

尽管有对跨性别运动员融入比赛的一些担忧，学校、地方政府和校际运动协会越来越认识到跨性别者有充分的权利，平等地参与到符合其社会性别认同的团队。而且跨性别运动员已成功融入运动队，没有造成竞争不平等、伤害或社会混乱。例如，最近有一个 11 岁的跨性别女孩 Jazz 被允许参加女子业余橄榄球队的比赛，此前美国橄榄球联合会指示，根据她的社会性别认同，她被允许参加女子休闲橄榄球队。[3] 同样，美国大学体育协会（National Collegiate Athletics Association，以下简称 NCAA）最近发布的准则，规定跨性别运动员可以参加符合其社会性别认同的运动队，前提是运动员必须遵守有关激素治疗的规则。[4] 加州最近还制定了一项法律，要求该州的 K-12 公立学校允许跨性别学生参加与其社会性别认同相匹配的运动队。[5] 这些跨性别包容政策表明，跨性别儿童可以得到公平对待，并在不损害任何其他参与者、创造不平等的竞争环境或显著增加受伤

[1] 跨性别女性是指在出生时被分配的生理性别为男性但自我性别认同为女性，跨性别男性是指出生时被分配的生理性别为女性但自我性别认同为男性。

[2] 社会性别认同是指自我性别认同，性别表现与出生时的生理性别有所不同的人。

[3] 参见 Pablo S. Torre & David Epstein, "The Transgender Athlete", SPORTS ILLUSTRATED（May 28, 2012），载 http://sportsillustrated.cnn.com/vault/article/magazine/MAG 198744/1/index.htm，最后访问时间：2020 年 1 月 22 日。

[4] 跨性别男性可以参加男子或女子团体比赛在没有服用睾丸激素前；一旦他们开始使用睾丸激素治疗，他们将不再有资格参加女子团体赛。跨性别女性有资格参加女子团体赛在他们接受了一年的激素治疗后。参见 Marta Lawrence, "Transgender Policy Approved", NCAA（Sept. 13, 2011），载 http://www.ncaa.org/wps/wcm/connect/public/NCAA/Resources/Latest+News/2011/，最后访问时间：2020 年 2 月 15 日。

[5] 参见 Patrick McGreevy, "California Transgender Students Given Access to OppositeSex Programs", LosANGELES TIMES（Aug. 12, 2013），载 http://www.latimes.com/local/political/la-me-pc-gov-brown-acts-on-transgender-bill20130812, 0, 706863.story，最后访问时间：2020 年 2 月 10 日。另请参见 Ian Lovett, "Changing Sex, and Changing Teams", *NEW YORK TIMES*，载 http://www.nytimes.com/2013/05/07/us/transgender-high-schoolstudents-gain-admission-to-sports-teams.html? hp&_ r--1&，最后访问时间：2020 年 1 月 21 日。

风险的情况下，充分融入体育比赛。在学生时期培养这种包容性，将对缓解许多跨性别者所经历的污名化和孤立感产生巨大影响。这些政策提供了一个让跨性别儿童感到安全和受支持的环境。这种融合还将有助于教育非跨性别青年，让他们认识到公平对待所有人的重要性，包括但不限于那些非跨性别人士。

正如我们接下来解释的那样，这种包容性不仅是最好的政策，而且实际上与《教育修正案》第九章的要求以及有关性别歧视的判例是一致的。本文第二部分将详细介绍第九章下关于将女性融入传统男性团队下的判例，并解释了这些判例如何支持跨性别运动员的融入。第三部分将讨论第九章下有关跨性别个体的判例法的发展以及其他性别歧视法；越来越多的事态发展认识到对跨性别者的歧视是一种公然的性别歧视。第四部分探讨了禁止跨性别学生运动员参加与他们社会性别认同相符的队伍的一些理由，从而得出的结论是，对安全和隐私的担忧尤其是在适用于中小学生的时候实际上是没有根据的。事实上，由于这个原因，全国各地的学区和体育协会已经开始采用允许跨性别学生基于社会性别认同参加运动队的政策——其中许多政策在第四部分中被描述为"最佳实践"。第五部分着眼于参与体育运动对跨性别学生发展的好处，得出的结论是：平等参加体育比赛对跨性别青少年的福祉至关重要。

二、第九章和体育中的性别隔离

第九章和有关限制性别隔离法规的判例支持了跨性别运动员的融入。1972年通过的《教育修正案》第九章禁止"基于性别的歧视在……接受联邦财政援助的任何教育项目或活动"。[1] 虽然原有的法规本身并没有明确提到体育运动，[2] 第九章的实施条例明确指出禁止在体育运动中受到歧视。第九章实施条例规定：任何人不得基于性别将某人排除在外、拒绝其享有福利或将其区别对待、使其不能参与由联邦资金所资助的任何校际间、俱乐部间或校内运动，任何受资助者也不能仅基于此理由资助某个运动员。[3] 但是，实施条例也允许学校"经营或资助性别区分的团队，只要这些团队的选拔是基于竞争技巧，或者所涉及的是一项接触性运动"。[4] 因此，实施条例承认学校可在某些情况下设立性别

---

[1] 20 U.S.C. § § 1681-1688.

[2] 参见 McCormick ex rel. McCormick v. Sch. Dist. of Mamaroneck, 370 F. 3d 275, 287（2nd Cir, 2004）。（"第九章通过后，有人试图限制法规对体育项目的影响。在……1974年……国会颁布了一项名为《Javits 修正案》（Javits Amendment）的条款，指示卫生、教育和福利部长（HEW）'准备并出版拟议实施的法规，该法规实施了 1972 年《教育修正案》第九章的规定，其中涉及在联邦资助的教育计划中禁止性别歧视，其中应包括针对大学间体育活动考虑特殊运动性质的合理规定'。"）

[3] 34 C.F.R. § 106.41 (a).

[4] 34 C.F.R. § 106.41 (b).

区分的运动队，但也指出，不能基于性别剥夺个人平等参加体育运动的机会。这些规定，第九章判例法及其背后的原因均可得出以下结论：必须允许中小学的跨性别学生参加与其社会性别认同相符的运动队。

（一）有关性别间的生理差异和潜在的伤害的担忧，不应成为将跨性别者排除在外的理由

允许跨性别学生参加 K-12 体育比赛，其中会出现跨性别男性与顺性别男性竞争[1]、跨性别女性竞争与顺性别女性将导致伤害或竞争优势或劣势的担忧是没有根据的。这些相同的论点也曾在以前试图限制女生参加体育运动，以及后来限制女孩参加男性运动队的场合中被提出。《教育法修正案》第九章为女孩创造的更多机会主要来自性别区分的女孩运动队的创立，[2] 在没有建立按性别区分的运动队前，女生通常被允许参与全男性的运动队。[3] 法院通常会否定这样的论点，即两性之间的身体差异可以成为将女性排除在全男性运动队之外的理由。

例如，在全国妇女组织分会诉艾塞克小联盟棒球公司（Essex County Chapter v. Little League Baseball, Inc.）案中，新泽西州法院裁定：根据新泽西州的公共住所反歧视法，不能将女孩排除在参加同龄棒球小联盟之外，并且有"大量可靠的证据证明……8 到 12 岁年龄阶段的女孩在打棒球时受伤的危险比同龄男孩更大"。[4] 因此，法院裁定女孩"必须与男孩一样自由地、毫无保留地被邀请和接纳"。[5] 同样，在弗斯·皮尔斯市 R-VI 学校区（Force v. Pierce City R-VI School District）案中，联邦地方法院认为，根据第十四条修正案的平等保护条款，中学禁止女性参加橄榄球队是不被允许的。[6] 法院明确驳回了该辩解，理由是 13 岁女孩比 13 岁男孩具有更高的受伤可能性，因此可以排除女性。[7] 相反，根据专家的证词，法院认为"有的 13 岁左右的女孩可以安全的参加 8 年级混合性别橄榄球球比赛，而一些 13 岁的男孩则不能"。[8] 但是，学校允许所有男孩都拥有参加橄榄球比赛的机会。[9] 因此，法院认为没有正当理由完全排除

---

〔1〕 "公民"是指其性别认同与出生时所分配的性别相匹配的人。该术语越来越多地用作"非变性"的同义词。

〔2〕 34 CFR § 106.41（c）.（要求学校"为两性成员提供平等的运动机会"）

〔3〕 见下文注释 6—8。

〔4〕 Nat'l Org. for Women v. Little League Baseball, Inc, 318 A. 2d 33, 37（N. J. Super. Ct. App. Div.），af'd, 338 A. 2d 198（N. J. 1974）.

〔5〕 Inc, 318 A. 2d 33, 37（N. J. Super. Ct. App. Div.）, af'd, 338 A. 2d 198（N. J. 1974）. at 41.

〔6〕 Force v. Pierce City R-VI Sch. Dist, 570 F. Supp. 1020. 1022-32（W. D. Mo. 1983）.

〔7〕 Force v. Pierce City R-VI Sch. Dist, 570 F. Supp. 1020. 1022-32（W. D. Mo. 1983）, pp. 1028-1029.

〔8〕 Force v. Pierce City R-VI Sch. Dist, 570 F. Supp. 1020. 1022-32（W. D. Mo. 1983）, p. 1029.

〔9〕 Force v. Pierce City R-VI Sch. Dist, 570 F. Supp. 1020. 1022-32（W. D. Mo. 1983）, p. 1029.

女孩参加橄榄球。

华盛顿州最高法院在达林诉古尔德（Darrin v. Gould）一案中也得出了类似的结论。[1] 法院认为，华盛顿校际体育协会（Washington Interscholastic Athletic Association，以下简称 WIAA）和当地一个学区禁止女生参加高中橄榄球队，违反了华盛顿州宪法。法院驳回了所谓的理由，即"大多数女孩无法与男孩进行橄榄球比赛，而且受伤的可能性很大"。[2] 就像弗斯·皮尔斯市 R-VI 学校区（Force v. Pierce City R-VI School District）案法院一样，达林案的法院得出的结论是："在橄榄球比赛中，男孩和女孩都会面临身体受伤的风险。""普通男孩受伤的风险并不是男孩被拒绝参加校际比赛的理由。此外，一些男孩不能满足团队要求的这一事实，并不能作为取消符合这些要求的男孩资格的依据。"[3] 因此，法院的结论是：保护女孩免受伤害的理由缺乏连贯性，也不能作为禁止所有女孩参加橄榄球队的歧视性政策的理由。[4]

简而言之，法院经常驳回本质上的论点，即女孩因在身体素质上的差别，无法与男孩一起参与青少年体育运动。[5] 这些判例法驳回的理由，在用于论证反对纳入跨性别学生运动员时也应被驳回。尤其是对 K-12 年级的学生来说，男生和女生之间的身体差异并不大，因此不能禁止跨性别学生参加与其社会性别认同相符的体育活动，也不能允许跨性别学生在参加之前强加任何医疗要求。男孩和女孩在身高和力量范围之间存在着明显的差异，因此，一个跨性别学生很可能适合其他团队成员和竞争对手的范围。

成年后，男性和女性身体的差异变得更加明显，这就是为什么 NCAA 采用了

---

〔1〕 Darrin v. Gould, 85 Wn. 2d 859, 877 （Wash. Sup. Ct. 1975）.

〔2〕 Darrin v. Gould, 85 Wn. 2d 859, 877 （Wash. Sup. Ct. 1975）, p. 875. （emphasis in original）（quotations omitted）.

〔3〕 Darrin v. Gould, 85 Wn. 2d 859, 877 （Wash. Sup. Ct. 1975）, p. 876.

〔4〕 许多法院得出了这一结论，参见 Fortin v. Darlington Little League, Inc. 514 F. 2d 344 （1st. Cir. 1975）（"拒绝说男孩与女孩之间的身体差异有必要将女孩排除在小联盟棒球队之外，并认为这种做法违反了第十四修正案的平等保护条款"）; Leffel v. Wisconsin Interscholastic Athletic Ass'n, 444 F. Supp. 1117, 1122 （E. D. Wis. 1978）（认为在第十四条修正案的范围内，为了保护女高中运动员免受不合理的伤害风险而将女孩排除在所有接触式运动之外，与政府的合理目标并没有相当或实质上的关系）; Lantz by Lantz v. Ambach, 620 F. Supp. 663, 665 （S. D. N. Y. 1985）（认为禁止所有女孩踢足球和拒绝男孩和女孩之间假定的身体差异，作为排除所有女孩的正当理由的，是违反国家宪法规定的）; Saint v. Neb. Sch. Activities Ass'n, 684 F. Supp. 626, 629 （D. Neb. 1988）（认为"禁止女孩摔跤的规定"是一种家长式的性别分类法，也就是说，将某一特性或品质归为一种性别，而并非所有人都具有这种特性或品质，这不仅是固有的不公平，但通常只倾向于延续关于男女适当角色的陈规定型观念）.

〔5〕 参见 also Erin E. Buzuvis, "Transgender Student-Athletes and Sex-Segregated Sport: Developing Policies of Inclusion for Intercollegiate and Interscholastic Athletics", 21 SETON HALL J. SPORTS & ENT. L. 1, 6-8 （2011）（讨论将女性排除在所有男性运动队之外的伤害原因）.

要求跨性别女性在参加女队比赛之前至少服用一年抑制睾丸激素的政策。[1] 但是，这些假想的身体差异，无法成为全面禁止 K-12 年级的跨性别学生运动员参与符合社会性别认同的运动队的理由，这些原因也不能要求 K-12 年级跨性别学生运动员接受医疗治疗或激素治疗，因为成本的花费和其他准入障碍。[2] 因此，最佳实践正被越来越多的州采用，包括加利福尼亚、华盛顿和马萨诸塞，这些州允许任何一名 K-12 年级的学生根据他或她的社会性别认同参加性别区分的体育运动。[3]

（二）对女性的不公平竞争或优势减少的担忧不应成为将跨性别者排除在外的理由

有一个潜在的担忧是，将跨性别女性纳入女性运动队时，由于跨性别女性具有男性先天的身体优势，她们将主宰女性体育比赛，剥夺了顺性女性参与公平竞争的机会。毫无疑问，确保向年轻女性提供公平参加体育比赛的机会是《教育修正案》第九章最重要的目标之一。[4] 但是，如上文所述，在青年体育方面，男性和女性之间的身体差异不是非常明显，不足以证明跨性别女性必定会对顺性别

〔1〕 参见 also Erin E. Buzuvis，"Transgender Student-Athletes and Sex-Segregated Sport：Developing Policies of Inclusion for Intercollegiate and Interscholastic Athletics"，21 SETON HALL J. SPORTS & ENT. L. 1, 6-8 (2011)，跨性别男性在没有服用睾丸激素前可以参加男子或女子团体比赛；一旦他们开始使用睾丸激素治疗，他们将不再有资格参加女子团体赛。跨性别女性在他们接受了 1 年的激素治疗后有资格参加女子团体赛。参见 Marta Lawrence，"Transgender Policy Approved"，NCAA（Sept. 13, 2011），载 http://www.ncaa.org/wps/wcm/connect/public/NCAA/Resources/Latest+News/2011，最后访问日期：2020 年 2 月 2 日。

〔2〕 参见 Stuart Biegel，THE RIGHT TO BE OUT：SEXUAL ORIENTATION AND GENDER IDENTITY IN AMERICA'S PUBLIC SCHOOLS 179（2010）（"不光是那些渴望接受任何形式的变性手术的人，在现阶段一般都负担不起，医生通常也不会为这么年轻的人做这种手术。这一现实是核心，不可忽视"）；斯派德院长在《变性人权利》218-19（2000 年）中指出，"遵守是性别的：在敌对的经济中为性别自决而斗争"（"由于严重和持续的歧视，性别侵犯者仍然无法获得经济和教育机会，其中大部分仍然是合法的。许多变性人在开始他们的生活时都会遇到在家里受到虐待或骚扰的障碍，或者因为他们的性别身份或表情而被赶出家门"）。另见世界变性人健康专业协会："变性人、跨性别者和不符合性别的人健康护理标准"（第 7 版），载《国际变性学杂志》第 13 卷，http://www.wpath.org/documents/IJT/20SOC%20V7.pdf，最后访问时间：2020 年 2 月 3 日（"直到（i）患者达到法定成年年龄，同意在某一国家进行医疗程序，以及（ii）患者在符合其性别身份的性别角色中连续生活至少 12 个月，才应进行生殖器手术"）。

〔3〕 参见 MAsS. DEP'T OF ELEM. & SECONDARY ED. GUIDANCE FOR MASSACHUSETTS PUBLIC SCHOOLS CREATING A SAFE AND SUPPORTIVE SCHOOL ENVIRONMENT：NONDISCRIMINATION ON THE BASIS OF GENDER IDENTITY，载 http://www.doe.mass.edu/ssce/genderdentity.pdf，最后访问时间：2020 年 2 月 3 日（解释说，由于"所有学生都需要一个安全和有支持性的学校环境，才能在学术和发展上取得进步"，因此跨性别学生需要一个跨包容的学校环境，"由于广泛的误解和缺乏对他们生活的了解，他们更容易受到同伴排斥，伤害和欺凌"）。

〔4〕 参见 34 C.F.R. §106.41（c）（"要求学校为男女学生提供平等的运动机会"）。

女性运动员获得优势。[1]这种没有根据的顾虑也不足以超过允许跨性别妇女在不受到歧视的基础上参加体育运动的重要性。纳入跨性别女运动员对第九章为所有女学生提供平等机会的目标的实现几乎不构成威胁，相反，将跨性别女运动员纳入符合她们社会性别认同的体育项目中有助于实现第九章的目标，即为所有学生（包括所有女孩）提供不受歧视的运动机会。某些法院还认识到，让年轻男性参与到其他女子队伍中去，不会对第九章的目标产生危害，反之亦然。例如，在布伦登诉独立学区 742 号（Brenden v. Independent School District 742）案中，第八巡回法院驳回了基本论点，即男性和女性之间的生理差异使后者不可能在体育比赛中与男性平等竞争。[2]在这种情况下，法院裁定：学校禁止女学生参加男子网球、越野和越野滑雪队比赛的政策违反了"平等保护条款"，并得出结论，认为学校"没有充分合理的依据证明，在没有身体接触的运动中女性无法与男性竞争"。[3]法院还指出：在许多体育运动中，"诸如协调、专注、敏捷和时机等因素在取得成功中起着重要作用"，而且没有证据表明，男性在这些因素上比女性占有更大的优势，所以会阻止女性成功竞争。[4]

同样，在总检察长诉马萨诸塞州校际运动协会（Attorney General v. Massachusetts Interscholastic Athletic Association）案中，马萨诸塞州最高法院裁定：禁止男孩参加女孩运动队的法规违反了马萨诸塞州平等权利修正案。[5]法院认为，"男性和女性之间的身体差异，没有一个清楚或统一的界限"，所以将性别作为男性参加女性运动队的唯一阻碍，并不足以证明该规则的合理性。[6]法院在详尽阐述时说道：越来越多的女性运动员正在对一般男性先天的身体优势发起挑战，她们的能力超过了很多男性，在某些情况下甚至超过了许多优秀的男性。协调、专心、战略敏锐度和技术或形式（两性的能力）与力量和速度（男性具有某些生理优势）结合在一块儿才会获得运动成绩。严格按照性别进行分类，而不考虑特定体育项目中实际技能的差异，只会重复"过时的和过于宽泛的概括"。[7]

---

〔1〕 参见 34 C. F. R. §106. 41 (c) 第二部分 A.

〔2〕 Brenden v. Indep. Sch. Dist, 477 F. 2d 1292, 1299 (8th Cir. 1973).

〔3〕 Brenden v. Indep. Sch. Dist, 477 F. 2d 1292, 1299 (8th Cir. 1973), p. 1300.

〔4〕 Brenden v. Indep. Sch. Dist, 477 F. 2d 1292, 1299 (8th Cir. 1973), 参见 also Weeks v. Southern Bell Telephone & Telegraph Co, 408 F. 2d 228, 236 (5th Cir. 1969) (在第七章就业背景下，认为"技术在力量上同样重要"和"技术几乎不是性的功能")。

〔5〕 Attorney Gen. v. Mass. Interscholastic Athletic Assoc, 393 N. E. 2d 284, 285-86, 296 (1979).

〔6〕 Attorney Gen. v. Mass. Interscholastic Athletic Assoc, 393 N. E. 2d 284, 285－86, 296 (1979), p. 293.

〔7〕 Attorney Gen. v. Mass. Interscholastic Athletic Assoc, 393 N. E. 2d 284, 285-86, 296 (1979).

法院还指出："然而，女性可能在测试平衡性的运动中具有优势，因为她们的平均重心较低，可以增强稳定性。她们保持热量的时间更长，并且浮力远大于男子，这两项都是游泳的优势。也有证据表明，女性的耐力水平更高，受伤率更低。"[1]

法院还认识到，对于男性参加将获得压倒性的优势并剥夺女性运动机会，这样的担忧被夸大了，没有理由排斥男性参加者。例如，在戈麦斯诉罗德岛校际联盟（Gomes v. Rhode Island Interscholastic League）案中，法院认为没有证据表明将男方加入以前的全女子排球队"将导致男性突然涌入或统治罗德岛（Rhode Island）校际排球"。[2] 法院甚至在根据专家的证据认识到男性在排球比赛中可能普遍具有运动优势之后，才得出了这个结论。[3] 马萨诸塞州最高法院在总检察长诉MTAA（Attorney General v. MTAA）案中也做出了类似的结论，认为人们担心"技术高超、勇猛过人的男孩会淹没女队"的说法被夸大了。[4] 法院强调，"我们既不知道，也不能从记录中得知，所面临的危险需要如此全面禁止"，并认为即使有这样的证据，也不能证明禁令是正当、合理的。[5]

对于将跨性别女孩纳入女队的情况也是如此。没有证据或迹象表明，参加一项特定运动的跨性别女性的数量多到足以否认顺性别女孩参与运动的优势。即使假设跨性别女孩具有先天的身体优势（下文第四部分将更详细地介绍，事实并非如此）。但仅仅猜测大量跨性别女运动员的涌入不能作为排除她们的理由。总而言之，为证明学校内性别区分运动队的合理性，而提供的那些已经过时的理由、已经被拒绝的、没有任何逻辑或法律依据来证明完全排斥跨性别运动员参与符合社会性别认同的运动队是合法的。

---

〔1〕 Attorney Gen. v. Mass. Interscholastic Athletic Assoc, 393 N. E. 2d 284, 285 - 86, 296（1979），p. 293.

〔2〕 Gomes v. R. I. Interscholastic League, 469 F. Supp. 659（D. R. I. 1979），vacated on other grounds, 604 F. 2d 733（1st. Cir. 1979）.

〔3〕 Gomes v. R. I. Interscholastic League, 469 F. Supp. 659（D. R. I. 1979），vacated on other grounds, 604 F. 2d 733（1st. Cir. 1979），p. 662.

〔4〕 Attorney Gen. V. Mass. Interscholastic Athletic Assoc, 393 N. E. 2d 284, 293（Sup. Ct. Mass. 1979）.

〔5〕 Attorney Gen. V. Mass. Interscholastic Athletic Assoc, 393 N. E. 2d 284, 293（Sup. Ct. Mass. 1979），p. 294. Despite the holding of MTAA and Gomes, courts have generally been more skeptical of attempts by boys to participate in traditionally all-girls sports. 参见 Buzuvis，"Transgender Student-Athletes and Sex-Segregated Sport: Developing Policies of Inclusion for Intercollegiate and Interscholastic Athletics"，21 SETON HALL J. SPORTS & ENT. L. 1, 6-8（2011）（讨论将女性排除在所有男性运动队之外的伤害原因），p. 8-9.（"法院考虑了寻求参加主要由女运动员参加比赛的男运动员的诉求，也类似地引起了对女运动员保留机会的担忧……原告通常比寻求跨性别小组进入的女原告的成功要少，这种不对称也反映并加强了关于男性运动员优越性的定型观念"）

三、第九章关于禁止歧视跨性别学生的内容

尽管当前没有特别针对跨性别运动员参与学校体育活动的权利的第九章案例，但第九章禁止性别歧视的规定可以解读为：允许跨性别人士全面参与学校体育活动。《教育法修正案》第九章已被法院和美国教育部解释为禁止对社会性别认同与其生理性别不一致的学生进行骚扰。[1] 出于相同的原因《教育法修正案》第九章，仅概括也提及是指对"性"歧视和骚扰，并没有特别针对跨性别者的歧视作出规定，但性骚扰的范围已经扩展到跨性别者了，因此也应该被理解为可保证跨性别学生享有不受歧视的平等教育机会。

（一）第九章关于跨性别或性别不符合申诉的先例

法院和教育部都认为《教育法修正案》第九章禁止歧视和骚扰跨性别者。例如，在迈尔斯诉纽约大学（Miles v. New York University）案中，纽约南区裁定：一名跨性别女性因受到性骚扰有权获得第九章条款的保护。[2] 法院认为："第九章的颁布正是为了阻止这类性骚扰行为的出现，即使立法者可能没有考虑到所涉及的具体事实。"[3]

此外，许多法院的判决已经承认《教育法修正案》第九章保护社会性别认同与其生理性别不一致的学生，防止其受到骚扰。例如，在普拉特诉印第安河分校区（Pratt v. Indian River Cent. School Dist）一案中，法院认为："根据第九章，由社会性别认同与生理性别不一致的人提出的性骚扰主张是一项法律上认可的主张"。[4] 在这种情况下法院裁定：一名男学生因为性别不一致被嘲笑为"猫""娘娘腔""女孩"，这已经构成了基于性别的歧视。[5] 该法院还认为：虽然联邦法律没有明确禁止基于性取向的歧视，"对于性取向骚扰的指控不能推翻原有模式的性骚扰指控"。[6] 同样，多伊诉布里姆菲尔德小学（Doe v. Brimfield Grade School）一案的法院认为："因为一个人的行为不符合其性别的刻板印象而受到歧视，这可以构成基于性别的可诉诸歧视。"并且法院还认为：基于第九章的规定，歧视一个女性化气质的男孩是可以上诉的。[7] 因此，被认为是同性恋的学生可以受到第九章禁止性骚扰的保护，尽管其不符合传统性别的期望，第九

---

〔1〕 参见以下第四部分（拒绝跨性别学生参与与其性别相符合的运动队是没有合法依据的）（一）部分。

〔2〕 Miles v. N. Y. Univ, 979 F. Supp. 248（S. D. N. Y. 1997）.

〔3〕 Miles v. N. Y. Univ, 979 F. Supp. 248（S. D. N. Y. 1997）, p. 250.

〔4〕 Pratt v. Indian River Cent. Sch. Dist, 803 F. Supp. 2d 135, 151（N. D. N. Y. 2011）。

〔5〕 Pratt v. Indian River Cent. Sch. Dist, 803 F. Supp. 2d 135, 151（N. D. N. Y. 2011）, pp. 15~52.

〔6〕 Pratt v. Indian River Cent. Sch. Dist, 803 F. Supp. 2d 135, 151（N. D. N. Y. 2011）, p. 151.

〔7〕 Doe v. Brimfield Grade Sch. 552 F. Supp. 2d 816, 823（C. D. Ill. 2008）（省略引文）.

章也可以保护跨性别者免受原有性别模式的骚扰。[1]

此外，2010 年，美国教育部发布了一封信（"亲爱的同事来信"）向全国各地的学校官员解释道：第九章禁止性别歧视，禁止对女同性恋、男同性恋、双性恋或跨性别学生等社会性别与生理性别不一致的人群的骚扰。[2] "亲爱的同事来信"的信中指出："尽管第九章并不禁止基于性取向的歧视，但也保护了所有学生，包括女同性恋、男同性恋、双性恋和跨性别（LGBT）学生免受性别歧视。当学生因为他们的 LGBT 身份而受到骚扰时，他们也可能……遭受第九章禁止的各种形式的性别歧视。"[3] 信中继续解释道：根据第九章规定，"骚扰行为的部分原因是该学生没有像他同学认为的那样做出男孩应该做出的行为"，对此可以提起诉讼。[4]

此外，2013 年，美国司法部（Department of Justice）和教育部（Department of Education）对南加州阿卡迪亚联合学区（Arcadia Unified School District）进行了调查，原因是该学区不允许一名跨性别男孩使用学校里的卫生间、更衣室和其他性别区分设施，[5] 情况如下：该学生出生时被认定是女性——从五年级的春

---

〔1〕 Other cases have reached similar results to those in Pratt and Doe. 参见 Theno v. Tonganoxie Unified School Dist. No. 464, 377 F. Supp. 2d 952, 964（D. Kan. 2005）（认为对同伴骚扰学生认为自己未遵守性别定型观念可根据第九章起诉）. Snelling v. Fall Mountain Reg'l Sch. Dist, 2001 DNH 57（Dist. Ct. N. H. 2001）.

〔2〕 U. S. DEPARTMENT OF EDUCATION, "DEAR COLLEAGUE" LETTER（Oct. 6. 010），载 http：//www2. ed. gov/about/offices/list/ocr/letters/colleague-201010. pdf，最后访问时间：2020 年 2 月 13 日。

〔3〕 U. S. DEPARTMENT OF EDUCATION, "DEAR COLLEAGUE" LETTER（Oct. 6. 010），载 http：//www2. ed. gov/about/offices/list/ocr/letters/colleague-201010. pdf，最后访问时间：2020 年 2 月 13 日。

〔4〕 U. S. DEPARTMENT OF EDUCATION, "DEAR COLLEAGUE" LETTER（Oct. 6. 010），载 http：//www2. ed. gov/about/offices/list/ocr/letters/colleague-201010. pdf，最后访问时间：2020 年 2 月 13 日。

〔5〕 U. S. DEPT. OF JUSTICE CIVIL RIGHTS DIV. & U. S. DEPT. OF EDUC. OFFICE FOR CIVIL RIGHTS, LETTER TO ASAF ORR RE CONCLUSION OF INVESTIGATION IN DOJ CASE No. DJ16912C-79, OCR CASE NO. 09-12-1020（July 24, 2013），载 http：//www. nclrights. org/wpcontent/uploads/2013/09/ArcadiaNotificationLetter_ 07. 24. 2013. pdf，最后访问时间：2020 年 2 月 13 日（以下简称"阿卡迪亚字母"）。这项历史性的自愿解决协议是在科罗拉多州解决类似案件后不久宣布的。IN RE COY MATHIS, COLO. Div. OF CIVIL RIGHTS, CHARGE No. P20130034X（June 17, 2013），载 http：//www. transgenderlegal. org/media/uploads/doc_ 529. pdf，最后访问时间：2020 年 2 月 22 日。在该案中，科罗拉多州民权司认为，一个学区拒绝允许一名一年级变性女孩使用女厕所，并要求她改为使用护士浴室，侵犯了她的民权。U. S. DEPARTMENT OF EDUCATION, "DEAR COLLEAGUE" LETTER（Oct. 6. 010），载 http：//www2. ed. gov/about/offices/list/ocr/letters/colleague-201010. pdf，第 10 页，最后访问时间：2020 年 2 月 13 日。

天开始他就像一个男孩一样生活。[1] 调查发现，"他一直被他的（中学）同学和老师当作男孩接受和对待"，只有其中一些人知道他的跨性别身份。[2] 尽管如此，中学拒绝让他使用男生厕所或更衣室。"出于对安全和隐私的普遍担忧"，要求他使用护士办公室里一个私人的、不分性别的洗手间，用作洗手间和上体育课更衣的地方[3]（尽管调查显示，男生更衣室没有正常的淋浴设备，没有私人更衣区，而且老师、家长和管理人员"一直表示，学生在换衣服时没有完全脱掉衣服"[4]）。由于这种替代性安排，"卫生办公室与体育馆和教室的距离太远，因此该学生经常错过了体育课和其他学科的上课时间"。[5] 该安排也使学生感到不舒服，因为这使他感到"与众不同"，并使他遭受来自其他学生不必要的提问。[6]

司法部和教育部在总结调查结果的信中指出，"毫无疑问，该学区因这名学生的社会性别认同而对其区别对待"。[7] 调查发现，该学区所说的出于对这名跨

---

[1] ARCADIA LETTER, U. S. DEPT. OF JUSTICE CIVIL RIGHTS DIV. & U. S. DEPT. OF EDUC. OF-FICE FOR CIVIL RIGHTS, LETTER TO ASAF ORR RE CONCLUSION OF INVESTIGATION IN DOJ CASE No. DJ16912C-79, OCR CASE NO. 09-12-1020 (July 24, 2013), 载 http://www.nclrights.org/wpcontent/uploads/2013/09/ArcadiaNotificationLetter_ 07.24.2013.pdf，最后访问时间：2020 年 2 月 22 日（以下简称"阿卡迪亚字母"）。这项历史性的自愿解决协议是在科罗拉多州解决类似案件后不久宣布的。IN RE COY MATHIS, COLO. Div. OF CIVIL RIGHTS, CHARGE No. P20130034X (June 17, 2013)，载 http://www.transgenderlegal.org/media/uploads/doc_ 529.pdf，第 2 页，最后访问时间：2020 年 2 月 22 日。在该案中，科罗拉多州民权司认为，一个学区拒绝允许一名一年级变性女孩使用女厕所，并要求她改为使用护士浴室，侵犯了她的民权。

[2] 载 http://www.transgenderlegal.org/media/uploads/doc_ 529.pdf，第 3 页，最后访问时间：2020 年 2 月 22 日。

[3] 载 http://www.transgenderlegal.org/media/uploads/doc_ 529.pdf，第 3~4 页，最后访问时间：2020 年 2 月 22 日。

[4] 载 http://www.transgenderlegal.org/media/uploads/doc_ 529.pdf，第 4 页，最后访问时间：2020 年 2 月 22 日。

[5] 载 http://www.transgenderlegal.org/media/uploads/doc_ 529.pdf，第 4 页，最后访问时间：2020 年 2 月 22 日。

[6] 载 http://www.transgenderlegal.org/media/uploads/doc_ 529.pdf，第 4 页，最后访问时间：2020 年 2 月 22 日。

[7] IN RE COY MATHIS, U. S. DEPT. OF JUSTICE CIVIL RIGHTS DIV. & U. S. DEPT. OF EDUC. OFFICE FOR CIVIL RIGHTS, LETTER TO ASAF ORR RE CONCLUSION OF INVESTIGATION IN DOJ CASE No. DJ16912C-79, OCR CASE NO. 09-12-1020 (July 24, 2013), 载 http://www.nclrights.org/wpcontent/uploads/2013/09/ArcadiaNotificationLetter_ 07.24.2013.pdf，最后访问时间：2020 年 2 月 4 日（以下简称"阿卡迪亚字母"）。这项历史性的自愿解决协议是在科罗拉多州解决类似案件后不久宣布的。IN RE COY MATHIS, COLO. Div. OF CIVIL RIGHTS, CHARGE No. P20130034X (June 17, 2013)，载：http://www.transgenderlegal.org/media/uploads/doc_ 529.pdf，第 4 页，最后访问时间：2020 年 2 月 4 日。在该案中，科罗拉多州民权司认为，一个学区拒绝允许一名一年级变性女孩使用女厕所，并要求她改为使用护士浴室，侵犯了她的民权。

性别学生以及所有学生的隐私和安全的考虑的动机并无充分的事实依据。[1] 然而，由于该学区同意自愿解决这一问题，该调查并未正式针对该学区而得出结论。[2] 根据自愿解决协议，[3] 学区同意"允许学生在学校和学校赞助的旅行中使用男性的设施，并在其他方面把该学生视为男孩"，[4] 该地区还承诺改变政策，培训员工，以确保"对待……其他跨性别学生……以非歧视性的方式"。[5]

这些先例虽然没有达到涉及是否要求学校允许跨性别学生参加符合其社会性别认同的运动队的具体问题，但它清楚地表明，如果歧视和骚扰是基于"性别"的，则第九章对性别歧视和性骚扰的禁令可以扩展到跨性别学生。[6]

（二）第七章关于跨性别或性别不符合申诉的先例

虽然涉及解释《教育修正案》第九章下申诉的判例法很少见，但 1964 年《民权法案》第七章的案例，可以对第九章保护跨性别学生运动员的这一结论给

〔1〕 载 http：//www.transgenderlegal.org/media/uploads/doc_ 529.pdf，第 4~6 页，最后访问时间：2020 年 2 月 4 日。

〔2〕 参见 also IN RE COY MATHIS, U.S. DEPT. OF JUSTICE CIVIL RIGHTS DIV. & U.S. DEPT. OF EDUC. OFFICE FOR CIVIL RIGHTS, LETTER TO ASAF ORR RE CONCLUSION OF INVESTIGATION IN DOJ CASE No. DJ16912C-79, OCR CASE NO. 09-12-1020（July 24, 2013），载 http：//www.nclrights.org/wpcontent/uploads/2013/09/ArcadiaNotificationLetter_ 07.24.2013.pdf，最后访问时间：2020 年 2 月 4 日（以下简称"阿卡迪亚字母"）。这项历史性的自愿解决协议是在科罗拉多州解决类似案件后不久宣布的。IN RE COY MATHIS, COLO. Div. OF CIVIL RIGHTS, CHARGE No. P20130034X（June 17, 2013），载 http：//www.transgenderlegal.org/media/uploads/doc_ 529.pdf，第 2 页，最后访问时间：2020 年 2 月 4 日。在该案中，科罗拉多州民权司认为，一个学区拒绝允许一名一年级变性女孩使用女厕所，并要求她改为使用护士浴室，侵犯了她的民权。

〔3〕 RESOLUTION AGREEMENT BETWEEN ARCADIA UNIFIED SCH. DIST. THE U.S. DEP'T OF EDUC, OFFICE FOR CIVIL RIGHTS, & THE U.S DEP'T OF JUSTICE, CIVIL RIGHTS. Div. OCR CASE No. 09-12-1020, DOJ CASE No. 169-12C-70（Jul. 24, 2013），载 http：//www.justice.gov/crt/about/edu/documents/arcadiaagree.pdf，最后访问时间：2020 年 2 月 6 日。

〔4〕 ARCADIA LETTER, U.S. DEPT. OF JUSTICE CIVIL RIGHTS DIV. & U.S. DEPT. OF EDUC. OFFICE FOR CIVIL RIGHTS, LETTER TO ASAF ORR RE CONCLUSION OF INVESTIGATION IN DOJ CASE No. DJ16912C-79, OCR CASE NO. 09-12-1020（July 24, 2013），载 http：//www.nclrights.org/wpcontent/uploads/2013/09/ArcadiaNotificationLetter_ 07.24.2013.pdf，最后访问时间：2020 年 2 月 7 日（以下简称"阿卡迪亚字母"）。这项历史性的自愿解决协议是在科罗拉多州解决类似案件后不久宣布的。IN RE COY MATHIS, COLO. Div. OF CIVIL RIGHTS, CHARGE No. P20130034X（June 17, 2013），载 http：//www.transgenderlegal.org/media/uploads/doc_ 529.pdf，第 7 页，最后访问时间：2020 年 2 月 8 日。在该案中，科罗拉多州民权司认为，一个学区拒绝允许一名一年级变性女孩使用女厕所，并要求她改为使用护士浴室，侵犯了她的民权。

〔5〕 载 http：//www.transgenderlegal.org/media/uploads/doc_ 529.pdf，第 7 页，最后访问时间：2020 年 2 月 22 日。

〔6〕 关于现有先例的缺点的讨论，以及第九章本身适用于基于性别身份或变性身份的歧视的规则的必要性。参见 Devi Rao, "Gender Identity Discrimination IS Sex Discrimination：Protecting Students from Bullying and Harassment Using Title IX", 28 Wis. J. L. GENDER & Soc'Y 245（2013）。

予更多的支持，[1] 禁止就业性别歧视，跨性别原告经常被用于提起歧视申诉。法院一般认为，解释第七章规定的案件与第九章规定有关，并可用于对第九章的分析。[2] 最高法院在解释第九章时援引了第七章的先例。[3] 事实上，最高法院已经认识到，在某些方面第九章禁止歧视的范围比第七章的范围更广。[4]

特别是在最近几年，联邦法院越来越认识到，第七章对就业中的性别歧视的禁令可以扩展到对个人基于跨社会性别认同或性别不一致的歧视的案件中。最重要的是，在梅西诉霍德（Macy v. Holder）案这一具有里程碑意义的判决中，平等就业机会委员会（Equal Employment Opportunity Commission，以下简称 EEOC）认为，由于某人是跨性别者而受到的歧视是性别歧视。[5] 在该案中，原告是一名跨性别妇女，她向酒精、烟草、火器和爆炸物管理局申请了职位。[6] 当她申请工作时，原告尚未变性完成，仍表现为男性身份。[7] 在通过电话交谈后，原告被告知在身份背景调查通过后即可得到这份工作。[8] 此后，她告知雇主她正在处于变性过程中，很快，她被告知该职位不再属于她。[9] 原告称，因为她是跨性别者，所以该工作被撤销了。[10]

EEOC 发现，梅西的主张在第七章下是可承认的："跨性别者因其社会性别认同身份而受到歧视，初步认定为性别歧视案件"和"对跨性别个人的故意歧视，因为这个人是跨性别者，顾名思义是基于……性别的歧视，因此这种歧视违

---

〔1〕 2 U.S.C. § 2000e-2.

〔2〕 参见 Miles v. N. Y. Univ. 979 F. Supp. 248, 250 n, 4（S. D. N. Y. 1997）（在跨性别骚扰诉讼中，认为"现已确定第九章'基于性别'一词的解释方式与第七章中的类似用语相同"）。

〔3〕 参见 Franklin v. Gwinnett County Pub. Sch. 503 U. S. 60. 75（1992）（citing Meritor Sav. Bank，FSB v. Vinson，477 U. S. 57（1986），第七章案例，用于解释第九章的就业歧视条款）。

〔4〕 参见 Jackson v. Birmingham，544 U. S. 167，175（2005）（注意到"第九章是一项广义的禁止歧视的一般性规定，其次是这一广义规定的具体，狭隘的例外情况"）。相比之下，第七章更详细地阐述了构成违反该法规的歧视的行为。

〔5〕 Macy v. Holder, EEOC Appeal. No. 0120120821, 2012 WL 1435995, ＊7-9（Apr. 20, 2012）.

〔6〕 Macy v. Holder, EEOC Appeal. No. 0120120821, 2012 WL 1435995, ＊7-9（Apr. 20, 2012），p. 1.

〔7〕 Macy v. Holder, EEOC Appeal. No. 0120120821, 2012 WL 1435995, ＊7-9（Apr. 20, 2012），p. 1.

〔8〕 Macy v. Holder, EEOC Appeal. No. 0120120821, 2012 WL 1435995, ＊7-9（Apr. 20, 2012），p. 1.

〔9〕 Macy v. Holder, EEOC Appeal. No. 0120120821, 2012 WL 1435995, ＊7-9（Apr. 20, 2012），p. 2.

〔10〕 Macy v. Holder, EEOC Appeal. No. 0120120821, 2012 WL 1435995, ＊7-9（Apr. 20, 2012）p. 2-3.

反了第七章"。[1] EEOC 得出结论:"第七章禁止基于性别的歧视无论是否出于敌意,或出于保护某种性别的人的动机,或出于应性别而不具优势的假设,或是出于迎合他人的偏见或不适的申诉。"并且基于其社会性别认同而受到歧视的跨性别者,可以通过以下任何一种方式提出主张。[2]

在得出这一结论时,EEOC 在某种程度上依据了最高法院 1989 年初对普华永道诉霍普金斯 (Price Waterhouse v. Hopkins) 案的裁决,[3] 在该案中,最高法院裁定:对不符合生理性别期待的歧视 (例如,未像女人该做的那样行事) 违反了第七章,换句话说,对于性别的刻板印象构成了可起诉的性别歧视。[4] 正如 EEOC 在梅西案中所言那样,基于性别刻板印象的行为和假设都构成性别歧视,因为跨性别者不符合与其出生性别一致的刻板印象,而采取的行动也构成性别歧视。[5]

其他联邦法院也做出了类似的判决。例如,在格伦诉布朗比 (Glenn v. Brumby) 案中,第十一巡回法院裁定,一名州雇员在从男性变为女性后被解雇了,她应受到第十四条修正案的平等保护条款的保护。[6] 根据第十一巡回法院的说明,"由于性别不符合而对跨性别者的歧视属于性别歧视,无论该歧视是否被描述为是基于性别的歧视"。[7] 同样,在施罗尔诉比灵顿 (Schroer v. Billington) 案中,联邦地方法院在经过法官审理后得出结论,施罗尔在告知图书馆她正在变性为女性后,国会图书馆拒绝聘用她,违反了第七章。[8] "法院认为,她在告知计划通过变性手术来改变自己的生理性别后,撤销这份工作的决定是很明显的'因为……性别'的性别歧视,这类似于宗教歧视,因此在第七章中被禁止。"[9] 最终,在史密斯诉塞勒姆市 (Smith v. City of Salem) 一案中,第六巡回法院裁定,地方法院错误地驳回了一名消防员的指控,因为她变性而被勒令停职,违反了第七章。[10] 法院裁定:"一名跨性别者的行为不符合性别的刻板

〔1〕 Macy v. Holder, EEOC Appeal. No. 0120120821, 2012 WL 1435995, *7-9 (Apr. 20, 2012), p. 10-11.

〔2〕 Macy v. Holder, EEOC Appeal. No. 0120120821, 2012 WL 1435995, *7-9 (Apr. 20, 2012), p. 10.

〔3〕 490 U. S. 228 (1989).

〔4〕 Macy v. Holder, EEOC Appeal. No. 0120120821, 2012 WL 1435995, *7-9 (Apr. 20, 2012), p. 250.

〔5〕 Macy v. Holder, EEOC Appeal. No. 0120120821, 2012 WL 1435995, *7 (Apr. 20, 2012).

〔6〕 Glenn v. Brumby, 663 F. 3d 1312 (11th Cir. 2011).

〔7〕 Glenn v. Brumby, 663 F. 3d 1312 (11th Cir. 2011), p. 1317.

〔8〕 Schroer v. Billington, 577 F. Supp. 2d 293 (D. D. C. 2008).

〔9〕 Schroer v. Billington, 577 F. Supp. 2d 293 (D. D. C. 2008), p. 308.

〔10〕 Smith v. City of Salem, 378 F. 3d 566 (6th Cir. 2004).

印象是不允许受到歧视的，不管是什么原因，诸如'变性人'之类的标签，对性别歧视案件没有决定性意义，关键在于对受害人由于其性别不符合而遭受的歧视。"[1]

总而言之，这些案例都可得出结论，虽然推理略微不同，即第七章对性别歧视的禁令可以保护跨性别者，如普华永道（Price Waterhouse）案依据性别刻板印象理论，而梅西案则认为对跨性别个体的歧视，本质上是性别歧视，[2] 他们都认为对跨性别者的歧视属于第七章（或平等保护条款）中的性别歧视，因此，每个跨性别者都应该受到法律的保护。

政府机构已开始肯定地承认，第七章中有关跨性别雇员的先例适用于第九章中对跨性别学生的保护。例如，美国司法部和教育部 2013 年 7 月的信中提到对阿卡迪亚联合学区（Arcadia Unified School District's）对跨性别学生的歧视性待遇的调查得出结论，引用了梅西（Macy）、格伦（glenn）、施罗尔（Schroer）以及史密斯（Smith）案中提出的第七章可被解释为跨性别者免受基于性别不符合或社会性别认同的歧视。[3] 该信解释说："法院根据第七章的先例来分析第九章下'基于性别'的歧视。"[4]

根据这些规定，可以认为第七章和第九章的性别歧视条款包括对跨性别者的歧视，法院和规则机构应将第九章解释为要求允许跨性别学生参加与其社会性别认同相符的运动队是获得平等运动机会的需要，跨性别女孩必须和其他所有女孩一样得到公平的对待，跨性别男孩也必须得到和其他男孩一样的公平对待。否则，他们将无法获得与同龄人同等的受教育机会。

---

[1] Smith v. City of Salem, 378 F. 3d 566 (6th Cir. 2004), p. 575.

[2] 关于跨性别歧视可被视为"性别"歧视的不同法律理论的深入讨论，见 Erin Buzuvis, "Because of Sex: Using Title IX to Protect Transgender Students from Discrimination in Education", 28 Wis. J. L. GENDER & Soc'Y 219 (2013).

[3] ARcADIA LETTER, U. S. DEPT. OF JUSTICE CIVIL RIGHTS DIV. & U. S. DEPT. OF EDUC. OFFICE FOR CIVIL RIGHTS, LETTER TO ASAF ORR RE CONCLUSION OF INVESTIGATION IN DOJ CASE No. DJ16912C-79, OCR CASE NO. 09-12-1020 (July 24, 2013), 载 http://www. nclrights. org/wpcontent/uploads/2013/09/ArcadiaNotificationLetter_ 07. 24. 2013. pdf，最后访问时间：2020 年 2 月 11 日（以下简称"阿卡迪亚字母"）。这项历史性的自愿解决协议是在科罗拉多州解决类似案件后不久宣布的。IN RE COY MATHIS, COLO. Div. OF CIVIL RIGHTS, CHARGE No. P20130034X (June 17, 2013), 载 http://www. transgenderlegal. org/media/uploads/doc_ 529. pdf，第 2 页，最后访问时间：2020 年 2 月 11 日。在该案中，科罗拉多州民权司认为，一个学区拒绝允许一名一年级变性女孩使用女厕所，并要求她改为使用护士浴室，侵犯了她的民权。

[4] 载 http://www. transgenderlegal. org/media/uploads/doc_ 529. pdf，第 2 页，最后访问时间：2020 年 2 月 11 日。

四、拒绝跨性别学生参与与其性别相符合的运动队是没有合法依据的

在反对将跨性别学生纳入与其社会性别认同相符的运动队的过程中，有一些担忧常被提及。除了上面提到的竞争优势或劣势的担忧外，还经常提到对更衣室隐私的担忧以及没有确定学生是男孩还是女孩的常规标准等。然而，这些担忧都被严重夸大了，而这些担忧可以通过常识和实际的解决方案轻松解决。这些不切实际的恐惧不能成为剥夺跨性别青年参加体育运动的平等机会的理由。

（一）身体大小和能力的内在差异

一般认为，男性比起女性来说更具有先天性优势。成年男性平均比成年女性强壮10%，[1] 一般而言，普通男性比普通女性具有更长的手臂、更强壮的腿部力量和更多的肌肉纤维。[2] 一般女性的体重较轻，体脂肪较多，重心较低。[3] 这些差异在很大程度上是和青春期开始分泌的性激素有关，尽管有些差异可能源于来自文化方面的差异，也有可能源于鼓励两性参与运动的机会的差异。[4] 成年人性别之间身体差异远远超过男女间的平均差异。[5]

正如 NCAA 在其有关跨性别学生运动员的官方政策文件中所解释的那样：跨性别女性表现出很大的身体差异，就像非跨性别男女的身体和能力也存在很大的自然差异一样。许多人对跨性别女性都有一个刻板印象，即跨性别女性都异常高大并且有强壮的躯体和肌肉，但这不是事实。一个跨性别女性可能很小，很轻，

〔1〕 Syda Kosofsky, "Toward Gender Equality in Professional Sports", 4 HASTINGS WOMEN'S L. J. 209, 214-15 (1993); Cristen Conger, "Do men really have more upper body strength than women?", 载 http: //science. howstuffworks. com/life/human-biology/men-vswomen-upper-body-strength. htm, 最后访问时间：2020 年 2 月 11 日。

〔2〕 Kosofsky, supra note 88, at 214-15; E. J. Miller, et al. "Gender Differences in Strength and Muscle Fiber Characteristics", *EUR. J. OF APPLIED PHYSIOLOGY & OCCUPATIONAL PHYSIOLOGY*, Vol. 66, No. 3, 254 (1993).

〔3〕 Kosofsky, "Toward Gender Equality in Professional Sports", 4 HASTINGS WOMEN'S L. J. 209, 214-15 (1993); Cristen Conger, "Do men really have more upper body strength than women?", 载 http: //science. howstuffworks. com/life/human-biology/men-vswomen-upper-body-strength. htm, 第 214~215 页, 最后访问时间：2020 年 2 月 11 日。

〔4〕 Deborah L, Rhode, JUSTICE AND GENDER: SEX DISCRIMINATION AND THE LAW 30203 (1989) ("生理特征受到控制饮食、外貌、衣着、行为和运动机会的社会规范的严重影响。在大多数体育运动中，男性的优势有多大程度上源于天性，又有多大程度上源于后天培养，目前尚不清楚。然而，很明显，与现在对他们开放的机会相比，男女能力的差异相对较小")。

〔5〕 Hoover v. Meiklejohn, 430 F. Supp. 164, 166 (D. Colo. 1977) ("[虽然] 作为一个阶级的男性在力量和速度上往往比作为一个阶级的女性有优势，但男女个体之间的差异范围大于男女之间的平均差异")。另见妇女体育基金会, 与女孩和男孩在体育和体育活动环境中相互竞争和对抗的问题, 载 http: //www. womenssportsfoundation. org/en/home/advocate/foundation-positions/equityissues/coedphysical activitysettings, 最后访问时间：2020 年 2 月 11 日。

即使她没有使用激素阻滞剂或服用雌激素。重要的是不要以偏概全：所有男性身体都比女性身体更高、更强壮、技能更好，这样的假设是不正确的。[1]

此外，在青春期之前，男孩和女孩的身体大小和能力没有显著差异。[2] 因此，青年运动队最初常常适用男女混合。[3]

甚至在青春期开始后，年轻人的成长速度也不同，高中生展现出很大不同的身体特征。[4] 因此，高中体育可以容纳处于不同发展水平的学生。[5] 认为跨性别女孩天生就拥有更大、更强、更有技能的假设，"尤其不适用于那些身体仍在发育的年轻人，他们在体型、力量和技能方面的差异明显大于年长的年轻人和成年人"。[6] 因此，仅仅只考虑年龄或身体发育的因素，是不能成为妨碍跨性别学生融入运动队的理由。

（二）更衣室的隐私

对更衣室隐私的担忧很容易解决，一般来说，跨性别学生和非跨性别学生都有隐私问题。这些担忧可以通过向希望获得更多隐私保护的学生提供私人更衣区来轻松解决，无论学生是不是跨性别者。然而，一项要求跨性别学生使用一个单独的换装区的政策，可能会产生孤立和侮辱该学生的潜在破坏性的影响，并可能在未经学生同意的情况下暴露其跨社会性别认同的身份。学区已经开始认识到：允许跨性别学生使用符合女学生社会性别认同的更衣室是最佳做法，同时可以合

---

〔1〕 NAT'L COLLEGIATE ATHLETIC ASS'N, NCAA INCLUSION OF TRANSGENDER STUDENT-ATHLETES 7（Aug. 2011），载 http：//www. uh. edu/gbt/docs/TransgenderHandbook2011 Final. pdf，最后访问时间：2020 年 2 月 11 日。

〔2〕 参见 TRANSGENDER LAW AND POLICY INSTITUTE, GUIDELINES FOR CREATING POLICIES FOR TRANSGENDER CHILDREN IN RECREATIONAL SPORTS 2-3，载 http：//www. transgenderlaw. org/resources/transchildren in sports. pdf，最后访问时间：2020 年 2 月 11 日。

〔3〕 参见 Women's Sports Foundation, Hoover v. Meiklejohn, 430 F. Supp. 164, 166（D. Colo. 1977）（"［虽然］作为一个阶级的男性在力量和速度上往往比作为一个阶级的女性有优势，但男女个体之间的差异范围大于男女之间的平均差异"）。另见妇女体育基金会，与女孩和男孩在体育和体育活动环境中相互竞争和对抗的问题，载 http：//www. womenssportsfoundation. org/en/home/advocate/foundation-positions/equityissues/coedphysical activitysettings，第 1~2 页，最后访问时间：2020 年 2 月 11 日（建议青春期前儿童运动队不按性别隔离）。

〔4〕 参见 Hoover v. Meiklejohn, 430 F. Supp. 164, 166（讨论甚至在青春期之后，每个性别的身体差异的范围）。

〔5〕 参见 Pat Griffin & Helen J. Carroll, On the Team: Equal Opportunity for Transgender Student Athletes 13（2009），载 http：//www. nclrights. org/site/DocServer/TransgenderStudentAthleteReport. pdf ~ doclD = 7901，最后访问时间：2020 年 2 月 11 日。

〔6〕 参见 Pat Griffin & Helen J. Carroll, On the Team: Equal Opportunity for Transgender Student Athletes 13（2009），载 http：//www. nclrights. org/site/DocServer/TransgenderStudentAthleteReport. pdf ~ doclD = 7901，第 16 页，最后访问时间：2020 年 2 月 11 日。

理地兼顾隐私问题。[1]

确保跨性别学生能够按照自己的社会性别认同进入更衣室，这对于他们在充分融入运动队、团队建设以及伙伴关系建设方面也至关重要。在中学和高中的体育运动中，球队在赛前准备、中场休息甚至赛后总结比赛时，都会在更衣室里进行大量的战略规划、指导和交流。如果跨性别运动员错过这些场合的运动机会，那么他们将失去真正平等的参与机会。

（三）为了取得竞争优势而谎称自己是跨性别者

对性别标准进行主观解释和滥用以致获得竞争优势的担忧也完全没有根据。首先，年轻人对跨性别人群的普遍偏见，使得顺性别男孩假装自己是跨性别者，参加女子团体或女子运动比赛的可能性微乎其微。[2] 此外，根本没有证据表明，曾经有任何男性或男孩为了获得竞争优势而谎称自己是女性或跨性别者。正如NCAA 所承认的：认为男子会假扮女子参加女子团体比赛的说法是没有根据的，因为在国际体育比赛 40 年历史的"性别鉴定"程序中从未发现过这种"欺诈"的例子。这一程序并未发现过假扮女性参赛的男性，相反，并没有将试图欺诈性竞争的男性认定为女性，"性验证"测试被滥用来羞辱和不公平地排斥具有两性状况的女性。在制定包括跨性别运动员在内的政策时，应考虑到这些测试显然未能达到其规定的目的：阻止欺诈行为，也应考虑它们对个别女子运动员造成的可怕损害。[3]

即使欺诈是一个现实的问题，但也可以通过一个简单的要求来解决，即所宣

〔1〕 参见 California Education Committee，LLC v. O'Connell，No. 34-200800026507-CU-CR-GDS（Cal. Super. Ct. June 8. 2009，载 http：//www. nclrights. org/site/DocServer/Sac Superior Ctdecision . 06. 01. 2009. pdf~docID = 6041，最后访问时间：2020 年 2 月 11 日。驳回对一个学区提起的诉讼，该学区声称该学区在允许变性男孩在男孩更衣室换衣时侵犯了非变性学生的隐私和安全）。参见 also Los Angeles Unified Sch. Dist. Policy on Transgender and Gender Variant Students（Sept. 9，2011），载 http：//notebook. lausd. net/pls/ptl/docs/PAGE/CALAUSD/FLDR ORGANIZATIONS/FLDRGENERALCOU NSEL/TRANSGENDER% 20% 20GENDER%20NONCONFORMING%20STUDENTSREF - 1557%201%209-9-11. PDF，最后访问时间：2020 年 2 月 11 日（规定"学生应有权进入与其在学校所宣称的性别身份相符的更衣室设施"，并要求向所有学生提供私人更衣室的机会）。

〔2〕 参见 generally Emily A. Greytak，et al. "Harsh Realities：the Experiences of Transgender Youth in our Nation's Schools"，GAY LESBIAN STRAIGHT EDUCATION NETWORK（GLSEN）（2009），载 http：//www. Glsen. orgfbinarydata/GLSENATTACHMENTS/file/000/001/1375-1. pdf，最后访问时间：2020 年 2 月 12 日。

〔3〕 NCAA，NAT'L COLLEGIATE ATHLETIC ASS'N，NCAA INCLUSION OF TRANSGENDER STUDENT-ATHLETES 7（Aug. 2011），载 http：//www. uh. edu/gbt/docs/TransgenderHandbook2011 Final. pdf，最后访问时间：2020 年 2 月 12 日。

称的社会性别认同必须是真实的。[1] 也就是说，学区和联赛不能强加一个负担过于繁重的标准，或者不恰当地依赖于明显符合其性别印象的标准，来测试或验证跨性别学生的性别身份。要求他们符合性别的刻板印象或设置其他学生不需要的医疗障碍，这样的标准会歧视跨性别学生。

（四）融合跨性别学生运动员的最佳实践

在现实中，以上关于跨性别学生的担忧在政策中、执行中不存在任何问题。越来越多的学区和体育协会已经实施了（根据学生的社会性别认同）可行的、适当的标准，将跨性别学生融入体育活动中来。[2] 虽然许多政策是明确禁止歧视跨性别学生的，但是即使在缺乏明确歧视保护措施的州，《教育修正案》第九章也为强制实施这样的政策提供了普遍的依据。[3]

在2008年，[4] 华盛顿州高中运动队（Washington Interscholastic Activities Association）的规章制定机构华盛顿校际活动协会，通过了一项国际一流的政策：允许所有学生"以与其社会性别认同相一致的方式参加体育活动，而不考虑学生记录中列出的性别"。[5] 该政策提供了一个详细的上诉程序，如果"学生参加符合其社会性别认同的性别区分活动的请求，被确认出现了问题"，[6] 学生可以被要求提供有关与其社会性别认同相符的"文件"（例如，来自学生和/或家长/

---

〔1〕 参见 MASS. DEP'T OF ELEM. & SECONDARY ED. GUIDANCE FOR MASSACHUSETTS PUBLIC SCHOOLS CREATING A SAFE AND SUPPORTIVE SCHOOL ENVIRONMENT: NONDISCRIMINATION ON THE BASIS OF GENDER IDENTITY，载 http://www.doe.mass.edu/ssce/genderdentity.pdf，最后访问时间：2020年2月11日（解释说，由于"所有学生都需要一个安全和有支持性的学校环境，才能在学术和发展上取得进步"，因此跨性别学生需要一个跨包容的学校环境，"由于广泛的误解和缺乏对他们生活的了解，他们更容易受到同伴排斥，伤害和欺凌"。描述马萨诸塞州的标准，要求学生的身份是"一致的"，或者"性别相关的身份被真诚地认为是人的核心身份的一部分的其他证据"）。

〔2〕 参见 Bob Cook，"Schools on Notice to Figure Out How to Handle Transgender Athletes"，*FORBEs*（March 2，2013），载 http://www.forbes.com/sites/bobcook/2013/03/12/schools-on-notice-to-figure-out-how-tohandle-transgender-athletes/，最后访问时间：2020年2月12日。

〔3〕 参见以上第四部分（拒绝跨性别学生参与与其性别相符的运动队是没有合法依据的）。

〔4〕 参见 Griffin & Carroll, On the Team: Equal Opportunity for Transgender Student Athletes 13（2009），载 http://www.nclrights.org/site/DocServer/TransgenderStudentAthleteReport.pdf~doclD=7901，第26页，最后访问时间：2020年2月11日。

〔5〕 WASH. INTERSCHOLASTIC ACTIVITIES Assoc. HANDBOOK 2012-13，18.15.0（"性别认同参与"）和附录6（"性别认同参与"），载 http://wwwwiaa.com/ConDocs/Conl 125/FinalHandbook.pdf，最后访问时间：2020年2月11日。

〔6〕 WASH. INTERSCHOLASTIC ACTIVITIES Assoc. HANDBOOK 2012-13，18.15.0（"性别认同参与"）和附录6（"性别认同参与"），载 http://wwwwiaa.com/ConDocs/Conl 125/FinalHandbook.pdf，最后访问时间：2020年2月11日。

监护人和/或卫生保健提供者的书面声明）。[1]

2013 年初，马萨诸塞州中小学教育部（Massachusetts Department of Elementary and Secondary Education）采用了一套全面的有关跨性别学生平等机会的指导文件。[2] 该政策规定："在有性别区分的班级或体育活动中，包括校内和校际体育运动，必须允许所有学生以符合其社会性别认同的方式参与进去。"[3] 该政策明确指出决定因素是学生的社会身份：在符合法定标准的情况下，学校应该接受学生对其社会性别认同的主张，前提是"对社会性别认同身份的主张是一致的、统一的，或者有任何其他证据可以证明其社会性别认同身份确实是一个人核心身份的一部分"。如果一名学生的社会性别认同、外貌或行为符合这一标准，那么学校对其社会身份的主张产生质疑该学生所声称的社会性别认同的唯一情况是，学校工作人员有可信的依据证明该学生的性别是出于某种不正当的目的。[4]

但是，马萨诸塞州（Massachusetts）指导文件还指出：由于普遍存在偏见，跨性别学生可能需要在所有的地方、所有时间都"始终如一"地声称自己的社

---

〔1〕 WASH. INTERSCHOLASTIC ACTIVITIES Assoc. HANDBOOK 2012–13, 18.15.0 （"性别认同参与"）和附录 6（"性别认同参与"），载 http：//wwwwiaa.com/ConDocs/Conl 125/FinalHandbook.pdf，最后访问时间：2020 年 2 月 11 日。

〔2〕 MASS. DEP'T OF ELEM. & SECONDARY ED，参见 MASS. DEP'T OF ELEM. & SECONDARY ED，DGUIDANCE FOR MASSACHUSETTS PUBLIC SCHOOLS CREATING A SAFE AND SUPPORTIVE SCHOOL ENVIRONMENT：NONDISCRIMINATION ON THE BASIS OF GENDER IDENTITY，载 http：//www.doe.mass.edu/ssce/genderdentity.pdf，最后访问时间：2020 年 2 月 12 日（解释说，由于"所有学生都需要一个安全和有支持性的学校环境，才能在学术和发展上取得进步"，因此跨性别学生需要一个跨包容的学校环境，"由于广泛的误解和缺乏对他们生活的了解，他们更容易受到同伴排斥，伤害和欺凌"）。

〔3〕 MASS. DEP'T OF ELEM. & SECONDARY ED, GUIDANCE FOR MASSACHUSETTS PUBLIC SCHOOLS CREATING A SAFE AND SUPPORTIVE SCHOOL ENVIRONMENT：NONDISCRIMINATION ON THE BASIS OF GENDER IDENTITY，载 http：//www.doe.mass.edu/ssce/genderdentity.pdf，最后访问时间：2020 年 2 月 13 日（解释说，由于"所有学生都需要一个安全和有支持性的学校环境，才能在学术和发展上取得进步"，因此跨性别学生需要一个跨包容的学校环境，"由于广泛的误解和缺乏对他们生活的了解，他们更容易受到同伴排斥，伤害和欺凌"）。

〔4〕 MASS. DEP'T OF ELEM. & SECONDARY ED, GUIDANCE FOR MASSACHUSETTS PUBLIC SCHOOLS CREATING A SAFE AND SUPPORTIVE SCHOOL ENVIRONMENT：NONDISCRIMINATION ON THE BASIS OF GENDER IDENTITY，载 http：//www.doe.mass.edu/ssce/genderdentity.pdf，最后访问时间：2020 年 2 月 13 日（解释说，由于"所有学生都需要一个安全和有支持性的学校环境，才能在学术和发展上取得进步"，因此跨性别学生需要一个跨包容的学校环境，"由于广泛的误解和缺乏对他们生活的了解，他们更容易受到同伴排斥，伤害和欺凌"）。

会性别认同。[1] 因此，该指南只要有"其他证据表明与社会性别有关的身份被真诚地作为人的核心身份的一部分，则不需要一致和统一地主张其社会性别认同"。[2] 该指导意见表明，此类证据可能包括：来自家长、卫生保健提供者、熟悉该学生的学校工作人员（教师、指导顾问或学校心理学家等）或其他家庭成员或朋友的来信。由社工、医生、专业护士或其他医护人员发出的信件，说明学生正接受与其社会性别认同有关的医疗照顾或治疗，是确认其社会性别认同的一种形式。然而，它并不是学校或学生可以依赖的唯一形式。一封来自神职人员、教练、家庭朋友或亲戚的信，说明该学生要求得到与其声称的社会性别认同相一致，或者是在公共场合或家庭聚会上的照片，都是另一种潜在的确认形式，这些例子只是列举的，但不是全面的。[3]

2013 年春天，管理加州高中竞技体育的加州校际联合会（California Inter-scholastic Federation，以下简称 CIF）发布了一份指南，要求纳入跨性别学生运动员的模式与华盛顿政策。[4] CIF 政策在相关部分规定："不论学生记录上所列的性别是什么，所有学生都应有机会以符合其社会性别认同的方式参与 CIF 体育活动。"[5] 加利福尼亚州立法机构最近还通过了一项法律，阐明了该州的非歧视法，明确规定必须允许跨性别学生参加所有按性别划分的活动，并根据学生的社

---

[1] MASS. DEP'T OF ELEM. & SECONDARY ED, GUIDANCE FOR MASSACHUSETT PUBLIC SCHOOLS CREATING A SAFE AND SUPPORTIVE SCHOOL ENVIRONMENT: NONDISCRIMINATION ON THE BASIS OF GENDER IDENTITY, 载 http://www.doe.mass.edu/ssce/genderdentity.pdf, 最后访问时间：2020 年 2 月 13 日（解释说，由于"所有学生都需要一个安全和有支持性的学校环境，才能在学术和发展上取得进步"，因此跨性别学生需要一个跨包容的学校环境，"由于广泛的误解和缺乏对他们生活的了解，他们更容易受到同伴排斥、伤害和欺凌"）。

[2] MASS. DEP'T OF ELEM. & SECONDARY ED, GUIDANCE FOR MASSACHUSETT PUBLIC SCHOOLS CREATING A SAFE AND SUPPORTIVE SCHOOL ENVIRONMENT: NONDISCRIMINATION ON THE BASIS OF GENDER IDENTITY, 载 http://www.doe.mass.edu/ssce/genderdentity.pdf, 最后访问时间：2020 年 2 月 13 日（解释说，由于"所有学生都需要一个安全和有支持性的学校环境，才能在学术和发展上取得进步"，因此跨性别学生需要一个跨包容的学校环境，"由于广泛的误解和缺乏对他们生活的了解，他们更容易受到同伴排斥、伤害和欺凌"）。

[3] MASS. DEP'T OF ELEM. & SECONDARY ED, GUIDANCE FOR MASSACHUSETT PUBLIC SCHOOLS CREATING A SAFE AND SUPPORTIVE SCHOOL ENVIRONMENT: NONDISCRIMINATION ON THE BASIS OF GENDER IDENTITY, 载 http://www.doe.mass.edu/ssce/genderdentity.pdf, 最后访问时间：2020 年 2 月 13 日（解释说，由于"所有学生都需要一个安全和有支持性的学校环境，才能在学术和发展上取得进步"，因此跨性别学生需要一个跨包容的学校环境，"由于广泛的误解和缺乏对他们生活的了解，他们更容易受到同伴排斥、伤害和欺凌"）。

[4] CALL. INTERSCHOLASTIC FED'N BYLAwS, 300 D（"Gender Identity Participation"）（on file with author）.

[5] CALL. INTERSCHOLASTIC FED'N BYLAwS, 300 D（"Gender Identity Participation"）（on file with author）.

会性别认同使用所有按性别划分的设施。[1]

应该指出的是，有关成年人参加体育运动的政策往往包括一些与医学变性有关的要求，然后跨性别女性才能参加女队，虽然这些要求（特别是生殖器手术）并不是对所有跨性别者来说都是必要的、合适的并且能负担得起的。[2] 此外，"跨性别者是否接受生殖器再造手术与他们的运动能力无关"。[3] 国际奥委会（International Olympic Committee，以下简称 IOC ）采用了体育界最严苛的标准之一：要求青春期后的跨性别女性必须接受生殖器再造手术和激素治疗，然后在手术 2 年后才能参加女性比赛。[4] 相比之下，在 2011 年，NCAA 通过了一项政策，该政策更接近跨性别者的生活现实。[5] NCAA 的政策要求跨性别女性在进入女队之前只需要接受 1 年的激素治疗。[6] 该政策引用了加州大学洛杉矶分校（University of California Los Angeles，以下简称 UCLA ）的埃里克·维兰博士（Dr. Eric Vilain）的话，他指出："研究表明，男性到女性的跨性别者的雄激素剥夺和性激素治疗会降低肌肉质量，1 年是一个适当的过渡时间，在此之后跨性别运动员可以参加女子团体比赛。"[7]

由于上文第四部分（一）所述的所有原因，本节中描述为最佳实践的学生政策是都不要求对 K-12 学生进行医疗干预。但是，某些州的政策要求进行医疗干预。康涅狄格州高中体育管理机构，康涅狄格州校际运动会（Connecticut Interscholastic Athletic Conference，以下简称 CIAC）采用了比 NCAA 中的大学生运

---

〔1〕 参见 Assem. B. 1266 (2013)，载 http：//leginfo. legislature. ca. gov/faces/billNavClient. xhtml? bill_id = 201320140AB 1266&sear ch-keywords =，最后访问时间：2020 年 2 月 13 日。

〔2〕 参见 J. M. Grant et al. Injustice at Every Turn：A Report of the National Transgender Discrimination Study（2011），载 http：//www. thetaskforce. org/downloads/reports/reports/ntds - full. pdf，最后访问时间：2020 年 2 月 13 日。

〔3〕 参见 Griffin & Carroll. On the Team：Equal Opportunity for Transgender Student Athletes 13（2009），载 http：//www. nclrights. org/site/DocServer/TransgenderStudentAthleteReport. pdf~docID = 7901，第 12 页，最后访问时间：2020 年 2 月 13 日。

〔4〕 参见 INT'L OLYMPIC COMM'N, STATEMENT OF THE STOCKHOLM CONSENSUS ON SEX REASSIGNMENT IN SPORTS（Nov. 12, 2003），载 http：//www. olympic. org/Documents/Reports/EN/enreport _905. pdf，最后访问时间：2020 年 2 月 13 日。

〔5〕 NCAA, NAT'L COLLEGIATE ATHLETIC ASS'N, NCAA INCLUSION OF TRANSGENDER STUDENT-ATHLETES 7（Aug. 2011），载 http：//www. uh. edu/gbt/docs/TransgenderHandbook2011 Final. pdf，最后访问时间：2020 年 2 月 13 日。

〔6〕 NCAA, NAT'L COLLEGIATE ATHLETIC ASS'N, NCAA INCLUSION OF TRANSGENDER STUDENT - ATHLETES 7（Aug. 2011），载 http：//www. uh. edu/gbt/docs/TransgenderHandbook2011 Final. pdf，第 13 页，最后访问时间：2020 年 2 月 13 日。

〔7〕 NCAA, NAT'L COLLEGIATE ATHLETIC ASS'N, NCAA INCLUSION OF TRANSGENDER STUDENT - ATHLETES 7（Aug. 2011），载 http：//www. uh. edu/gbt/docs/TransgenderHandbook2011 Final. pdf，第 13 页，最后访问时间：2020 年 2 月 13 日。

动员更独特、更难达到的繁重标准。[1] 康涅狄格州的政策基本上与国际奥委会的政策一致，[2] 该政策规定跨性别学生只能参加"他们出生证明上的性别运动队，除非他们经历过变性手术"，定义如下：在青春期前曾接受变性手术，或者经历性别重新分配的学生运动员符合以下所有条件的，青春期之后已进行过性别重新分配的学生：①生殖器再造手术已经完成，包括外生殖器改变和性腺切除术。②所有适当的政府机构都已就性别重新分配给予法律认可（如驾照、选民登记等）。③已得到可核实的方式和足够长的时间去实施对指定性别适用的激素治疗，以尽量减少体育比赛中有关性别的优势。④重新分配性别的运动员资格可以在所有手术和解剖完成 2 年后开始。[3]

然而，2011 年康涅狄格州通过了一项反歧视法，明确禁止该州公立学校歧视跨性别学生，[4] 随后，2012 年 4 月，康涅狄格安全学校联盟（Connecticut Safe Schools Coalition）在其网站上发布了康涅狄格州人权与机会委员会（Commission on Human Rights and Opportunities）的指导意见，其中相关部分规定，"应允许跨性别学生根据其社会性别认同参加按性别分类的体育活动"。[5] 似乎有必要在不久的将来重新审视 CIAC 苛刻的标准，以使其符合州的非歧视政策。

科罗拉多州提供了一个在该领域发展最佳实践的一个例子。科罗拉多州高中活动协会（Colorado High School Activities Association）于 2009 年通过了一项政策，该政策要求跨性别学生根据其社会性别认同参加体育运动之前要进行医学治

---

〔1〕 参见 Buzuvis, "Transgender Student-Athletes and Sex-Segregated Sport: Developing Policies of Inclusion for Intercollegiate and Interscholastic Athletics", 21 SETON HALL J. SPORTS & ENT. L. 1, 6–8 (2011)（讨论将女性排除在所有男性运动队之外的伤害原因），p. 26.

〔2〕 参见 Buzuvis, "Transgender Student-Athletes and Sex-Segregated Sport: Developing Policies of Inclusion for Intercollegiate and Interscholastic Athletics", 21 SETON HALL J. SPORTS & ENT. L. 1, 6–8 (2011)（讨论将女性排除在所有男性运动队之外的伤害原因），p. 26. 对于在青春期后，完全生殖器手术，性腺切除，激素治疗以及 2 年等待期之后过渡的跨性别运动员，需要制定 IOC 政策。参见 INT'L OLYMPIC COMM'N, STATEMENT OF THE STOCKHOLM CONSENSUS ON SEX REASSIGNMENT IN SPORTS (Nov. 12, 2003), 载 http://www.olympic.org/Documents/Reports/EN/enreport_905.pdf, 最后访问时间：2020 年 2 月 10 日。

〔3〕 CONN. INTERSCHOLASTIC ATHLETIC CONFERENCE HANDBOOK 2012–2013, Art. IX, Sec. B（"跨性别参与"）at 54, 载 http://www.casciac.org/pdfs/ciachandbook_1213.pdf, 最后访问时间：2020 年 2 月 10 日。

〔4〕 CONN. GEN. STAT. § 10-15c.

〔5〕 参见 CONN. STATE DEPT. OF EDUC. BULLYING AND HARASSMENT RESOURCE PAGE（链接到 "Guidelines for Schools on Gender Identity and Expression"），载 http://www.sde.ct.gov/sde/cwp/view.asp?a-2700&Q=322402, 最后访问时间：2020 年 2 月 10 日。

疗。[1] 科罗拉多州最初的政策规定：跨性别学生只有通过可核实的方式和足够长的时间实施适合指定性别的激素治疗，以最大限度地减少性别带来的优势之后才能参加比赛。[2]

但是，如上所述，要求跨性别未成年人进行医疗干预是特别不公平和不切实际的。到 2012—2013 学年，科罗拉多州的政策已修改为：科罗拉多州高中活动协会根据美国宪法（the United States Constitution）的平等保护条款，允许跨性别学生参加体育运动。跨性别学生运动员所在学校应进行保密评估，以确定未来适合学生运动员的社会性别。CHSAA 将遵循批准的政策程序，以确保将与性别相关的优势和安全顾虑降至最低。[3]

2013 年 4 月，CHSAA 董事会批准了对跨性别学生运动员政策的进一步修订。董事会自 2013 年 4 月会议以来的会议记录表明，该政策一直在更新中，"使之更加符合当前州和联邦关于歧视和包容的法律问题"。[4] 新政策明确指出："科罗拉多高中活动协会承认跨性别学生运动员参加校际活动的权利，不受基于性取向的非法歧视。"[5]（根据科罗拉多州法律，对"跨社会性别认同"的歧视，被包含在禁止"性取向"歧视之内）[6] 新的政策用语言消除了对"性别相关优势"和"安全问题"含糊不清的描述，相反，与马萨诸塞州的指南相似，该政策规定了识别跨性别学生真实社会性别认同的具体程序，提供相关文件应包括：①来自学生的书面陈述，确认其一致的社会性别认同及表达自我认同。②来自包括但

---

〔1〕 参见 Buzuvis, "Transgender Student-Athletes and Sex-Segregated Sport: Developing Policies of Inclusion for Intercollegiate and Interscholastic Athletics", 21 SETON HALL J. SPORTS & ENT. L. 1, 6-8（2011）（讨论将女性排除在所有男性运动队之外的伤害原因），pp. 26-27.

〔2〕 参见 Buzuvis, "Transgender Student-Athletes and Sex-Segregated Sport: Developing Policies of Inclusion for Intercollegiate and Interscholastic Athletics", 21 SETON HALL J. SPORTS & ENT. L. 1, 6-8（2011）（讨论将女性排除在所有男性运动队之外的伤害原因），pp. 26-27. 俄勒冈州的政策类似地要求变性女孩接受荷尔蒙治疗，然后才能加入女孩队。OR. SCH. ACTIVITIES Assoc, 2012-13 OSAA HANDBOOK, 载 http://www.osaa.org/publications/handbook/1213/06ExecutiveBoardPolicies.asp, 最后访问时间：2020 年 2 月 10 日（允许不服用激素的男女跨性别学生只参加男队，但允许服用激素至少 1 年的男女跨性别学生参加女队）。

〔3〕 CHSAA, CHSAA 2012-2013 HANDBOOK, 载 http://www.chsaa.org/about/pdflHandbook-12-13.pdf, 最后访问时间：2020 年 2 月 10 日。

〔4〕 参见 COLO. HIGH SCH. ACTIVITIES Assoc, BOARD OF DIRECTORS MEETING MINUTES（April 2013），载 http://www2.chsaa.org/about/pdf/BDMinutesApril2013.pdf, 最后访问时间：2020 年 2 月 10 日。

〔5〕 CHSAA, CHSAA 2012-2013 HANDBOOK, 载 http://www.chsaa.org/about/pdflHandbook-12-13.pdf, 最后访问时间：2020 年 2 月 10 日。

〔6〕 COLO. REV. STAT. ANN. §22-32-109（1）（ll（I）（规定所有公立学校必须采取禁止基于性取向歧视的政策）；COLO. REV. STAT. ANN. §§ 2-4-401（13.5）（在科罗拉多州的所有法规中，"'［性］倾向'是指一个人对异性恋，同性恋，双性恋或变性者的性取向，或者另一个人对其的看法"）。

不限于父母、朋友或老师的文件，这些文件确认学生的行为、态度、着装和举止表现能证明学生一贯的社会性别认同。③由适当的卫生保健专业人员（医生、精神病学家、心理学家）出具的学生一贯的社会性别认同和表达的书面证明。④医疗文件（激素治疗、性别再分配手术、咨询、医务人员等）。[1]

与华盛顿、马萨诸塞州和加利福尼亚州的政策一样，学生的社会身份（适当地）是关键；一旦确定了这一点，就不允许也不需要再做过多要求。

一些组织还制定了详细、深入的政策，就如何对待跨性别学生运动员提出了建议，[2] 例如，由同性恋、女同性恋和异性恋教育网络（Gay、Lesbian and Straight Education Network，以下简称 GLSEN）和国家跨性别平等中心（National Center for Transgender Equality）[3] 和加利福尼亚安全学校联盟（California Safe Schools Coalition）颁布的示范学区政策[4]中有规定：要求允许跨性别学生基于他们的社会性别认同，参与校内、校际的运动队和体育课的性别区分的运动队。

在这个问题上，详细的资料是 2009 年发表的一份题为"关于团队：跨性别学生运动员的平等机会"的报告。[5] 该报告是 2009 年"智库团"会议的结果，该会议召集了倡导者、教育家、医生和教练来讨论，并确定了确保跨性别学生能够参加高中和大学体育活动的最佳做法。[6] 该"智库团"为中学和大学的体育项目制定了建议政策。[7] NCAA 随后采纳了其所建议的大学政策。如前所述：

---

〔1〕 参见 CHSAA, BOARD OF DIRECTORS MEETING MINUTES（April 2013），载 http：//www2. chsaa. org/about/pdf/BDMinutesApril2013. pdf，最后访问时间：2020 年 2 月 7 日。

〔2〕 参见 Griffin & Carroll, On the Team：Equal Opportunity for Transgender Student Athletes 13（2009），载 http：//www. nclrights. org/site/DocServer/TransgenderStudentAthleteReport. pdf ~ docID = 7901，最后访问时间：2020 年 2 月 7 日。

〔3〕 GLSEN AND NATIONAL CENTER FOR TRANSGENDER EQUALITY, MODEL DISTRICT POLICY ON TRANSGENDER AND GENDER NONCONFORMING STUDENTS，载 http：//glsen. org/article/transgender-model-district-pol，最后访问时间：2020 年 2 月 7 日。

〔4〕 CAL. SAFE SCH. COALITION, MODEL SCHOOL DISTRICT POLICY REGARDING TRANSGENDER AND GENDER NONCONFORMING STUDENTS，载 http：//www. casafeschools. org/csscmodelpolicy1209. pdf，最后访问时间：2020 年 2 月 7 日。

〔5〕 Griffin & Carroll, On the Team：Equal Opportunity for Transgender Student Athletes 13（2009），载 http：//www. nclrights. org/site/DocServer/TransgenderStudentAthleteReport. pdf ~ docID = 7901，最后访问时间：2020 年 2 月 7 日。

〔6〕 Griffin & Carroll, On the Team：Equal Opportunity for Transgender Student Athletes 13（2009），载 http：//www. nclrights. org/site/DocServer/TransgenderStudentAthleteReport. pdf ~ docID = 7901，第 2 页，最后访问时间：2020 年 2 月 7 日。

〔7〕 Griffin & Carroll, On the Team：Equal Opportunity for Transgender Student Athletes 13（2009），载 http：//www. nclrights. org/site/DocServer/TransgenderStudentAthleteReport. pdf ~ docID = 7901，第 2 页，最后访问时间：2020 年 2 月 7 日。

它规定跨性别女性在接受了 1 年的激素治疗后可以加入女子运动队。[1] 相比之下，该报告针对高中运动的建议政策规定："应允许学生按照其社会性别认同参加体育活动，而不论其出生证明或其他学生记录上列出的性别是什么，并且不论学生是否接受过任何医疗。"[2]

美国最大的业余体育联盟美国橄榄球联合会（U. S. Soccer Federation）也采取了一项包容政策：允许跨性别运动员参赛，包括青少年和成年人。该政策是2012 年制定的，目的是确保在该联盟允许 11 岁的跨性别女孩 Jazz 加入女子球队后，能够采用一致的标准。[3] 就像上面提到的其他"最佳实践"政策一样，联盟的新政策完全取决于球员的社会性别认同，而不需要任何医疗干预。

为了在基于性别的业余球队中进行注册，球员可以在与其社会性别认同相符的球队注册，并通过文件或证据证明所陈述的性别是真实的，并且是这个人核心身份的一部分，以充分保证参赛的准确性。符合本协议所述的标准文件包括：政府发行的文件或由卫生保健提供者、顾问或与球员无关的其他合格专业人员准备的文件。[4]

值得注意的是，上面所描述的"最佳实践"政策中，没有一项是禁止未经历过医疗干预的跨性别学生参与与出生时性别相一致的团队。[5] 对一些跨性别学生来说，尤其是那些处于转变初期的学生来说，根据他们被分配的性别参加一个团队可能会使其更舒服。当前的政策没有规定跨性别学生必须参加与其社会性别认同一致的团队，也不应这样做。该决定应由跨性别学生根据他/她个人的需求做出（包括隐私，安全性和舒适性）。[6] 例如，凯尔·阿勒姆斯（Kye Al-

〔1〕 NCAA INCLUSION OF TRANSGENDER STUDENT - ATHLETES 7（Aug. 2011），载 http：//www. uh. edu/gbt/docs/TransgenderHandbook2011 Final. pdf，第 13 页，最后访问时间：2020 年 2 月 7 日。

〔2〕 Griffin & Carroll，On the Team：Equal Opportunity for Transgender Student Athletes 13（2009），载 http：//www. nclrights. org/site/DocServer/TransgenderStudentAthleteReport. pdf ~ docID = 7901，第 24 页，最后访问时间：2020 年 2 月 7 日。

〔3〕 参见 Dan Woog，"US Soccer and All That Jazz"，*BETWEEN THE LINES NEWS*（March 7，2013），载 http：//www. pridesource. com/article. html？article = 58803，最后访问时间：2020 年 2 月 7 日（描述新政策的采用）。

〔4〕 U. S. SOCCER FED'N TRANSGENDER INCLUSION POLICY（与作者一起存档）。

〔5〕 Griffin & Carroll，On the Team：Equal Opportunity for Transgender Student Athletes 13（2009），载 http：//www. nclrights. org/site/DocServer/TransgenderStudentAthleteReport. pdf ~ docID = 7901，第 24 页，最后访问时间：2020 年 2 月 7 日（高中田径运动的推荐政策，"该政策不得阻止跨性别学生运动员根据其出生性别选择参加体育活动"）。

〔6〕 参见 NCAA INCLUSION OF TRANSGENDER STUDENT-ATHLETES 7（Aug. 2011），载 http：//www. uh. edu/gbt/docs/TransgenderHandbook2011 Final. pdf，第 13 页，最后访问时间：2020 年 2 月 7 日（"任何未接受与性别转变有关的激素治疗的跨性别学生运动员，均可根据其所分配的出生性别参加分性别的体育活动"）。

lums）是一位跨性别者，在 NCAA 政策允许的激素治疗之前，她曾为乔治·华盛顿大学的女子篮球队效力。[1]

总而言之，尽管反对者有时会对跨性别学生融入运动队的可行性或公平性表示担忧，但这些担忧被严重夸大了，这些担忧不能成为要求跨性别学生运动员加入与自己身份冲突的球队的理由。相反，允许跨性别学生基于自己的社会性别认同参加体育运动，是迄今为止最公平、最实用的解决方案，也是唯一一个符合第九章非歧视法规的方法。

（五）参与体育活动的机会平等对于跨性别学生的福祉尤为重要

如上所述，如果与第七章的解释一致，第九章禁止学校歧视跨性别学生，并保证这些学生获得所有的平等受教育机会包括体育运动，没有任何合法的政策依据能够证明将跨性别学生排除在符合其社会性别认同的运动队之外是正当的。但是，最引人注目的是，为跨性别学生提供平等的参加体育运动的机会对他们的身体健康、自尊和心理健康是至关重要的。

在过去的半个世纪里，一项重要的研究表明了参与体育运动对年轻人的价值。[2] 体育医学、心理学、人类发展和公共卫生等领域的许多研究都观察分析了青年参与体育的影响。[3] 这些研究证实，青少年参与体育活动对参与者来说有多方面的好处。从身体上讲，参与体育活动有助于增强骨骼和肌肉力量，降低患慢性病的风险，减少肥胖的风险，并且养成长期锻炼的习惯。[4] 从心理上讲，

---

〔1〕 参见 Erik Brady, "Transgender Male Kye Allums on the Women's Team at GW", *USA TODAY* (Nov. 4, 2010), 载 http://usatoday3O. usatoday. com/sports/college/womensbasketball/atlantic 10/2010 - 11 - 03kye-allums-george-washington-transgenderN. htm? csp=digg, 最后访问时间：2020 年 2 月 7 日。

〔2〕 Kelly P. Troutman & Mikaela J, "Dufur. From High School Jocks to College Grads: Assessing the Long-Term Effects of High School Sport Participation on Females' Educational Attainment", *YOUTH SOCIETY*, Vol. 38, No. 4, 443 (June 2007) ("以高中体育为中心的大量研究表明，参加校际运动的参与者可以从他们的参与中获得各种积极的好处"）。

〔3〕 参见 Suzanne Le Menestrel & Daniel F. Perkins, "An overview of how sports. outof-school time, and youth well-being can and do intersect", *NEW DIRECTIONS FOR YOUTH DEVELOPMENT*, No. 115, 13 - 14 (Fall 2007).

〔4〕 参见 Suzanne Le Menestrel & Daniel F. Perkins, "An overview of how sports. outof-school time, and youth well-being can and do intersect", *NEW DIRECTIONS FOR YOUTH DEVELOPMENT*, No. 115, 13 - 14 (Fall 2007). （指出 "最近的美国人饮食指南建议儿童和青少年应该在 1 周的所有或大部分时间里至少参加 60 分钟的体育锻炼"，并且 "参加体育锻炼对健康有好处。有据可查的文献：建立健康的骨骼和肌肉；降低患心脏病和糖尿病等慢性疾病的风险；降低超重和肥胖的机会；减轻焦虑，沮丧和绝望的感觉；促进心理健康"）

参加体育运动有助于促进心理健康、对抗焦虑以及抑郁。[1] 事实上，参加体育活动能防止青少年自杀，[2] 考虑到跨性别青少年中存在很高的社会孤立感和自杀倾向，这一点可能尤为重要。[3] 体育还提供了社会支持网络和一体化，从而进一步加强了青少年的心理健康建设。[4]

参与团队运动还可以提高儿童的学业成绩。[5] 研究证实：参加体育运动是留在学校的可预测结果，并增加积极调整的一般措施。[6] 研究还显示：与那些不参加高中体育运动的学生相比，高中参与体育运动的学生有更好的机会上大学

〔1〕 参见 Suzanne Le Menestrel & Daniel F. Perkins，"An overview of how sports. outof-school time，and youth well-being can and do intersect"，*NEW DIRECTIONS FOR YOUTH DEVELOPMENT*，No. 115，13-14（Fall 2007）.

〔2〕 Lindsay A. Taliaferro et al，"High School Youth and Suicide Risk：Exploring Protection Afforded Through Physical Activity and Sport Participation"，*J. SCH. HEALTH*，Vol. 78，No. 10，545，552（"我们发现运动参与与减少绝望和自杀行为的风险有关"）.

〔3〕 在 K-12 学校的跨性别学生中，近 50% 曾尝试自杀，参见 SAN FRANCISCO UNIFIED SCH. DiST，KEEPING OUR LGBT YOUTH SAFE AND IN' SCHOOL，载 http：//www. healthiersf. org/LGBTQ/GetTheFacts/docs/LGBTQwebsiteHealthSurveyl011. pdf，最后访问时间：2020 年 2 月 8 日（以美国疾病控制与预防中心制定的 2011 年青年风险行为调查的结果为重点）。2019 年，每 10 名跨性别青年中就有 9 名在学校遭到骚扰。参见 Greytak，et al，"Harsh Realities：the Experiences of Transgender Youth in our Nation's Schools"，GAY LESBIAN STRAIGHT EDUCATION NETWORK（GLSEN）（2009），载 http：//www. glsen. orgfbinarydata/GLSENATTACHMENTS/file/000/001/1375-1. pdf，最后访问时间：2020 年 2 月 8 日。

〔4〕 Taliaferro et al，"Harsh Realities：the Experiences of Transgender Youth in our Nation's Schools"，GAY LESBIAN STRAIGHT EDUCATION NETWORK（GLSEN）（2009），载 http：//www. glsen. orgfbinarydata/GLSENATTACHMENTS/file/000/001/1375-1. pdf，第 551 页，最后访问时间：2020 年 2 月 9 日（"运动员成为包括队友、教练、卫生专业人员、家庭和社区的社交网络的成员时，他们可能会经历更大的社交融合。团队运动环境为青少年自尊心的发展是因为团队为年轻人提供了与成年人和同龄人互动以实现集体目标的机会。通过其促进社会支持和融合的能力，体育参与可以创造一种独特形式的保护措施，以预防与青少年自杀相关的危险因素"）.

〔5〕 Bonnie L. Barber，Jacquelynne S. Eccles，& Margaret R. Stone，"Whatever Happened to the Jock，the Brain，and the Princess？Young Adult Pathways Linked to Adolescent Activity Involvement and Social Identity"，*J. OF ADOLESCENT RES*，Vol. 16，No. 5，429，430（September 2001）（"参加活动与更好的学业，教育程度，职业状况和收入有关"）.

〔6〕 Bonnie L. Barber，Jacquelynne S. Eccles，& Margaret R. Stone，"Whatever Happened to the Jock，the Brain，and the Princess？Young Adult Pathways Linked to Adolescent Activity Involvement and Social Identity"，*J. OF ADOLESCENT RES*，Vol. 16，No. 5，429，430（September 2001）（"参加活动与更好的学业，教育程度，职业状况和收入有关"）.

并顺利毕业。[1] 体育参与还对高中学生的 GPA 有积极影响。[2] 此外，体育参与还可以建立团队合作，增强体育精神和努力工作等价值观，并提高社交技能。[3]

对于跨性别学生等弱势群体来说，参加这些社会、校际运动对他们心理和身体更加有益处。[4] 不允许这些学生参加与社会性别认同相符的运动队只会增加他们的孤独感和绝望感，此外，要求他们参加与出生性别一致的球队是不切实际的，并迫使他们拒绝其社会性别认同。许多跨性别学生——尤其是那些顺性别学生，他们只是以他们所认同的社会性别认同生活——将会完全拒绝参加任何体育活动，而不是被迫以出生性别的身份参加体育活动。事实上，这是大多数人的反应，不管是不是跨性别者，为了参加体育运动而被要求成为另一性别的一员时的反应。要求跨性别的孩子（没有其他人）参加与他们的社会性别认同不符的球队比赛是歧视性的，并剥夺了这些年轻人获得体育运动所能提供的无数好处的权利。

---

〔1〕 Troutman & Dufur, "From High School Jocks to College Grads: Assessing the Long-Term Effects of High School Sport Participation on Females' Educational Attainment", *YOUTH SOCIETY*, Vol. 38, No. 4, 443 (June 2007)（"以高中体育为中心的大量研究表明，参加校际运动的参与者可以从他们的参与中获得各种积极的好处"，"该女性样本的结果提供了证据支持这一假设，即从事高中运动的女性比同龄人更容易毕业于大学"）.

〔2〕 Jacquelynne S. Eccles & Bonnie L. Barber, "Student Council, Volunteering, Basketball, or Marching Band: What Kind of Extracurricular Involvement Matters?", *J. OF ADOLESCENT RES*, Vol, 14. No. 1, 10, 18 (Jan, 1999)（"体育参与预测十年级到十二年级之间喜欢学校的人数会增加，十二年级的平均成绩高于预期，21 岁时被全日制大学录取的可能性也高于预期"）.

〔3〕 Get Set To Make the Case, Presenting Sports as an Agent for Social Change, 载 http://digitalcommons. calpoly. edu/cgilviewcontent. cgi? article = 1028&context = rpta fac，最后访问时间：2020 年 2 月 9 日（收集研究结论，认为"运动可以帮助孩子提高自尊，发展重要的社交和领导技能，团队合作能力和主动性"）.

〔4〕 参见 Stuart Biegel, THE RIGHT TO BE OUT: SEXUAL ORIENTATION AND GENDER IDENTITY IN AMERICA'S PUBLIC SCHOOLS 179 (2010)（"不光是那些渴望接受任何形式的变性手术的人，在现阶段一般都负担不起，医生通常也不会为这么年轻的人做这种手术。这一现实是核心，不可忽视"）；斯派德院长在《变性人权利》218-19（2000 年）中，"遵守是性别的：在敌对的经济中为性别自决而斗争"（"由于严重和持续的歧视，性别侵犯者仍然无法获得经济和教育机会，其中大部分仍然是合法的。许多变性人在开始他们的生活时都会遇到在家里受到虐待或骚扰的障碍，或者因为他们的性别身份或表情而被赶出家门。另见世界变性人健康专业协会："变性人、跨性别者和不符合性别的人健康护理标准"（第 7 版），载《国际变性学杂志》第 13 卷，http://www.wpath.org/documents/IJT/20SOC%20V7.pdf，最后访问时间：2020 年 2 月 9 日（"直到（i）患者达到法定成年年龄，同意在某一国家进行医疗程序，以及（ii）患者在符合其性别身份的性别角色中连续生活至少 12 个月，才应进行生殖器手术"），第 193 页（"通常，跨性别青年只能参加与其性别认同不符的运动队。性别不合格的学生不禁将其视为另一种方式，即他们不认真对待并被告知其身份无效。一般而言，建议尽可能允许学生根据其所识别的性别参加按性别分类的体育和体育课活动"）.

　　除了这些直接、内在的价值外，允许跨性别学生参加符合其社会性别认同的团队的政策，还会对跨性别者的权利产生更广泛的社会影响。正如斯图尔特·比格尔（Stuart Biegel）教授所解释的：必须要强调有组织的体育运动对我们年轻人的生活有多么深远而直接的影响。仅从这些数字就可以看出影响的范围。美国有很大比例的年轻人参加有组织的体育活动，从小到高中、大学甚至更大。鉴于这种程度的参与，大多数年轻人都会不可避免地受到这些项目中高度流行的文化、传统和心态的影响。[1]

　　因此，为了使每个儿童平等受教育的权利得到第七章和第九章先例一致的保护，必须允许跨性别学生参加与其社会性别认同相符的运动队。

五、结论

　　如果根据美国《教育修正案》第七章就业歧视先例和第九章关于性骚扰的先例进行正确解释，第九章禁止歧视跨性别人士。因此，根据第九章，跨性别学生必须获得平等参加学校体育活动的机会：对待跨性别男孩和跨性别女孩必须要像对待其他学生一样。对第九章的解释也与判例法保持一致，这些判例法解决了传统上性别区分运动的融合问题，这已经揭穿了一些关于男性只能参加女子运动队的担忧，其中包括关于受伤风险和竞争劣势的担忧。

　　更重要的是，对于受伤或更衣室隐私的侵犯和假设性担忧，都不能成为不遵守第九章规定的必要性借口，即所有儿童（包括跨性别儿童）都应享有平等的参加体育活动的机会。跨性别学生是社会上最易受伤害和承受高风险的人群之一，他们被允许参加符合其社会性别认同的运动队，这将为其自尊、心理和身体健康带来巨大好处。当跨性别学生完全融入并能够像其他所有学生一样在学校充分发展时，他们的队友、竞争对手和社区也将因此受益颇深。

---

　　〔1〕　参见 Stuart Biegel，THE RIGHT TO BE OUT：SEXUAL ORIENTATION AND GENDER IDENTITY IN AMERICA'S PUBLIC SCHOOLS 179（2010），p. 151.

法意人生

筚路蓝缕，甘当人梯*
——王连昌教授访谈

目　次
一、结缘西政，情系行政法
二、孜孜以求，开创西南行政法学派
三、献计献策，畅谈法学教育

一、结缘西政，情系行政法

湘江法律评论：王老师，恭喜您获得中国行政法学"杰出贡献奖"，对于获得中国行政法学"杰出贡献奖"，您有什么感受？

王连昌：行政法学成立 30 周年纪念大会暨 2015 年年会，会上对我的简介大概就是以下几点：第一就是介绍新中国行政法的奠基者和创建者之一，中国行政法学研究会发起人之一。第二就是上世纪（20 世纪）发表了若干论文，提出了一些新观点，比如监督制度六条建议、下放地方立法权、跨行政区域设立司法机关等，这些观点受到了重视。第三就是由于我的努力促使了中国行政诉讼法的诞生，并参加了起草，又参加了国家和地方若干法律、法规的起草，提出了一些有价值的新观点。第四点就是主编了司法部和中央电视广播大学的行政法学教材，影响深远，并附图介绍。

湘江法律评论：王老师，您的人生阅历特别丰富，分别在公安部门、检察院和高等院校都工作过，那是什么样的机缘让您毕业后又回到西政（西南政法大学，下同）教书？我们知道，您曾经教过宪法学，那最后是什么样的机遇让您钟

＊ 受湘江法律评论编辑部委托，西南政法大学张运昊、张博、范奇、戴冰 4 位同学完成了此次访谈，谨致谢意。

情于行政法学研究呢？

王连昌：第一个问题，涉及我个人的人生经历。当年我的家乡正在组织抗日战争。当年我家是 11 口人，男女老少都参加了抗日战争。我父亲是苏联回来的抗日战争华侨，在国外待了 14 年，"九一八"以后回国参加抗战，参加了东北军。当时是在 53 军 130 师吕正操带领的部队。他们是边打边退，转战 11 个省，退到四川成都。我则随着父亲也来到成都。

后来在成都读了小学、中学。在 17 岁的时候就参加了工作，被分到四川郊区的一个县——郫县，我被抽调到县法庭的一个特殊法庭，和县法庭平级，专门审理反革命。我一去才 17 岁就被委任当审判员又兼任秘书组长。这段经历对我锻炼很大。还有我干公安工作受过记忆训练，在公安工作要受记忆训练，不准记笔记，全靠脑子记。这些都为我以后的研究奠定了基础。

后来国内兴办高等学校，吸收有工作岗位的年轻干部就学，当时的高中生毕业不够资格上高等学校，因此我就被保送到西南政法学院学习了。在这里学习的时候，我很认真。我在读书的时候，所有的考查或者考试，我都是优等成绩。所以学校每一次评优等生，每一届都有我。后来我去一个大专学校教书，教的政治理论课，教政治理论课呢，再后来到 1979 年我就回到了西南政法大学了。

关于我为什么最后研究行政法，你们都知道中华人民共和国行政法的研究起步很晚，我 1954 年至 1958 年上大学的时候，也学过行政法，学的是苏维埃行政法，也就是苏联行政法，当时的老师是赵崇汉，赵老师是法国里昂大学行政法博士，1942 年抗日战争时期回国，但是他只教苏联行政法，教材是苏联的，参考资料也是苏联的。1958 年以后，大陆所有的大学都没有行政法这门课，法律系也被撤销，隔了二十几年，邓小平主政后，我看到邓小平讲话中提倡搞行政法，认为这是一个契机，我就决定研究行政法。

当然，还有一些原因，我回西政以后，当时的院长是胡光胡老院长，他非常支持我的工作。我开始教 78 级学习宪法，教过宪法之后，我就觉得不适合。因为宪法的内容相对宏观，我想研究相对具体的问题。行政法没有人研究，我就研究行政法。当时教研室主任是卢教授，他对我表示了支持，之后我就不教宪法了，主要研究行政法。

二、孜孜以求，开创西南行政法学派

湘江法律评论：新中国第一批本科行政法教材是在您的参与下编撰的，这本教科书在中国行政法学初创时期影响巨大，您能否为我们介绍一下这本教科书产生的背景？

王连昌：我记得原来带领我们的卢教授去世之后，我们就跟着贺善征教授，我们就一起搞了中华人民共和国高等学校本科的第一部教材，叫作《中华人民共和国行政法概论》，这是当时新中国第一本行政法教材，虽然现在看来错误不少，但是当时也就这么一本。

后来我们还主编了中央广播电视大学的教材，那时候西政的行政法方面的资料比较多，当时司法部进口的图书会先给重点大学，有些资料北大清华都没有，而西政图书馆有，开行政法学年会的时候我提出的一些观点所引注的图书很多其他大学的教授都没有听说过。

湘江法律评论：我们知道，中国行政法学能够发展到今天，很大程度上与1989年《行政诉讼法》的颁布实施有密不可分的关系，西政在这部法律起草中发挥了很大作用，您在其中也扮演了很重要的角色，您能为我们简要介绍一下这段历史吗？

王连昌：行政诉讼是民告官的诉讼，当年我和应松年就呼吁行政诉讼，我们又是写文章，又是开座谈会，一直到后来，大家都想搞的时候，在1986年底成立的中国行政法学研究会，叫我在重庆筹备，召开行政法研究会专题研究，向中央建议搞行政诉讼法。1986年12月，我记得是谭宗泽老师、罗军老师、于安老师等几个老师和我负责筹备会议，来自政府官员、人大官员、法官还有学者100多人，集中研究怎么搞中华人民共和国行政诉讼法，在1986年的那个会议上面，小组讨论的记录也整理了，整理以后被带回去，北京那些同仁老师、官员还有些学生一起把它综合一下，形成《中华人民共和国行政诉讼法》最初的稿子，所以照我来说，你看到《中华人民共和国行政诉讼法》的制定和通过在北京，就像个婴儿一样，他其实在重庆生产。这是它诞生的一段背景，这段背景也是大家都认可的，当时我们重庆的努力最大。

开始的时候，行政诉讼不是那么容易理解的，在我的努力下才获得了相关部门的支持。当时我们12个教授分成不同的小组，搜集资料。我就是其中之一。1987年由我起草，重庆市人大常委会通过《重庆市行政诉讼试行规定》，是全国第一个关于行政诉讼的法律文件。出台后一部分人表示了支持与赞赏，后来国家的《行政诉讼法》很多条文都参考了重庆的规定。一部分人表示了反对，他们认为关于诉讼制度的规定只可以由国家层面出台，地方无权立法。我们认为对于《刑法》与《行政组织法》的内容绝对应当由国家层面统一规定，其他法律可以由地方牵头制定。胡建淼曾经评价重庆的《试行规定》"适应了国家法制的需要"。

湘江法律评论：行政法学研究会经过这么多年的发展，现在已经成为一个有非常大影响的学会，您曾经在中国行政法学会的筹建过程中发挥了很大的作用，您能我们简要介绍一下行政法学会筹建的历程吗？

王连昌：有一次，中国社科院通知我去开会，去了以后，发现他们请的有联合国的专家、美国人事管理署署长、法国总统顾问，还有几个中国专家，一起研究公务员制度，应松年、朱维究、姜明安、皮纯协都参加了，我们就讨论建立中华人民共和国公务员制度，他们说之后我们中国专家也发表自己的意见，后来搞了两个月时间。快散会了，我们一伙有兴趣的，胡建淼也在，他那个时候刚刚大学毕业，我们 13 个留下来，找了个房子，我说我们要搞新中国的行政法，大家就都同意了，为中国行政法而努力，我又提出来，我们应该成立一个组织便于行政法学的研究。会后我们就开始活动，从 83 年到 85 年一直在筹备，然后就成立了行政法学会，它其实是我们 13 个人在北大发起成立的。

三、献计献策，畅谈法学教育

湘江法律评论：您从教几十年，培养出莫于川教授、徐继敏教授、刘艺教授等一大批法学家，您认为他们身上共同的特质是什么？

王连昌：他们最大的特点就是他这几个人对事物很敏感。比如说从报纸上、电视上他们能观察出一些问题。再一个是什么呢，他们勤于总结，总结很快，总结后写出文章。还有几个特点是他们不搞重复的，他们搞创新。还有一个特点就是本分老实。于安老师、谭宗泽院长都是我带起来的。

湘江法律评论：作为新中国最早研究行政法学的学者，您已经在行政法学研究领域钻研了几十年，现在在我们这些后辈之中大部分以后都会选择与行政法有关的实践和研究工作，对于我们这些后辈，您对我们的研究和学习有何建议？

王连昌：第一是为老百姓服务，为国家服务，当然主要是为民服务。第二是必须从中国的实际出发，不要脱离中国的民情与国情。我从小也学习英文，精通英语，不是看不懂外国文献，但是我觉得解决中国自己的问题还是要从中国的实际出发。从中国本土出发解决中国自己的问题是我一以贯之的思想。

举一些例子，1995 年行政法学会成立十周年，行政诉讼法施行了 5 年，我和谭老师写作了一篇文章，提出我国应该破除行政区域设立法院，要想摆脱行政干预必须跨行政区域设立法院，我国没有司法区域的概念，只有行政区域的概念，应当破除固有思维，树立司法区域的概念；我还提出人民法院行政庭的庭长不能和民事庭、刑事庭平级，都设副院长级，因为被告不一样；法院主管行政审判的领导应当至少名列当地政府的常委，这样才符合中国的特色。当时还有人主张设立行政法院，我表示了反对，行政法院不符合中国的实际。我还主张纪委和监察应当合署办公，我认为必须合一，事务性的事项可以分开，比如党委不应当买米、买布，但是我国的重要特点是我国的领导者是中国共产党，监督权、干部权都是领导权的一部分，领导权统一是不能分开的。事实上我的建议被党和国家采纳了。1987年我参加国务院首次行政管理研讨会，1988年在太原的行政法学年会中，我写篇文章建议下放国家制定规章的权力到县级，现在省部级才有立法权，还有人主张根本不能给地方一点立法权，我建议应当将规章的制定权下放，下放至县一级，因为《共同纲领》就已经赋予了县一级人大的立法权，我的观点引起了热烈的讨论，有人认为这样的建议破坏了法制的统一，我这是从中国实际提出的建议，今年通过的《立法法》也印证了我的建议。我还参与了一些法律、地方性法规的起草，例如当时国务院发来《立法法》的初稿征求意见，它规定"国务院的立法权只限于全国性的行政管理性工作"。我认为这个条文是违反宪法的，国务院的立法权已经在宪法中明文规定，有十几条，不应再在《立法法》中继续规定立法权的范围，当时有人批评我没搞清楚管理权与立法权的区别，最后还是中央采纳了我的意见。还有起草《行政复议法》，当时国务院法制办给我邮寄了草案，我看到第1条就发现了问题，它没有将便民原则写进行政复议法，行政复议与行政诉讼有很大区别，便民原则应当是行政复议法的一大原则；当时他们还规定不服省、自治区、直辖市人民政府的决定可以向国务院提起复议，我则认为这样很不合理。后来国务院法制办发来了感谢函，感谢我指出了草案中存在的重大缺陷。在武汉制定《行政处罚法》的时候，当时很多条文的设计都是抄袭，例如规定违反本法规定的，参照《治安管理处罚法》进行处罚，我认为这样立法不行，要明确违反行政处罚法的主要行为，同时要明确每一种行为的法律责任，最后《行政处罚法》中的法律责任条款很多，就是采纳了我在武汉开会时候所提出的一系列意见。当时在起草《行政强制法》的时候，很多人认为《行政强制法》是为了约束政府，我指出这样子其实搞反了，《行政强制法》是行政主体约束行政相对人的法律规范，《行政强制法》应是行政主体强制行政相对人守法，强制行政主体守法是行政监督法的范畴，后来赶上我退休就没有参与起草《行政强制法》，2012年颁布的《行政强制法》也参考了我的意见。我还认为守法的主体不只有官员与政府，百姓也必须守法，这才是完整的法治国家、法治社会的内涵，我的观点也得到了马怀德的认可。现在法治的要义是"法律面前人人平等"，而不是"法治就是治官"的片面思想。我还参加过《教育法》与《教师法》的起草，我和于安一起起草了《教育法》，我当时认为必须允许教育行政诉讼，涉及考试、录取的事项必须允许相对人提起行政诉讼，当时我们起草时候的8个条文只采纳了2条，公布了《教育法》之后很多法院都在询问涉及教育行政案件可否提起行政诉讼，后来教育部也出台了文件承认了可以提起诉讼。我参加了许多法律的起草都伴随着和同行不断的争论，这次王学辉老师的《迈向和谐的行政法》获得了二等奖，这是我向他提出的观点，传统行政法理论学习西方提出控权论、监督论等，罗老师提出了平衡论，我则提出了和谐论，因为控权与监督都只是手段，和谐是最后的目的。纠纷解决了，官民之间的矛盾解决了，就达到了和谐。这次我们获得二等奖是他们基本承认了我们的观点。

因此，我一直秉承着两个原则，第一个是为国家，为人民的利益服务；第二个是坚持创新，特别是研究生阶段更要创新。我这里再举一些简单的例子，莫于川教授在全国打响自己名号的第一篇文章就是一个例子，他当时搞的是行政法，经常与我讨论问题，当时是李鹏当总理，主流的观点是"大政府，小社会"的口号，我就启发他政府的设置要和经济、文化相适应，不能笼统地说大和小，适中相对合适。后来他就发表了一篇文章论证我们需要的是"适中的政府组织"，这篇文章让他获得了赞扬。2003 年，在比利时布鲁塞尔召开世界社会科学会议，当时的主题就是"中政府问题研究"，印证了我们当时的观点。

对学生要鼓励要实际，写出自己的创新。我给博士生讲课讲了两届，我鼓励学生创新，我要他们开学一个月就马上写文章，我说你们只要秉着两条原则：大胆写和创新。我无论是上课、讲授还是要求学生都尽量用自己的观点。我一直秉承着两条研究原则，第一是研究的内容要符合国情、民情的，第二就是要大胆地创新。

朝向知识之善的征程*
——对话贺善征教授

一、百转千折，情系行政法

湘江法律评论：贺老师，您好，首先恭喜您荣获中国行政法学"从事行政法学教研三十年荣誉奖"。我们作为后辈，一方面深深为您的成就所折服，另一方面也很好奇，您最初是基于一种什么样的考虑而选择行政法学作为自己的终生事业？是出于个人兴趣还是机缘巧合？

贺善征：这个事情是这样的。我 1956 年从东北人民大学（现吉林大学）毕业以后，既在大学留校任教，也在法院工作过。但是"文革"那几十年的周折把法律完全破坏了。所以改革开放后，我在贵州工作的时候就给西南政法学院（当时还叫学院）党委组织部写信，希望到学院这边来，学院同意了。当时西政复办，因我在吉林大学任教期间研究过一段时间的宪法，所以就来到了法理和宪法教研室。行政法与宪法有十分密切的关系，十一届三中全会后全国很重视民主与法治，在这个背景下研究和讲授行政法无疑有非常重大的意义。然而 1957 年的整风"反右"，让我们刚刚发展起来的法学在极"左"思潮的影响下中断了。那时候行政法学仅在中国人民大学介绍了一些前苏联的东西。既然我们学校复办，在这方面就需要重新开始。当时教研室主任叫我来负责这个事情，这个学科

---

* 受湘江法律评论编辑部委托，西南政法大学许天问、李杰两位同学完成了此次访谈，谨致谢意。

我过去没有从事过。我当时对行政法谈不上有多么透彻的理解，只是一个抱着很简单的目的来展开对行政法的研究。这个目的就是：要恢复社会秩序就需要法治。政府在这方面当然有很大的责任，此外"文革"期间那种随便可以打人、批斗人、拘留人的现象也必须被纠正。就这样，我展开了对行政法研究。

随着研究的深入，我越来越感觉到行政法学科的重要性，对它的兴趣也越来越浓厚。我们开了行政法这门课程后，不仅在西政，而且在全国也掀起了学习行政法的热潮。所以说，我从事行政法的研究，有机遇也有个人兴趣。机遇是十一届三中全会给的，这是国家法治勃兴的大时代背景。而在我从事行政法的教学与研究过程中，我对这门学科的兴趣也越加浓厚。

二、学科初创，敢为天下先

湘江法律评论：我国行政法学科的发展应当说走过了一个非常曲折的历程。三中全会后，长期中断的法学教育才开始恢复，此时期的中国行政法制究竟包含哪些内容以及其现状，应当说是一个对于我国行政法学教育与行政法治建设而言都具有重大意义的课题，而当时的西政可以说是率先对这一课题展开了探索。您作为当年第一位讲授中国行政法的教师，同时也参加了我国第一部中国行政法教材的编写（1982 年 4 月编印的《中华人民共和国行政法概论》），能否简要介绍一下当时西政行政法学科在这方面所做的工作？您在其中又扮演了一个怎样的角色？

贺善征：我们在这方面的做了很多的准备工作。

首先是借鉴，这方面西政有很好的条件。1952 年的院校调整把西南几个高等院校的法学师资力量都集中在了西政，抗战期间也有大批的专家学者云集西南大后方，当中许多人在抗战胜利后没有离开，因此西南这边无论自然科学还是社会科学都留下了一批知识精英。所以我们的法学资料是最全的，有外国和民国时期的研究资料，有苏联行政法教材，还有民国时期的行政法教科书，还有介绍世界各国法律的法学资料。

第二个工作是系统地了解中国的情况。我花了几个月的功夫埋头于图书馆，系统地了解了新中国成立以来的立法情况，此外还阅读了相关的论文。在这之后我就摸索出了一个方向：要立足于中国，研究我们中国自己的行政法。

确定方向以后教研室副主任钮传诚同志就开始组织行政法教材《中华人民共和国行政法概论》的编写工作，一共四个人合写了这部教材，我起草了教材大纲，并写了三章。这项工作启动于 1981 年，1982 年就出版作为教材使用，同年我第一个开始讲授中国行政法这门课，并且还专门写了讲稿。虽然当时这门课只开一学期，现在看来讲的内容还很浅显，只讲一些初步的东西，但是同学们都觉得是开辟了一个新的领域，很感兴趣。为什么呢？因为讲行政法要讲到法律关系，那时讲法律关系是以民法为基础的权利义务关系，而我们行政法是政府与公民之间的行政法上的权利义务关系，这就与前者不同，虽然有共同点，但也有不同点，而这些不同点有哪些，就需要我们讲解。这种新的权利义务关系的性质、特点以及如何处理的研究，就是一个全新的领域。

湘江法律评论：三十年后的今天，对比中国行政法学科初创时的情景，您怎样看待这三十年来中国行政法的发展？

贺善征：第一个发展是由法制到法治，也就是制度的"制"到治理的"治"。党的十一届三中全会讲的就是加强社会主义民主法制，现在十八届四中全会提的是依法治国，治理之"治"。这一字之差意味着，法律制度是基本，但是政府、整个国家机关、社会一切组织都要依照法律制度来办事。国家机关执行法律的主体就是政府、行政机关，法院的监督也要依照这个制度来监督。这么来看的话，行政法就是法治的主要内容。这个问题也体现在十八届四中全会的决议当中，它提到坚持法治国家、法治政府、法治社会一体建设，共同推进依法治国、依法执政、依法行政。这两句话就说明行政法对社会主义法治的重要性。过去人们认为民法、刑法十分重要，现在人们也逐渐认识到行政法的重要性。当然行政法的发展也有一个规律，比如行政法的母国法国，资产阶级革命胜利以后先是出台宪法典、拿破仑民法典、刑法典等等，到最后也要考虑规范政府自己。在英国，政党上台以后，也产生了腐败的问题，后来建立了公务员制度。这是一个行政法的发展规律。改革开放以后，邓小平同志的目光是很敏锐的，1986年民法通则出台以后，1989年就出台了《行政诉讼法》。在这个发展过程中，行政法的重要性就日益凸显出来了，这就是行政法发展的历程。还有就是，过去我们对于西方的有些口号是排斥，现在我们认识到社会主义也要讲民主法治、讲人权，我们同西方法治的区别无非就是在本质上、在范围上有区别，但是合理的成分要吸收，所以我们宪法规定中对保护人权、以人为本这些内容都提到了。

从内部监察到政治监督、司法监督，这也是我们行政法发展的一个重大步骤。西方国家也同样有这样的一个发展过程。我们改革开放以后，1989年就制定了《行政诉讼法》，应该说我们认识还是比较快的。接下来就是一个政治监督问题。我们国家发展的人民代表大会的政治监督比西方国家的议会监督要发挥更加重要的作用，比如我国对许多行政法规的监督，法院审判有疑问需要人大常委会做出解释。

湘江法律评论：贺老师，您在长期学术生涯中主要关注了哪些领域和问题？能否简要介绍您的一些有代表性的学术观点？在行政法发展三十多年的历程中，您参与过哪些具有里程碑意义的事件？

贺善征：要说我关注的学术领域和问题，首先是行政法律关系，也就是行政机关和公民之间的权利义务关系。这是一个转折点。过去我们强调法律的强制性。这本身也对，但是法律到底起什么作用？马克思在资本论中讲过，英国的工厂法保护英国工厂主的权利。所以，行政法的研究就是要强调保护权利。保护谁的权利？在我们国家，就是保护人民的、公民的权利。所以行政法的研究就把法理推向了新的一步。公民之间的民事法律关系，平等而且对等。但公民和行政机关的行政法律关系，平等但不对等。过去政府说了算，公民没有说话的权利。现在行政法律关系中公民也有权利义务，大家都有说话的权利。总的来说，行政法律关系和民事法律关系有明显的不同。所以这就成为我们研究行政法的第一个着手点。

那么第二个就是从行政内部监督到行政诉讼。我国的行政诉讼到底和西方的诉讼有什么区别？我国行政诉讼保护权利的范围是什么？1986 年行政诉讼法的研讨会是在重庆开的，我当时在会上提出，我们主要是保护公民的人身权、财产权，后来的立法也说明了这些问题。所以，我国自己的行政诉讼法要有哪些特点，这是我从事行政法研究的第二个着手点。

再有就是市场经济。对于市场经济，行政法牵涉其中三方面：市场的入口、市场的监督、破产法。为什么牵涉破产法？因为破产程序中，行政机关到底起什么作用、起多大作用，这都是需要研究的。那么从市场经济入手研究行政法，要怎么展开呢？过去，我们的企业是政府批准、许可的国有企业占主导地位。从建立停产到破产过程，全部要政府批准。而现在市场经济的入口就是自主经营，我经不经营不用你政府批准，政府认可我的经营资格就行了。还有哪些领域又是必须要审批的？行政许可的范围又有多大？牵涉国家资源的部分哪些可以放开？这些问题都是研究的切入点。关于这些我在《现代法学》发表过论文，在《行政法学研究》也发表过论文，讨论特许制度和许可、认可制度。许可制度是你批不批准，认可制度就是认可你有没有资质条件。比如医生有没有资格条件，建筑公司有没有资质条件，这是有区别的。所以说，进入市场经济后，会诞生出许多的行政法学问题。

三、谆谆教诲，回归中国性

湘江法律评论：那么在学术上，有哪些问题贺老师认为是值得后辈学人关注的？

贺善征：我认为有几个问题是有思考价值的，希望你们以后能进一步探讨。

第一个问题。1996 年我国通过了《行政处罚法》。这部法律给我们提出了一个问题，也就是行政程序的问题。因为行政处罚法给了我们一个重要提示：我国必须发展自己的行政程序法。到今天，《行政强制法》《国家赔偿法》都已经颁布了。而行政程序法在北京那边都不断有学校提出一些草稿。那么行政程序法到底要包括哪些内容？又该如何认识行政程序法？这个问题是我刚退休的时候认识到的。因为马克思有过一段话，他说行政程序有两重性。其一，行政程序是保护实体权利的。我们保护实体权利一定要经过诉讼程序、行政程序。其二，行政程序本身也是一个国家和民族法治发展的标志。无论胜诉、败诉，都必须关注程序公不公正。马克思他认识到了这个问题，虽然他着重于资本论，但法律上很多问题他都作出了提示。这表明，我们行政程序法发展的指导思想，一个是本身要保护实体权利，一个是要体现一个民族的法治发展程度。英国学者韦德谈论行政法时，就说一个国家如果程序法不公正，那么这个法治也就不行了。所以我们要高度重视行政程序法的探索和起草，目前还没有在国家层面上通过一部行政程序法，这是大家正在研究的领域。

还有一个问题，就是文化传统对我们行政法的研究有什么意义。日本行政程序法与美国联邦行政程序法的一个很大不同在于增加了一个行政指导。行政指导就体现出了东方文化。韩国也仿效日本，把行政指导加入了本国行政程序立法。但是为什么要加这个？日本产业政策是为战后恢复经济，在行政指导中相对人符合政府指导的，就可以获得金融政策、税收政策上的优惠。这样就可以提高发展速度，减少盲目竞争造成的损失。假如行政指导错了怎么办？引起的法律后果，法院怎么处理？它破坏了反不正当竞争法产生什么法律后果等等，日本在这些问题上有一系列的规定。那么在我们中国，除了行政指导是东方文化，自身还有什么特点？以前是计划经济，如今进入市场经济还有规划，当下已是十三五规划了。这意味着，中国许多事务的推行都在事先有一个设想。比如顶层设计，五年有一个总体规划，再比如我们要达到小康社会、现代化。这里面，就有一个研究东方文化的问题。文化问题上，大家可以看一下恩格斯在《费尔巴哈与德国古典哲学的终结》中的论述。这里头恩格斯说，西方普通法和罗马法、大陆法系和英美法系都是从古代封建时期传下来的。所以大陆法系、英美法系区别就是一个普通法、一个罗马法。这一传统的继承影响了这两大法系，也影响到了资产阶级法律。所以恩格斯说，普通法表现现代资产阶级革命的内容。无论表现的程度如何，两大法系的形成都有文化传统的作用。因此，我们也要研究我们中国的文化。现在有的人就不注意到这一点，只停留在对西方的介绍。但是，我们几千年的东方文化，哪些可以传下去，这是一个问题。由此延伸出来的一个问题是，这门学科我们一开始叫中华人民共和国行政法，但现在我们叫行政法学，把它变成和自然科学一样，成了一个抽象的、一般的法学。但真的存在这种一般行政法吗？这个我希望大家去思考。在我看来社会科学和自然科学是不一样的。我们从中学到大学，从化学到物理，有共同的物理定律、几何定律。但法学有文化传统的因素，另外每个国家的政治经济制度也不同。各位可以看看，英国行政法、法国行政法，他们谈论的是某国的行政法，而不是一般行政法。人家都是讲自己国家的法律，比如德国行政法和法国行政法就不同，他们都讲自己的，德国专家就讲德国的，法国专家就讲法国的。所以是没有一般行政法的。只是到我们改革开放以后，我曾经在北京听讲座，有些人就讲一般行政法，讲英国、法国如何如何，讲到中国就没什么了，好像外国行政法就是一般的行政法原理，中国照搬就行了。但真是这么回事吗？我们书本里"行政法学"这种提法对不对？其实恰当的提法应该是"中国行政法"。在这方面，十八届四中全会给了我们一个提示。我们的目标是什么？是中国特色社会主义法治。我们的法律体系已经形成，剩下的是一个完善的问题，是要建立中国特色社会主义法治体系。那么法治国家、法治社会、法治政府，就必须要有法治理论。所以我提这个问题给大家思考：我们是不是应该提出一个体现中国特色社会主义法治理论的行政法学。这不仅仅是因为有中国几千年民族文化传统的影响，而且也因为我们的政治制度和经济制度。

接着还有一个思考。我有时问学生，法学研究的对象是法律，这个说法对不对？我认为不全面。首先，法和法律有区别。我们研究哲学，谈经济基础和上层建筑，上层建筑有哲学等意识形态，那么还有它的法律制度。这些制度，是它的意识形态的物质体现。因此，法应该包含法律制度和法律意识两个方面。我们知道，西方是很注意法律思想的。也就是说，我觉得我们行政法学发展，要研究行政法律意识和法律制度，社会主义核心价值观是中国特色社会主义法律意识的灵魂。此外，还有一个法律意识和法律观念的区别，法律观念是法律意识的集中体现。比如说公平，从古到今它是整个法律体系最重要的一个核心观念。但是公平又体现了这个时代的一些法律意识。比方说我们社会主义核心价值观念与我们法的关系。法既然包含法律意识，而法学研究法，那么法学就要研究法律意识和法律制度。研究法律意识，还要集中研究法律观念，包括公平的观念、稳定的观念、效益观念。当然法律和经济学不一样，它不能把效益放在第一位。搞效益优先，结果法院判错案了，能行吗？不能错判一个人，所以是公正第一，效益第二，而稳定是前提。各国政府都把社会稳定放在前提，有了稳定，经济建设、法制建设才有保证。有些人研究法学，好像与我们国家无关，他们只关注世界共通的制度，完全是技术性的问题。其实，外国对我们中国的社会主义法学的研究还不是很深入。比如美国，它对我们的人权法制始终持怀疑态度。其他对我们比较友好的国家，他们对我们法学的研究，也还停留在社会主义改革开放的一些政策的表面研究。现在，四中全会也召开了，我们经济总量也达到了世界第二。那么我们对自己的法治也要有信心。也就是说，我们经济领先，我们民族法治也领先，要让全世界承认我们的法治达到了一个高度。因此，我们要根据四中全会，建设中国特色的社会主义法治体系和法治理论。以前西方研究中华法系，总把中国封建的那一套东西拿来论述，他们始终是这么认识中国的。所以这些问题都值得我们进一步认识。以前北大的沈宗灵教授写过比较法学，里面也涉及了中国社会主义法学类型，但他研究的时代跟现在已经不一样了。外国在发展，我们中国也在发展，今后大家的任务还很重。我们现在的法学研究很多，但是高水平的不多。国家的经济水平跟上去了，但法治水平也要跟上去，而学校的法治研究水平，体现国家的法治水平。我就把这些问题，留给你们后人。

湘江法律评论：贺老师，最后一个问题，在我们这些后辈当中，未来也有许多人将从事行政法的研究与实践。在这方面，根据您多年从事行政法学研究的经验，您对我们有怎样的期许与建议呢？

贺善征：嗯好的。我刚才已经讲了，你们的任务就是把行政法建成中国特色社会主义行政法学，我的意思是要把一般的行政法学转变成中国特色社会主义行政法学，这里面包含着两方面，一是制度性的，二是法律意识性的。我们的法律制度、法治体系走在前面，我们的法学研究以及理论也要走在前面。我们过去因为一些政治原因，有很多时间荒废了，因此你们要在大好时光里把中国特色社会主义法学向前推进，把它和国家的法治体系、法律体系紧密结合。这需要在法学理论上有一个进展。当然在这当中要做很多准备。这个工作和法理、宪法、哲学、经济学等都有很大关系，并且还要看很多外文资料。所以现在来讲，你们的任务很重。我们80年代的比较法学研究比较有限，受时代的限制，现在我们要推向高水平的、一流的研究，形成中国特色社会主义法学理论体系，所以我希望你们能够在这方面迈步。你们首先要注意研究中国特色社会主义行政法学的思路是什么，着眼点是什么，进而逐步深化。涉及具体问题，如行政程序法、舆论监督等问题。比如舆论监督这个问题，在上世纪（20世纪）70年代，美国就研究了审判制度与舆论监督的关系。八几年的时候有一位老师跟我辩论，他说西方是三权分立互相监督，那么我国呢？我回答说，我们是人大，人民代表大会制度，行政、司法均受它监督。它的权力来源是人民，也就是说我国是人民监督。以前一个"焦点访谈"节目曝光就不得了了。现在是什么，是网络时代，还没等到听证举行，还没等到法院开庭，网络上的舆论就已经来了。我们十八大时肯定了舆论监督，当然舆论监督必须有政治监督、法律监督作为保证。人民有权利讲话，但造谣也要受到法律谴责。所以要好好研究舆论监督这个问题。举个例子，之前浙江高院审理吴英集资一案就引发了很多舆论。最高院很重视舆论，后来也重新改判。这也引出一个私人借贷的问题。后来国务院就在浙江建立了一个私人借贷开放试验区，由法律来控制私人借贷，充分利用资金以弥补银行不足，支持微小企业发展。也就是说，舆论监督怎么和依法行政结合起来，怎么跟上这个时代，是值得我们思考的。

书评杂谈

云计算专利法律领域的开拓性力作

——评《云计算专利法律问题研究》

◎吴汉东*

　　欣闻湘潭大学刘友华教授新作《云计算专利法律问题研究》（法律出版社 2018 年 12 月版）近期出版，本人研读后，收获颇丰，特予推介。作者十余年来潜心于研究云计算、人工智能等新技术对知识产权法的挑战，制度应如何变革与因应等宏大的前沿问题，先后两次获得国家社科基金项目立项，该书即为其中的项目成果之一。该书基于技术变革与法律变迁的视角，聚焦云计算技术、大数据技术、人工智能技术对专利制度的挑战，尤其是云计算专利审查授权、拆分使用与侵权认定、法律保护与产业竞争等前沿问题及其应对，展开了深入、卓有成效的研究，可谓该领域的开拓性之作，极具体系性和现实性。该书特点在于：

　　第一，该书是国内第一部系统研究云计算专利法律问题的著作，作出了前瞻性思考，可谓开拓性之作。正如作者认为："在我国科学技术逐步获得强劲国际竞争力的同时，如何确保我国尖端技术屹立于世界之巅，引导其他高新技术进军国际市场，推动我国战略性科技的创新发展，是国家保持经济持续、快速、健康发展的重要议题。"[1] 正是基于为我国云计算技术产业发展扫清法律障碍的思考，作者较早就着手研究云计算技术给现有专利制度带来的挑战和应对策略，构建云计算专利保护的体系性框架，为以云计算技术为代表的高新技术及专利制度的发展提供司法支撑。

　　在该书出版之前，作者即在 "Queen Mary Zntellectual Property" 以及《知识产权》《情报杂志》等 SSCI、CSSCI 来源期刊发表了 "Multi-party Patent Znfringement Litigation in China"《美国对主体专利侵权认定规则的演变与启示》《美国方

---

　　* 作者简介：吴汉东，中南财经政法大学文澜资深学者，教授，博士生导师，法学博士，中南财经政法大学知识产权研究中心名誉主任。

　　[1] 刘友军：《云计算专利法律问题研究》，法律出版社 2018 年版，第 58 页。

法专利拆分侵权认定的最新趋势》等系列论文近 10 篇，综合运用文献法、案例实证法、博弈分析法、经济分析法等多种研究方法探寻云计算专利的审查、授权和侵权立法、司法规则，形成了较丰富的系列成果。

作者运用 Innography 系统等权威专利数据库首次全面检索、分析了云计算关键技术的全球专利布局状况；通过 Westlaw 等法律数据库收集国内外相关技术审查、授权规则与政策，美国、欧洲、德国、英国、澳大利亚等较有影响的典型案例 100 余件，翻译了数十篇具有标志性云计算专利侵权案件的经典判决，并利用 2014 年在美国华盛顿大学作高级访问学者之际，全面收集了云计算专利相关立法、国内部相关论著，国内最早对美国、欧盟、澳大利亚等国家和地区在间接侵权和云计算专利侵权的相关立法、司法实践与典型案例进行了溯源、全面梳理与比较研究，紧跟司法动态。从专利审查、授权、侵权等角度就我国相关立法、司法和产业发展等提出了因应之策。

第二，该书对云计算法律问题进行了全面深入的研究，基于管理学与法学多学科方法，全面回应云计算技术对从申请审查、授权到侵权判定的挑战，可谓极具体系性之作。作者基于对云计算专利问题历时 10 年的研究，研究内容丰富。作者在书中提到："我国云计算技术方兴未艾，在政策推进云计算产业发展的背景下，法律规范及司法保护方面应与之相称。在参考国外相关立法及司法经验时，应结合我国国情，提出有关适用于我国的系统专利侵权判定建议以应对技术发展带来的问题，使法律与技术相互协调促进。"[1] 云计算技术涉及众多周边产品及技术，探析云计算专利立法保护并非为如此庞杂、独特的复合型技术设立单独的法律规范，而是一方面通过剖析云计算技术的基础性技术和其技术构架将之置于已知技术领域的框架下进行分析、归类和总结；另一方面通过适用现有法律法规及完善现有法律框架，使技术与制度相得益彰。为此，作者从云计算关键技术的专利布局、技术发展对专利制度的影响入手，对专利审查、方法专利侵权规则、系统专利侵权规则、侵权中的要素跨境等问题进行了深入的研究。厘清了云计算专利法律问题及其主要挑战，探讨了我国云计算专利授权审查规则的完善思路，科学区分了云计算方法专利侵权与侵权判定的可操作性方案和司法适用新思路，搭建了云计算专利法律问题研究的体系性框架，对我国专利法修改及相关立法与司法实践具有重要理论指导意义，对我国在全球竞争视野下云计算技术创新、专利布局和产业发展具有较强的指导意义。

第三，该书在比较研究的基础上，系统地提出了我国云计算专利立法与侵权判定的可操作性方案，从研究方法到研究结论，均凸显了较强的现实性。作者从

---

〔1〕 刘友军：《云计算专利法律问题研究》，法律出版社 2018 年版，第 188 页。

云计算技术发展给专利审查、侵权规则带来的挑战入手，全面比较欧、美、澳大利亚等相关立法和司法实践，提出了云计算方法专利的拆分侵权与系统专利的跨境侵权行为的审理步骤与规则。作者认为，在云计算发明的授权审查上，对于云计算发明的适格性审查，一方面，应当从"发明创造"的本义出发，从"自然规律"和"技术手段"角度审查云计算发明的专利适格性；另一方面，通过借鉴美国、欧盟、日本的云计算发明的审查经验，从立法上建立具体的云计算审查标准，在审查事件中适当调整审查方式，完善现有专利制度，以支撑我国云计算产业的发展。

对于云计算方法专利侵权，作者提出了如下观点：我国专利法应引入间接侵权规则，间接侵权应以直接侵权为前提，但前提是需厘清间接侵权与直接侵权的关系，区分共同侵权与直接侵权。司法实践中不能简单依据行为的多主体特征而判定其构成共同侵权承担连带责任，还应考察多主体间的意思联络，将多主体协同实施的关系类型化，在司法解释中予以明确，合理界定共同侵权和直接侵权。针对云计算系统专利侵权，作者认为："在解决因技术变革引发新的案件类型这一问题上，结合现有司法环境，能够适用我国国情的最好途径或许不是基于将这一认定思路直接指定在法律规范性文件中，而是通过案例指导制度引导法官灵活地解决此类问题。"[1] 因此，我国法院在处理类似美国 NTP 案时，可借鉴"整体使用原则"，并结合"全面覆盖原则"。而在要素跨境问题上，作者提出了"整体使用规则"与"最后一步规则"，并在事实层面比对跨境的技术特征。作者全面回应了云计算技术面临的专利法律问题，合理搭建云计算技术专利审查规则及云计算专利侵权判定体系，为我国相关专利审查、立法和司法实践提供了可操作性的方案，对推进《中华人民共和国专利法》《专利审查指南》的修订和指导相关司法实践均具有极为重要意义。

希望刘友华教授以此书出版为契机，围绕云计算、人工智能领域的专利法挑战等热点和前沿问题，继续潜心研究，取得更丰硕成果，百尺竿头更进一步，推进相关领域的立法与司法，为我国知识产权事业发展作出更大贡献。

---

[1] 刘友军：《云计算专利法律问题研究》，法律出版社 2018 年版，第 190 页。

达玛什卡的司法程序模式与中国刑事诉讼模式[*]
——读《司法和国家权力的多种面孔》

◎ 黄丽颖[**]

一、问题的提出

作为分析司法制度和国家权力关系的一本著作，达玛什卡教授的《司法和国家权力的多种面孔》立足于政府权力结构、政府职能与法律程序间的关联，创造性地建构了崭新的司法类型学的模式来对不同的法律程序进行归类，揭示了潜伏在表面相似性背后的制度设置和司法形式的差异，梳理出各国纷繁复杂的法律程序的概貌。正如他在该书"致中国读者的引言"中所说："我本人所未曾预想的是，就在本书出版之后的短短几年之内，各种程序制度体系之间的相互借鉴开始呈现出前所未有的密集程度。这使得拙著对于程序制度移植研究的潜在实践意义

　　* 基金项目：本文系黄明儒教授主持的湖南省学位与研究生教育改革研究项目"法学研究生课程教学中实施经典阅读的实践研究"（2019JGZD031）阶段性成果之一。
　　** 黄丽颖（1997—），女，广西玉林人，湘潭大学法学院 2019 级法律硕士生。

几乎完全遮蔽了它为人们理解世界各国程序制度提供粗略指南的智识作用。"〔1〕该书对丰富多样的法律程序进行了类型化梳理和清晰化检视,为法律移植提供了研究文本,得以知己知彼,对我国刑事司法改革进程中的法律移植具有深远的指导意义。基于此,本文在分析达玛什卡教授独特的思维路径的基础上,描绘出他独特视角下的司法类型模式,以揭开当前我国刑事诉讼模式的面纱,并立足于我国国情和本土资源,为我国刑事诉讼模式的法律移植指明方向。

二、思维路径的"罢黜百家,独尊政治因素"

"模式是通过揭示该事物与他事物的本质属性来说明或表明此事物与彼事物的差异的。"〔2〕模式化的研究盛行于社会科学多个领域,因其建立在事物本质特征的基础上来区分和归类,过滤掉各种非典型的因素,可以从历史的复杂性和偶然性的枷锁中解脱出来,从纷繁复杂的现象中厘清历史发展的基本脉络。因此,法学研究中也深深浸染着浓厚的模式论印记,尤其是在诉讼法学研究中。世界各国的诉讼制度的设计安排多样且无穷无尽,人们的智识该如何把握这种超乎想象的多样性?对此,达玛什卡教授在《司法和国家权力的多种面孔》一书中对传统研究模式进行批判,并且别出心裁地开辟了一条崭新的思维路径,即"独尊"政治因素来区分各种诉讼制度,建构一套新的司法类型模式。

达玛什卡教授对传统研究模式提出了以下质疑。其一,就"对抗制与纠问制"的区分,他认为这种研究模式"逃避开了法学内部专业术语的相对精确性",带有模糊性,难以满足程序类型化的清晰性要求。同时,"英美法系各国和大陆法系各国的法律家们都倾向于在抗辩式诉讼制度和纠问式诉讼制度这一主题上添加许多本土的变量,这进一步增加了问题的复杂性"。而且对于将哪些具体特征纳入"对抗制与纠问制"程序中,这种研究模式的标准存在不确定性。此外,"如果要把西方传统之外的程序制度纳入分析视野,这种研究方法的有用性就更为有限了"。其二,对于以"法律程序与国家的社会经济组织的关系"来分析程序特征的方法,达玛什卡教授指出这种研究模式难以解释不同的社会经济类型中存在相似的程序模式,而在同一社会经济类型中却存在着完全不同的程序模式的现象。在他看来,社会经济——法律程序的决定关系只是一种表面现象,因为司法程序不会随着生产方式的转变而"改头换面"。〔3〕

---

〔1〕 [美] 米尔伊安·R. 达玛什卡:《司法和国家权力的多种面孔》,郑戈译,中国政法大学出版社2004年版,第1页。

〔2〕 张卫平:《诉讼构架与程式》,清华大学出版社2000年版,第5页。

〔3〕 [美] 米尔伊安·R. 达玛什卡:《司法和国家权力的多种面孔》,郑戈译,中国政法大学出版社2004年版,第5~71页。

在批判传统研究模式后，达玛什卡教授从影响法律程序的众多因素中筛选出政治因素，将研究视角牢牢停留在政治因素层面，以此来"考察植根于人们对国家权力之态度并受制于不断变化中的政府角色的法律过程"，达到一些社会理论家和政治理论家所指出的司法与政治之间的许多关联更加融贯的目的，并且使他们所揭示的这些关联追溯到法律的过程当中更加细微的方面。[1] 同时，他毫不避讳地指出这种"独尊"政治因素的单一视角的局限性，即虽然"政治因素在塑造程序系统的总体轮廓方面扮演着重要角色。但是，这些因素并不是决定程序形式的唯一因素"。[2] 对此，他提醒道："即使在最适宜的条件下，来自政治领域的决定因素也只能对有限数量的程序现象起着作用。"[3] 因此，他这一独特的思维路径可能会招致理想化、具有极端倾向的批判。诚然，他所建构的纯粹的诉讼模式难以在现实中找到具备其全部特征的对应物，但是期待这种模式化的分析包含个体特殊性的内容本身是不现实的，而且这种不现实的期待还会阻碍纯粹模式所具有的揭示事物更为本质特征的功能的发挥。此外，这种"独尊"政治因素的研究方法将司法与政治之间的关联放在一个较为纯净的模式下进行考察，能够使研究更加心无旁骛地细致和深入，避免很多不必要的思维和表述的干扰，还能以更直接、鲜明的面貌展现二者的关联。

三、政治因素双视角下司法程序的多种面孔

达玛什卡教授从宏观角度把影响司法程序的政治因素二分为政府权力组织结构和政府职能，并在其项下对各种标签式的特征进行了细致而详实的剖析，同时透过微观视角来考察双视角下的司法程序的不同概貌，最后聚焦到司法与权力的结合，建构一系列理想化的模式，呈现司法与政治因素相交融所展示的多种面孔。

（一）政府权力组织结构与司法程序

达玛什卡教授提出三个尺度来考察政府权力结构，即公职人员的性质、公职人员间的关系和公职人员作出决策的方式，并以此将政府权力结构划分为两种类型——科层式理想型和协作式理想。科层式理想型权力组织结构以"职业化的官员、严格的等级秩序、决策的技术性标准"为内容，其特征主要有：①官员职

---

〔1〕〔美〕米尔伊安·R. 达玛什卡：《司法和国家权力的多种面孔》，郑戈译，中国政法大学出版社 2004 年版，第 360 页。

〔2〕〔美〕米尔伊安·R. 达玛什卡：《司法和国家权力的多种面孔》，郑戈译，中国政法大学出版社 2004 年版，第 361 页。

〔3〕〔美〕米尔伊安·R. 达玛什卡：《司法和国家权力的多种面孔》，郑戈译，中国政法大学出版社 2004 年版，第 361 页。

业化下，职务活动具有例行化的色彩，其思维方式也受体制所禁锢；②严格的等级秩序下，信息中的"贴近日常生活的杂乱细节"在按部就班地逐层上报过程中依层级标准被裁剪掉，到最高级官员的手上则已经是最一般化的信息，这种等级秩序下还会激发对秩序和一致性的追求；③决策的技术性标准下，决策的方式带有结果取向和逻辑法条主义的机械化色彩，即在作出决策前会对可能结果进行评估，并以是否符合可适用的规则作为评价决策合理性的标准。[1] 协作式理想型权力组织结构则以"外行的官员、权力的平行分配、秉持实质的正义标准"为内容，其特征主要有：①非职业化官员队伍中以外行官员为主，由于职务的短期性，官员没有形成体制化的思维方式，事物的个性化色彩得到重视，职务活动不易走向例行化；②平行分配的权力格局下，决策者之间平起平坐，等级压力没有存在的空间，取而代之的是对"相互报复"的恐惧，因而官员之间的关系趋于调整和合作，而且信息无需经过层层包装裁剪，官员都具体掌握完整的信息；③基于对实质正义的追求，由非职业化的外行官员所组成的决策队伍不受技术标准的约束，决策方式表达的是一种开放性的标准，以宽容开放的胸怀融合如道德、文化、传统等多种社会因素。[2]

达玛什卡教授在建立起政府权力组织结构的二元类型后，紧接着分析这两种权力组织结构类型影响下的司法程序。在科层式理想型权力组织结构下，司法程序具有以下特征：①递进式的程序设置；②上级审查的控制和监督作用；③以卷宗管理和审阅为中心，并作为决策依据；④偏向于渐进式的审判模式；⑤排除非官方程序；⑥推崇形式的逻辑法条主义和程序规则。而在协作式理想型权力组织结构下，司法程序具有以下特征：①程序集中化；②决策层较单一；③信赖口头信息和当庭证供；④实施开庭日审判制度；⑤承认私人程序活动的合法性；⑥追求实质正义。[3]

（二）政府职能和司法程序

达玛什卡教授以政府职能的无为型和干预主义型两种"性情倾向"为标准将国家划分为回应型国家和能动型国家。在回应型的职能氛围中，政府的任务是为社会交往建构一个框架，人生目标的决定权仍在个人手中，可见政府秉持的有限政府和最少干预的理念，注重社会自生自发力量的作用。这样的理念也影响了

〔1〕 参见米尔伊安·R.达玛什卡：《司法和国家权力的多种面孔》，郑戈译，中国政法大学出版社2004年版，第28~35页。
〔2〕 参见米尔伊安·R.达玛什卡：《司法和国家权力的多种面孔》，郑戈译，中国政法大学出版社2004年版，第35~44页。
〔3〕 参见米尔伊安·R.达玛什卡：《司法和国家权力的多种面孔》，郑戈译，中国政法大学出版社2004年版，第99~103页。

回应型国家下法律的定位，法律被视为一种假设性的契约，用以解决传统合同中无法预见的情势，并以"确立使这些私人安排有约束力并可以得到执行的程序"为着力点。在这样的政府职能氛围和法律定位下，司法程序浸染着消极中立的色彩，坚持"不告不理"原则，以纠纷解决为主旨，寻求纠纷双方的和解调停，但纠纷一旦被提交到司法机构，则尽力保持司法中立，将诉讼程序的两造竞赛性质发挥到极致，国家更多地是作为某种未被充分代表之利益的代理人参与到诉讼中，并追求最低程度地干预诉讼。在能动型的职能氛围中，政府则表现出积极干预的"性情倾向"，致力于构建理想社会，并将社会问题和社会政策视为国家问题和国家政策，个人自治被忽视。在这样的职能氛围下，法律具有浓厚的指导性色彩，用计划代替契约，成为国家用以实现政策目的的工具。司法程序也为国家政策服务，两造的平等对抗没有存在空间，国家官员手握诉讼的主导权，司法程序也围绕着官方调查进行。

政府职能的二元类型也孕育出了两种截然不同的司法程序——法律服务于解决纠纷的纠纷解决型司法和法律服务于实施国家政策的政策实施型司法。通过比较下列几个子项元素可以掌握两者的基本特征：①相关的政治因素。纠纷解决型司法适应于尊崇彻底的自由放任理念的回应型国家，法律被定位为契约，因而具有较强的灵活性、可变通性；政策实施型司法则适应于奉行积极干预主义的能动型国家，法律被作为政策实施的工具。②程序规制的地位。在纠纷解决型司法中程序规制是实质存在的，并且具有很重要的实质作用，程序问题的存在能够否定实质结果；政策实施型司法中的程序法实质上只是陪衬，作用不大。③当事人的诉讼地位不同。在纠纷解决型司法中，当事人能够在程序中实现严格意义上的自治，在诉讼活动中的各个方面都享有充分的主导和控制权，而且双方当事人处于平等地位；而在政策实施型司法中，当事人不享有自主启动程序的选择权，甚至被要求配合官方进行的诉讼活动。④决策者在程序中的地位。在纠纷解决型司法中，决策者处于消极中立、客观和公允的状态，完全依靠当事人提供的信息，重视对当事人在程序中的权利保障；而在政策实施型司法中，决策者居于核心地位，并对真理孜孜以求。⑤律师在程序中地位不同。在纠纷解决型司法中，律师被定位为当事人助手，对程序具有较大的控制力，很大程度上主控司法程序，其活动边界基本与对当事人的行为限制相一致；而在政策实施型司法中，律师的作用微乎其微，对诉讼结果产生实质性影响的可能性很小。⑥判决稳定性。在纠纷解决型司法中，由于实体上正确结果不受重视，国家并不愿意基于法律或事实上的错误而更改判决，更倾向于止纷息争和满足社会预期，因此既判力予以充分的重视，判决的稳定性强；而在政策实施型司法中，国家对探求客观真实的愿望更为强烈，因而愿意为了实现实质正义而改变判决，其判决显示出较强的可更改性。

（三）司法与政治因素结合下的四种面孔

达玛什卡教授在完成政府权力组织结构和政府职能两种视角下的司法程序的细致考察后，将科层式理想型、协作式理想型分别与政策实施型、纠纷解决型进行组合，以双视角聚焦到司法与政治因素完整融合下所呈现的多种面孔。

其一，科层式权力组织的政策实施程序。科层式和政策实施型的组合可谓是强强联合，更为重视案件的宏观意义和国家干预范围的伸缩性。科层式权力组织下的职业化官僚队伍、严格的等级秩序和技术性标准的严格限制，为国家政策控制调查的实现提供了强有力的工具，使程序中的调查工作更为有序和有效率。欧陆旧制度中的刑事司法程序、苏联模式、毛泽东时代的中国和极权主义的普鲁士则是这一组合的典例。其二，科层式权力组织的纠纷解决程序。科层式权力组织结构形式能够缓和纠纷解决型诉讼中的对抗情绪，一定程度上削弱了当事人对诉讼的控制。同时，纠纷解决型下国家持回应型的姿态，一定程度上限制了决策者越位进入当事人诉讼领域，而且裁判者无需承担实施政策的压力，更有利于通过调解与和解来解决纠纷。这种组合的典型例子有：罗马—教会法程序、欧陆自由放任体制下的民事程序、福利国家的民事司法、欧陆刑事司法中的纠纷解决形式等。其三，协作式权力组织的纠纷解决程序。协作式权力组织结构对纠纷解决诉讼中的竞技状态起到了强化作用，当事人平等享有较大的程序自治权，但协作式权力组织结构下的非专业人员"很难理解区分证明角色和管理角色所涉及的技术上的复杂性和深奥性"，[1] 因此律师的参与尤为重要。此外，协作性裁判者对实质正义的追求也如一座暂时休眠的火山，可能会在某些特定时候突然爆发，其干预主义就会与当事人对诉讼的控制权产生矛盾。从英美法域中的民事纠纷解决形式、古典民事程序、英美刑事程序中的纠纷解决形式等中能够窥见这种组合的某些特征。其四，协作式权力组织的政策实施程序。政策实施程序致力于实施国家政策，但实现这一目的的却是协作式下非职业化的官僚组织，协作式权力组织结构下权力的平行分配也削弱了国家政策实施的稳定性和效能。但政策实施程序下，权力目标的作用依然巨大，只是权力行使的结构限制改变了，官方仍致力于实施国家政策。这一组合的典例有：英美司法形式下原始的信息自足的英国陪审团、由治安法官开展的调查和审判工作、巡回法庭的刑事程序以及当代美国的能动型司法等。

---

〔1〕〔美〕米尔伊安·R. 达玛什卡：《司法和国家权力的多种面孔》，郑戈译，中国政法大学出版社2004年版，第326页。

四、中国刑事诉讼模式的实然与应然

对于中国刑事诉讼模式的定位，学术界存在不同观点：有职权主义模式说、混合模式说、超或强职权主义模式说。[1] 虽然观点不一，但是都不约而同地站在职权主义模式和当事人主义模式的分类下研究。正如一位学者所说："无论学者们采何种视角，刑事诉讼模式的分化都是以诉讼的主导者和诉讼的推进方式为基点的。这是因为，它们反映了国家与社会的不同关系，反映了刑事诉讼的不同本质。"[2] 达玛什卡教授以政府职能为标准将国家分为了"回应型国家"和"能动型国家"，反映了刑事诉讼中国家主导和当事人主导的两种模式，同时将政府权力组织结构分为科层式理想型和协作式理想型，反映了刑事诉讼所处社会中国家权力的运行方式，可见他所建构的模式框架反映了国家与社会的关系，直达问题的根源。而职权主义模式和当事人主义模式的分类缺乏这种研究深度和广阔的研究视野，其区分无法全面呈现刑事诉讼模式的内涵。

向彼岸出发是为了回归此岸，探求他者是为了反诸己身，在梳理分析了达玛什卡教授建构的模式框架后，对纷繁复杂的诉讼程序模型有了清晰的认识，那么当代中国的刑事诉讼模式又该放置在哪一模式下是需要回答的问题。在笔者看来，当代中国的刑事诉讼模式是科层式权力组织的政策实施程序。我国侦查、起诉、审判机构按部就班的"流水线作业"、循规蹈矩的层级化工作模式，职业化的司法队伍，体现了科层式权力组织结构的特点。尽管我国经历过司法体制改革，但是政策实施型的底色仍没有得到实质性改变。无论是《中华人民共和国刑事诉讼法》（以下简称《刑事诉讼法》）第 1 条和第 2 条中对惩罚犯罪的地位的凸显，还是实践中对犯罪的严厉打击，无不体现了我国打击犯罪的国家政策。而且司法机关要在党的领导和管理下行使司法权，接受党的监督，在政治上要贯彻党的政策。此外，正如左卫民教授指出的，当下中国刑事诉讼模式是一种国家本位主义的诉讼模式，"所谓国家本位主义，是指刑事诉讼在制度变迁及运作中，国家作为唯一的基本角色其支配性地位与功能发挥的优势状态，迄今未有淡化"。[3] 国家在中国社会中呈现的是能动型的姿态，其主导角色和功能的主动性、广泛性在中国现实中非常突出。因此我国刑事诉讼模式中的政策实施型的偏向可见一斑。我国这一刑事诉讼模式的形成，有其深远的历史原因。在几千年的封建专制统治下，司法权依附于行政权，司法权更是成为维护王权的工具。可见，司法制度作为贯彻国家意志的合法手段由来已久，当代司法制度也残留这样

---

〔1〕 参见左卫民："中国刑事诉讼模式的本土构建"，载《法学研究》2009 年第 2 期。

〔2〕 孙锐："中西方刑事诉讼模式理论之比较"，载《湖北社会科学》2011 年第 11 期。

〔3〕 左卫民："中国刑事诉讼模式的本土构建"，载《法学研究》2009 年第 2 期。

的传统因素。再加上儒家文化思想的熏陶和自给自足的自然经济条件的限制，中国民众养成了"温、顺、恭、俭、让"的民族性格特征，追求安分守己，而对与之相背离的犯罪行为表现出憎恶、恐惧，并将打击犯罪和维护秩序的愿望寄托于国家，被寄予厚望的国家则利用司法制度来实现国家政策，满足对秩序、安全有所倾斜的法文化需求。

在拨开中国刑事诉讼模式的迷雾，将中国刑事诉讼模式定位为科层式权力组织的政策实施程序后，另一个问题浮现，即是否应当沿着这一条道路走下去。对于这一个问题的研究，需要谨记达玛什卡教授所强调的"改革的成败主要取决于新规则与某一特定国家的司法管理模式所植根于其中的文化和制度背景的兼容性"。[1] 换言之，刑事诉讼模式的选择不能忽略文化传统、本国国情和本土资源，否则会因水土不服而面临"南橘北枳"的困境。首先，从上面对科层式权力组织结构和协作式权力组织结构的分析来看，前者具有司法专业化、技术精密化、法制统一化等方面的优势，后者则在在司法独立、司法民主化等方面占据上风，可见两者都具有其优缺点。那么从我国国情来看，科层式权力组织结构在我国具有其历史传统和运行惯性，且中国处于社会转型期，在司法体制改革中面临的问题具有多变性和多元性，若强行转换为协作式权力组织结构，会给司法结构带来极大不稳定性，难以应对转型时期的问题，还会因经验不足而弊大于利。与之相反，科层式权力组织结构的历史稳固性和现实的稳定发展，对中国安全度过社会转型期大有裨益，因此应当坚持科层式权力组织结构。但是协作式权力组织结构下的司法独立价值也不能偏废，这一点也是我国司法改革中的重点，如司法改革中实行的省级以下"人财物"统管，一定程度上强化司法机关的独立人格。在面临政策实施型和纠纷解决型间的选择，笔者认为应当向纠纷解决型转化，作为未来刑事诉讼程序法律移植的方向。其一，纠纷解决型司法重视程序正当化和法律权威，强调裁判者的中立性，这些特点在刑事诉讼中尤为重要。刑事诉讼活动中，法官掌握着生杀予夺的权力，应当坚持以事实为依据，以法律为准绳，应蒙上双眼不受案件事实和法律以外的因素所影响。但政策实施型司法中，裁判者却背负着政策的压力，政策的纱布并不能蒙住裁判者的双眼，裁判者难以做到真正的公正。在政策实施型司法下，我国推行打击犯罪的政策，受这样的政策压力的影响，司法实践中冤假错案和轻罪重判等现象时有发生，人权没有得到充分的保障，加上刑罚的严厉性，给无辜者带来难以弥补的伤害。而且政策的形成程序并不如法律的制定程序严格，政策的正当性难以保障。对政策背后的正当性目的

---

〔1〕 ［美］米尔伊安·R. 达玛什卡：《司法和国家权力的多种面孔》，郑戈译，中国政法大学出版社2004 年版，第 2 页。

的执着追求，还可能会损害法律的权威。因此，我国刑事诉讼模式向纠纷解决型司法的转变是我国法治建设的应有之义，对于保障人权也具有重要意义。其二，纠纷解决型司法顺应世界司法发展潮流。世界范围的司法改革进入了"多元化纠纷解决机制的构建"的阶段，当事人的合意而非国家的政策干预在刑事司法领域中的重要地位逐渐凸显。如新《俄罗斯联邦刑事诉讼法典》第 25 条就规定："对第一次因轻罪或中等严重的犯罪而有犯罪嫌疑或被指控犯罪的人，如果该人与受害人和解并弥补对被害人造成的损害，法院、检察长以及侦察员和调查人员经检察长同意，有权根据受害人或其法定代理人的申请终止对之提起的刑事案件。"[1] 调解制度、和解制度等以化解纠纷为目的的修复性司法的抬头，反映了纠纷解决成为世界司法的核心主题。其三，纠纷解决型司法在我国传统文化中也能找到其生长土壤。中国民众的"温、顺、恭、俭、让"的民族性格特征不仅孕育了对"异类"的犯罪的排除，还产生了"以和为贵"的文化传统。中国传统的重社会、重和谐、重合作的思想与纠纷解决型司法中寻求纠纷双方的和解调停的倾向不谋而合。因此，从传统文化角度来看，纠纷解决型司法在我国不会水土不服。其四，我国本土刑事法治资源不排斥纠纷解决型司法。体现纠纷解决型司法的调解制度以及和解制度在刑事司法领域中不仅成为理论界的研究热点，而且在我国《刑事诉讼法》中对自诉案件中的调解制度与和解制度进行了规定，在《刑事诉讼法》中第 288—290 条对刑事和解的公诉案件诉讼程序也进行了专门规定。

五、结语

达玛什卡教授以其敏锐的洞察力，淋漓尽致地描写和分析了政治因素对司法程序的渗透和影响，开拓了一条崭新的思维路径来构建司法程序模式，使纷繁复杂的各种司法程序的比较变得具体而鲜明，还为程序模式的选择提供了必要的前提性检视价值。在他建构的模式框架内，可以梳理出各种程序模式的政治因素，并对照本国的国情，可以准确定位本国的诉讼模式类型。通过分析，可以发现我国刑事诉讼模式属于科层式权力组织的政策实施程序。从我国文化传统、本土国情和本土资源来看，我国刑事诉讼模式应当坚持科层式权力组织结构，但应当向纠纷解决型司法转向。这就涉及法律移植问题，这不是一蹴而就的过程，而是一个从模仿、排异到逐步内化的漫长过程，需要立足于本国国情和本土资源，在不断试错中稳步前进，实现融合性消化和创造性转化，才能够充分发挥《司法和国

<hr/>

〔1〕 陈光中、郑旭："追求刑事诉讼价值的平衡——英俄近年刑事司法改革述评"，载《中国刑事法杂志》2003 年第 1 期。

家权力的多种面孔》这本著作在法律移植中的指导作用，推进我国刑事诉讼模式
的不断完善。

比较法的范式转换及其多领域应用
——读威廉·B. 埃瓦尔德《比较法哲学》

◎李　熠*

具有数理哲学、比较法、国际法、法律史与法律哲学等多学科之学术背景的威廉·B. 埃瓦尔德，是当代美国比较法学界颇有盛名的学者，现为美国宾夕法尼亚大学法学院法律与哲学教授，其所著述的《比较法哲学》收录了作者从 1994 年—1998 年发表的五篇主题连贯的论文。全书不仅具有法学研究的基本规范立场，还融贯了哲学、精神分析、历史、经济、政治、法教义学等全方位智识资源。埃瓦尔德从教会法庭审判老鼠的意蕴[1]引申出对外国法律体系的理解，并且指出了传统比较法研究方法的不足。在作者看来，对外国法律应当追求观念上的理解，同时还需把握时代的整体性思维与感觉。基于此，笔者认为，埃瓦尔

---

* 作者简介：李熠，女，湘潭大学法学院硕士研究生，研究方向为法理学。

〔1〕 公元 1522 年，一群老鼠在欧坦教会法庭受到了审判。老鼠被农民指控犯有重罪：啃食和肆意破坏了该教区内的一些大麦作物。农民向主教的教区牧师提出对老鼠的正式控告，牧师随即传唤被告于某日出庭受审，并指定当地的法学家巴泰勒米·莎萨内为老鼠辩护。莎萨内提出老鼠的存在范围之广、程度之分散一份通告不足以实现传达效果，因此申请延期审理，法官同意并发出了多份通告，开庭审理的时间得到拖延。开庭时莎萨内又主张被告无法出庭是因为长途奔波，且途中处处存在着天敌猫，使得其当事人有生命危险，并提出如果一个人被指控犯罪而无法安全到庭，则可以行使上诉权拒绝服从执行这一传票，最终为当事人辩护成功。作者认为必须要设身处地从时代思维出发，才能理解莎萨内的辩护以及动物审判的现象，并提出要如何理解外国法律体系的疑问。

德教授从学科创新、实践贡献方面对比较法哲学进行的论述、证成，以及从法律移植理论、法律史学科、美国革命、法经济学流派四个角度切入的比较法分析，展示了比较法研究范式转换及比较法哲学在多领域的应用，呈现出对比较法哲学的全面审视，值得每个像我们一样的法科学生读一读这本《比较法哲学》。

一、比较法的范式转换

比较法的传统范式主要包括语境主义与文本主义。语境主义进路认为法律并非绝缘于社会环境，法律的产生必定受到社会力量的影响，所以比较法的研究对象应是行动中的法。因此，学习外国法律体系必须在更广阔的语境中考察法律并研究其社会功能，比如法律文化、地理环境等。而文本主义进路则主张法律相对于社会环境在很大程度上是自治的，法律是专业法律人的专属领域，其演化是基于自身内部的进程，比较法研究的对象应是书本上的法。在这里，理解外国法律体系，重要的不是观察社会环境的总体特征，而是钻研具体黑体字即文本中的法律规则。

然而，这些传统的比较法方法，始终将研究对象局限于外国法律体系的某些单一面向，或只是从书本中的法加以比较，或只是从行动中的具体法律领域进行比较，研究范围不是过于宽泛，暗藏着消解法律范畴的危险，就是过于狭隘，无法对许多重大的法律变革做出解释。不仅如此，传统的比较方法一直是以"外部观察者"的视角研究法律体系，缺少从"内部参与人"的视角即从本国法律学家内在推理模式进行的比较法研究。

由于传统的比较法旧范式或集中于社会语境或集中于具体规则，因此普遍忽略了比较法产生于思想上的争论切磋，忽略了比较法本身可能蕴含的哲学、思想基础，执意追求实用效率的基本认知。而偏重于社会语境或具体规则的实用主义的比较方法，有时也大大限制了人们对外国法的认知和法学家们对外国法的理解，甚至使比较法研究陷入缺乏自我体系、缺乏理论根基的困境，有鉴于此，人们开始寻找、建立更能阐明比较法目标的方法、学科，希冀为比较法研究提供一些其需要的信息。

这样，对比较法哲学基础所进行的反思，激起了新方法、新学科的部分灵感。例如，黑格尔著名的学生爱德华·甘斯在其《在世界历史发展中的继承法》（四卷本）中，就明确提出一种专注于基础哲学的比较法方法。美国当代著名的比较法和国际私法学家冯·梅伦，也提出将法律哲学与比较法联系在一起，比较法将会成为更有价值的研究领域和更为贯通的学科体系。[1] 而《比较法哲学》的作者埃瓦尔德则主张，要对法律背后智识观念进行比较研究，并致力于理解外国法律规则与制度背后的原则、观念、信条和推理。这种研究视角，使比较法哲学的研究对象不再局限于文本或语境，而是融合法学理论、法律史、法律现象等背景知识，实现对外国法律全面的理解，如同霍雷西亚·缪尔·瓦特所言："比较本质上便是通过开启阅读疆界之门，使司法推理脱离某些僵化概念的束缚。"[2] 这种不同于传统实用的比较法方法成为比较法的新范式。

笔者认为，埃瓦尔德教授关于比较法的新范式，并不是完全将法律与规则文本、语境相隔离，也不是全盘否定语境主义与文本主义，实质上是对传统比较法范式的扬弃。虽然比较法哲学研究对象是思想上的法，主张关注法律理论、价值和精神，重视影响法律的历史、文化和哲学思想，但其研究不限于对学说、理论的探讨。从《比较法哲学》的作者视角来看，书本之法、行动之法和思想之法三者并非是割裂的，比较法哲学研究的思想上的法与所谓的书本上的法、行动中的法相互影响，相互关联。书本上的法恰恰起源于思想上的法，又反作用于思想上的法，并在实践中转化为行动中的法，而人们思想上的法观念在社会生活中也指导着实际行动。另外，比较法哲学的方法与语境主义有着共通性，二者相同点在于将法律与社会背景相关联，语境主义是将法律直接与社会环境相联系，比如镜像理论所主张的"法律是社会的镜像，且法律的每个方面都由经济和社会所塑造"。比较法的新范式则是以法哲学思想为媒介，将法律与对法律有所影响的经济、社会关系相关联，即经济、社会关系等要素与法律的关联，在于它们本身对于法哲学思想所发挥的作用。

二、应用于法律思想渊源的追溯

一部国家的法典如同一座漂浮在海上的冰山，我们所触及的文本规则仅仅是呈现于海面上的极小一部分，其背后所蕴含的思想基础深不可测。在《比较法哲学》一书的作者看来，理解法典规则对于理解外国法律体系来说是远远不够的，因此，需要考察思想史，研究法典背后的渊源，来获得对法律更深刻的认识。此时应该将法律视作观念问题，又由于观念具备渗透性和跨越国界的特征，对法典的观念分析应当要置于当时的时代背景下进行。

作者以德国民法典为例，从欧洲法律思想伟大的现代断层开始，从跨越这一

---

〔1〕 参见：〔美〕威廉·B. 埃瓦尔德：《比较法哲学》，于庆生、郭宪功译，中国法制出版社 2016 年版，第 6 页。

〔2〕 参见：〔荷〕马丁·W. 海塞林克：《新的欧洲法律文化》，魏磊杰、吴雅婷译，中国法制出版社 2018 年版，第 89 页。

断层的思想家们来获取思想背景的认识，如赫尔德、康德、萨维尼。在埃瓦尔德的笔下，德国哲学家，"文化民族主义之父"赫尔德发展了关于民族与文化具体性和特殊性的哲学，强调人类价值的特殊性、文化属性及多元性，其认为道德哲学的出发点和基本单位是民族、文化整体，并认为思想就是语言，二者不能分离，思想在传统和文化上的体现也不可分割。到 1814 年，正是上述赫尔德式的观念在德国法律思想中有所凸显，引发了法律思想向民族主义、历史主义的转变。其中，民族主义的主要观点是：拥有共同语言和文化的人们，有权生活在同一的疆界内，采用同样的价值观，并且由尊重民族文化和传统的同一的统治者领导。[1] 随着新的民族意识和语言开始发挥政治影响，赫尔德民族主义观念掀起的思想运动成为德国、意大利等政治势力兴起的原因，在整个 19 世纪，强烈地影响着德国人的思想，并直接作用于德国民法典的编纂。

将赫尔德民族主义观念引入德国法律思想界的另一位颇有影响力的法律学者，是著名的历史主义法学的代表人物——萨维尼。1814 年，当德国著名法学家，海德堡大学教授，在罗马法、民法、法学方法论等领域有精深造诣的安东·蒂堡，极力呼吁德国各邦正式通过一部民法典达成私法统一的时候，德国法学家，历史法学派的代表人物萨维尼则对蒂堡进行了回应。萨维尼于第二年发表了论战文章《论立法与法学的当代使命》，批判蒂堡的法典化建议。萨维尼认为：法律起源和发展取决于民族的特殊历史，就如同该民族的语言、习俗和政治一样。法主要是"民族精神"的体现，是民族意识、共同体的一个部分。法最开始体现为习惯法阶段，在习俗和人民的信念之中产生了法。法在后来的发展主要通过职业的法学家群体来推动。尽管萨维尼认为，当时德国不具备编纂法典的条件，但萨维尼也为德国法典编纂留下了余地。之后，他提出德国以前所吸收的罗马法规则已经融入德国的民族精神，德国应该向古罗马法寻求法律。

萨维尼的历史主义法学思想，除了受到赫尔德的民族观念影响，还受到康德体系化、逻辑缜密的风格影响，由此造就了其思想的两面性。在赫尔德的那一面，主张法律与广阔社会有着密切联系，而康德这一面，却是在法治国观念基础上发展而成的经济自由主义，强调私人财产自有安全，以及将私法作为个人自治的表达。也正是萨维尼将康德和赫尔德的观点引入德国法律思想中，使它们成为之后所有关于司法基础思想的核心。这样，源于萨维尼思想中康德那面的体系化、逻辑化思想，发展成了《当代罗马法体系》中的潘德克顿学派，将体系性和逻辑性发挥到极致，形成了"概念法学"，强调法律体系应高度精确并具有逻辑性的编排，这一学派后来对德国民法典的结构编纂产生了重要影响。

---

〔1〕 参见张梅："德国民法典的制定背景和经过"，载《比较法研究》1997 年第 4 期。

总而言之，概念法学、法治国理念以及司法的古典模型都对德国民法典的编纂有着直接影响，这部法典背后作用的思想甚至可追溯至古罗马时期，而背后发挥作用的也不只康德、赫尔德、萨维尼等法学思想家的观念，是诸多法学思想的汇通交融加上法学著作的推动影响共同铸就了德国民法典的雏形。这就是埃瓦尔德教授关于比较法哲学应用于法律思想渊源追溯的一个研究范例。

三、应用于法律现象的解读

动物审判一词乍听是奇怪、滑稽的，但在欧洲中世纪却颇为寻常，有文字记载的审判从 9 世纪到 19 世纪就有两百多件，审判对象包括猪、象鼻虫、蜗牛、蛇等。当时部分欧洲国家还为动物审判制定了专门的量刑法律，可分为刑事诉讼与民事诉讼两大类，试图在法律面前做到人与动物平等，形成了与人类审判相似的法律程序，对动物的罪行进行审判并处以刑罚。不少著作都对这一现象进行过介绍，英国学者萨达卡特·卡德里《审判为什么不公正》的第五章，即有专门对动物和物品等"非人类"以及对死尸审判的描述。美国学者爱德华·埃文斯在 1906 年也出版了一本关于动物审判的专著《动物刑事检控及死刑》。据埃文斯考证，中世纪的动物审判可根据动物罪行与种类分为两类，如果动物给社会造成公害，如涉及破坏庄稼，则一般由教会法庭审理，如给人造成身体伤害或死亡，一般由普通法庭审理。[1] 比如埃瓦尔德在《比较法哲学》第一篇论文中，所提到的审判老鼠，起因便是老鼠啃食破坏了庄稼，所以该案由欧坦教会法庭管辖。虽然，法庭的最终裁决没有被记录下来，但埃文斯认为，本案可能的处理结果大致会如 1487 年法院裁决的一起蜗牛入侵案一样——被告被裁定永久放逐。[2]

如今对于动物审判有各种不同的观点，我们今天的人也许认为动物审判是极其可笑的。有学者认为根本不存在动物的犯罪行为，所谓动物的犯罪行为不过是纯属动物的自然反应而已，用人的法律对动物进行审判，因为动物无法领会审判的意义，也不可能让其他动物从中接受教育。[3] 还有观点认为中世纪的动物审判是人民原始迷信思想所遗留的，有法学学者认为对动物的迫害与审判是基督教教会为了在民众中提高影响力的一种方法，还有人认为这是人们复仇心态的表现。[4]

但任何制度、现象或者习俗都是特定时代的产物，其存在必定暗含着合理的

---

〔1〕 参见曹菡艾：《动物非物——动物法在西方》，法律出版社 2007 年版，第 94 页。
〔2〕 参见：E. P. Evans, 1906/1998, *The Criminal Prosecution and Capital Punishment of Animals*, New Jersey, The Lawbook Exchange Ltd.
〔3〕 参见杨涛、刘志海："动物审判漫谈"，载《人民检察》2010 年第 15 期。
〔4〕 参见曹菡艾：《动物非物——动物法在西方》，法律出版社 2007 年版，第 96 页。

因素。由此作者展开探究，欧洲中世纪为什么要对动物进行正式的审判仪式并处以刑罚？从何种角度理解这一现象？进一步拓展到我们如何理解自己的法律实践？如何理解外国的法律制度？为解答这一法律现象作者认为只能以参与者的角度回溯过往，结合时代背景，利用比较法哲学范式探究动物审判背后所蕴含的理念、规则以及思想。

第一，从时代背景来看，基督教是中世纪文明的根基，当时人们的一切思想都被打上了神的意志和烙印。而基督教反对万物有灵论，认为人与自然被分割成两个部分，世间万物都是上帝创造的，上帝创造其他事物都是为了满足人的利益，因此人是主体而大自然是客体。从这种观点来看，人与动物的关系并不像动物审判表面所呈现出来的平等、和谐。笔者认为，动物审判现象出现的原因并不是动物与人地位平等，将动物与人视作平等的这种观点只是我们基于现代动物权利观念的想法。根据中世纪主流观点，世间万物人处于最高等级，只有人才有理性，因此动物服从人类的地位是合理、合法的。萨达卡特·卡德里主张，虽然中世纪认为让畜生来解释它们的罪行是错误的，但是应该报复它们的原罪、诅咒它们的行为，这种观念在当时的知识结构中占据着统治地位。基督教的经典圣经也体现出这一点，《出埃及记》和《利未记》都要求杀人的公牛应被石头砸死，性行为错乱的动物应被消灭。[1] 中世纪神学家、经院哲学家托马斯·阿奎那在其《神学大全》中提出，基于对"原罪的恐惧"可以报复动物从而惩罚主人，虽然非理性使对动物的惩罚失效，但是惩罚诅咒的不是着魔的生物自身，而是附着于其上的恶魔。由此可见，动物审判现象在动因上是源自基督教教义中对"原罪"的恐惧，其实质是从人类生存的需要出发，来判定动物的"罪行"从而对动物实施惩罚。另外，法庭审判伤人的家畜不仅是对动物的审判，也是对主人的审判，是追究主人的责任，让其对受害者付出一定的赔偿。

第二，动物审判是教会权力扩张的表现，神学时代的人们对上帝和神学怀着尊崇、敬畏的观念，中世纪的宗教即政治，宗教力量直接由教皇掌控。当时的民事法院对国内所有生物拥有管辖权，为了扩张控制范围，加强教会权威，教会开始思考如何将管辖范围扩张至动物。而后教会通过对圣经和学者观点的解读，得出结论认为：对动物进行谴责属于上帝的管理范畴。据此，教会或教会法院开始将所有形式的野生动物列入管辖范围，进行审判，从狼、老鼠到蚂蚁和家里的苍蝇都成为教会的管辖对象。这种以动物为对象进行的审判，除了实现涤除原罪等表层目的之外，还包藏着教会的政治欲望和权力贪婪。不论是对于动物世界的控制，还是对审判权的掌控都呈现出教会统治权力的扩张倾向。由此看出，审判动

---

[1] 参见肖明明："动物审判的隐喻"，载《人民法院报》2017 年 2 月 24 日，第 6 版。

物的目的不仅仅是要在道德上对被告进行归罪、惩罚，还包括通过这种仪式来获取政治效果和威慑力，正如古语所言"让公牛倒挂在绞刑台上，目的就是让人们知道谁握着皮鞭"。用卡德里的话进行总结，即无论这些审判程序起源自何处，自何时诞生，审判尸体和审判动物一样，都有一个从迷信提升到定罪仪式，来展现权力的过程。于是在人类审判的历史中，在多重政治因素和思想的作用下，就产生了这样一种怪异，却又仿佛符合神学时代观念的奇妙仪式。

第三，这种另类的审判也体现了欧洲深厚的法治传统以及公正、严谨的诉讼程序。尽管当时人们很清楚，没有理性的动物不能理解和遵从人类的道德准则与法律，但他们认为动物犯罪也应像人一样，有接受审判、陈述和辩护的权利。通过以往的记载可以看出动物审判十分讲究程序，从辩护、听审、证据等多方面来看与人类诉讼程序无异。首先，此类审判往往有律师或著名法学家为受审判的动物进行辩护，以欧坦地区老鼠的审判为例，即为老鼠指派了法学家莎萨内作为辩护律师。其次，听审也是动物审判的必经程序，一些教会学者以《圣经》中上帝在伊甸园中惩罚蛇的片段[1]来说明动物具有听审和辩护的权利。为老鼠辩护的莎萨内曾写过一部昆虫禁令指导手册指出听审程序的必要性，"正如一个统治者未经审判就对人类进行惩罚，是'无法容忍的暴政'一样，在尚未给一个动物听审的机会前，就寻求上帝帮助惩罚它们，是完全不正当的"。此外，对动物的判决也一直遵循证据充分的要求。1457 年，勃艮第公国萨维尼地区发生了一起猪咬死男孩的事件，于是猪被逮捕。但被告是一只母猪与 6 只小猪，在法庭判决处死母猪之后，由于小猪杀人的证据不足，法庭宣布休庭继续调查。1 个月后重新开庭时，证据仍然不充分，于是 6 只小猪被宣布无罪释放，由此可以看出动物审判程序中的严谨、公正。对动物尚且如此严肃认真地依法相待，更何况人类自身呢？当时人类诉讼权利的保障便可从动物审判这一历史现象中窥见一斑。这样，埃瓦尔德教授不仅将比较法哲学范式应用于解读动物审判现象，揭示了这一奇妙仪式的形成原因，还通过这一应用，对人类诉讼权利的保障进行了反思。

四、应用于法律移植理论的优化

法律移植作为法律发展的一种重要手段，一直为各国立法活动所运用。有观点认为法律中几乎没有原创的东西存在，存在的只是在引进时的精心挑选、随后

---

[1] 上帝创造了亚当和夏娃，命亚当看管伊甸园，并禁止二人食用智慧树上的果子，但蛇在上帝外出时诱惑二人偷吃了智慧果，上帝得知是蛇诱惑夏娃后，惩罚蛇让其终身吃尘土，砍去手脚只能用肚子爬行。

的混合和在法庭适用中的同化过程，即成功的协调。[1] 但部分法律移植只将视野集中于观察实体规则，不关心移植法律的社会环境。由于比较法的目标之一是通过对不同国家或地区法律的比较研究，有选择地借鉴或移植其他区域的法律，从而改进本国立法，所以比较法研究方法的转变与法律移植有着紧密联系。

谈及法律移植可行性的问题，主要观点包括艾伦·沃森的法律自治论和弗里德曼的法律镜像论。沃森认为法律不但可以移植并且十分容易实现移植，他在《法律移植与法律改革》中提出对移植来源国法律制度的背景知识并不是必要的，因为法律改革者是在观察外国法律后认为此法律可以改造为本国法律的一部分，接受国即使不了解外国法的政治、社会或经济情况，也能实现成功的借鉴，即使是误解的东西也能够得到有效的移植。沃森的法律自治论及其在此基础上所提出的法律移植论产生了广泛影响，他通过探究罗马法规则在欧洲大陆的传播历史来佐证其观点，比如他的《民法法系的演变及形成》中提到罗马法经过自身的组合形成一系列规范群，每个规范群自成一套制度单元，罗马法移植即以制度单元为单位植入域外法律中。如果按照其阐述，法律规则能够轻易地从一个社会移植到另一个社会，完全相同的合同规则可以在不同的时代世界中通用，那么法律变革不是为了回应外部压力而是法律体系自身的内在要求。[2]

弗里德曼则在其《美国法律史》一书中提出法律镜像论，认为法律与其所在的社会因素密不可分，法律是"他治"的，其内容、性质和精神受到经济、政治以及文化等各种社会因素的决定或影响，即法律是反映各种社会因素的一面镜子。因此特定的社会条件会形成特定的法律，但随着社会环境和条件的变化法律也会变化，相同社会条件下的法律具有相似性，这种相似性是由社会内部产生还是由外部引进形成，无关紧要。站在这一立场来看，法律虽然具有特殊性但仍具备移植的可行性，且社会环境和条件的趋同都有助于法律的移植。

笔者认为，虽然沃森对历史中某些"自治"的法律例子进行了大量研究，来反驳法律镜像论，而且他提供的罗马法移植考证确实足以质疑法律镜像论，但这些历史事实远远不足以支撑起他自身法律自治论的命题。因为罗马法的成功移植正是因为主客体具有共同的文化背景，在罗马法复兴时期欧陆各国继受了罗马法和罗马文化，稍后出现的文艺复兴更是将继承与发扬罗马文化作为主题之一，这在很大程度上为罗马法的传播缓冲了文化差异，更表明罗马法的发展并未脱离罗马文化的一般背景。法律移植受到来源国和被移植国多种因素影响，在不了解

---

[1] 参见［荷］厄森·欧鲁库："'法律移植'抑或'法律移置'？——一种比较法的视角"，程朝阳译，载《法哲学与法社会学论丛》2006年第2期。

[2] 参见［美］威廉·B. 埃瓦尔德：《比较法哲学》，于庆生、郭宪功译，中国法制出版社2016年版，第320页。

外国法律体系的背景下，没有适配两国环境的情况下，移植的法律只是物理空间上的移动。由于法律文化、思想观念的差异往往是导致国家、地区间法律错配的重要原因，所以从作者视角出发，将比较法哲学方法应用于分析法律移植，就可以从理解外国法律体系思想文化入手开展法律移植，降低法律移植错配率，为法律移植铺垫文化基础以提高移植的成功率，比如日本的法律移植就说明了文化思想背景相似的重要性。

日本对外国法律的成功移植已是一个不争的事实，日本的文化也成功兼容了本土与外来色彩。明治维新前日本选择从具有相似性的邻国中国学习、移植法律，尤其以唐律为模板制定或改良日本律令，但其对中国的学习远不止于法律。日本从隋朝时期便开始向中国派遣留学生学习中国的技术、文化，唐诗、围棋等在日本广为流行，日本文字也以汉字为基础创造，这种长期的文化交流传播使得日本文化逐渐与中国思想文化相交融。政治上，日本"大化改新"仿照唐制度改革本国行政制度，又实行班田收授法（同于均田制）和租庸调制，并且仿照隋唐的管制，改变从中央到地方的官制。这种从文化、思想、技术、政治全方位的学习理解，为日本前期的法律移植创造了良好的接纳氛围。而明治维新后，日本成功的西方法律移植，也是由于其在美国入侵后，吸收借鉴形成了自己的西式文化基础。

五、应用于法益范畴的界定

虽然法益这一词多出现于刑法学的研究当中，但随着法益理论对各个领域的渗透，法益已经逐渐成为法哲学的基本范畴。由于法益本身具备不明确性，关于法益的范围、本质以及其与权利的关系一直以来讨论不断，民国著名法学家、中国历史上第一部民法典的起草人史尚宽先生认为法益乃法律间接保护之个人利益。

我国刑法学者张明楷教授从刑法视角将法益定义为"法益是指根据宪法的基本原则，由法所保护的、客观上可能受到侵害或者威胁的人的生活利益"。[1] 较早提出法益理论的德国著名刑法学家李斯特认为"法都是为了人而存在的。人的利益，包括个人的及全体的利益都应当通过法的规定得到保护和促进。我们将法所保护的这种利益叫作法益"。[2] 还有学者主张法益应当分为广义法益与狭义法益，广义法益以应然性的法益为基准，而狭义法益则以实然性的法益为基准。但不同于权利和法已经保护并有所规定的狭义法益，应然性的法益没有法律明确规

---

〔1〕 参见张明楷：《法益初论》，中国政法大学出版社 2003 年版，第 167 页。
〔2〕 参见张明楷：《法益初论》，中国政法大学出版社 2003 年版，第 35 页。

定，法益的表现形式也往往是抽象而含糊的，缺乏明确而具体的法律外观，它仅仅是社会的法观念或道德认为应该予以保护的利益，存在于观念、思想之中。由于广义法益具有依存于思想观念的特性，从比较法哲学的视角来看，它和思想一样具有时代性，伴随着社会背景的变化而被赋予不同的含义，所谓的应然性法益就是思想上的法益，要试图理解法益就要从其时代背景、观念出发。

法益的实现也往往依赖于法律理念的推行、对法律原则的理解，比如现代社会对妇女权益的重视，以及对妇女权益逐步完善的保障，都是观念的改变、社会环境的变化使得这些利益进入人们视线，最终成为受到法律保护的新权利。当代诸多新兴权利，比如被遗忘权、虚拟财产权利的出现，也是由于思想观念发生变化，形成了一股力量，使人们逐渐发现、认识到这一利益的重要性和需要保护的程度，利益才是广义法益中应保护的利益，才有了上升为受到保护的权利的可能性。

将比较法哲学应用于法益这一范畴的界定，可以明确广义性法益与思想观念、时代背景的相关性、一致性，同时揭示了利益——法益——权利这一转变的形成过程。比较法哲学范式的应用首先有利于理清法益与权利的关系，从前文所述的转变来看，法益包括应该保护的利益和可能保护的利益，而权利是应该保护和受到保护的利益，是产生于法益之中的，那么从这个角度看来法益与权利就是包含与被包含的关系。其次，也有助于对新兴权利的理解，对法律的完善、发展，通过对思想、时代背景的深入研究，才能发现、将视线聚焦于当下迫切需要保护的法益，使它们得到应有的重视，使立法者对该法益加以关注，从而科学地制定出新的法律规范，利用思想研究的发现引导立法者理性地开展工作。最后，有利于公民法律观念、权利观念的形成以及法律的实施，对思想、社会环境的深入集中研究会推动主流思想观念的形成，主流思想观念对于群众的影响是毋庸置疑的，群众受这一驱动所形成的法律观念也会有助于制定法落地，使之真正成为行动上的法。

总而言之，《比较法哲学》通过将法哲学与比较法相联系，来理解法律背后的观念、原则、思想，是对传统比较法研究视角和对象的转变，从而得到了比较法哲学这一新范式，认识到了比较法学的中心任务是探究和解释世界各国应用性的道德哲学观。但比较法哲学的应用并不限于作者所提出的时代，也远不止于本文所探讨的法典、法律现象、法律移植等比较法领域，实际上以法哲学思想为媒介，对法律发挥作用的因素都是比较法哲学的可应用之地。将目光转到当代，比较法哲学这一范式也为中国法律发展提供了新的思考点，并为法律新兴权利提供了新的研究思路，针对法益的保护、法律权利、法律完善与发展这些问题提出了可以从思想、时代背景挖掘合理性的想法。

《湘江法律评论》征稿启事

韶峰作笔，湘江为墨。《湘江法律评论》是由湘潭大学法学院主办并公开出版发行的学术刊物。《湘江法律评论》初创于 1996 年，目前已连续出版 20 余年，在海内外学界产生了较大的影响。以法律人的眼光、法律人的思维方式来展开社会的考察、法理的探究和学术的批评，是其一贯的主张与风格。

本刊第 17 卷开始征集稿件。刊物以质量取稿，不以人取文。篇幅不限（不过最好不要超过 3 万字），但要求形式规范。有关格式请详见"《湘江法律评论》行文体例与注释规范"。诚盼海内外名流硕学关爱并赐稿，热忱欢迎年轻学者的学术加盟，尤其欢迎区域法治建设、纠纷调解、反腐败法治、非洲法、体育法方向的论文、译文。

《湘江法律评论》实行双向匿名审稿制，编辑部收到稿件起 3 个月内向作者通报审录结果，每稿必复。来稿一经采用，即付稿酬。

本刊仅接受电子邮件投稿：lawxtu@126.com

行文体例与注释规范

一、来稿请附中英文标题和摘要（300 字之内）、关键词（5 个以内）及作者个人简介（包括姓名、单位、职务或职称、地址、联系电话、电子邮箱）。

二、来稿一律采用脚注，编号连排（法律史文章之古文献可采加括号之文内注），样式为①②③等。

三、非直接引用原文者，注释前加"参见"；非引自原始出处的，注释前加"转引自"。

四、数个资料引自同一出处的，注释采用"前引③，某某书，第×页"或者"前引④，某某文"。两个注释相邻的，可采"上引某某书（文）"。

五、注释举例

（一）著作：

①《马克思恩格斯选集》第 3 卷，人民出版社 1972 年版，第 6 页。

② 胡锦光、韩大元：《中国宪法》，法律出版社 2004 年版，第 8 页。

（二）论文：①王利明：《中国民法典的体系》，载《现代法学》2001 年第 4 期。

（三）文集：①龚祥瑞：《比较宪法学的研究方法》，载《比较宪法研究论文集》（第一集），南京大学出版社 1993 年版，第 55 页。

（四）译作：① ［英］梅因：《古代法》，沈景一译，商务印书馆 1984 年版，第 69 页。

（五）报纸：①姜明安：《多些民主形式，少些形式民主》，载《法制日报》2007 年 7 月 8 日，第 14 版。

（六）古籍：①《宋会要辑稿·食贷》卷三。

② ［清］沈家本：《沈寄簃先生遗书》甲编，第 43 卷。

（七）辞书：

①《辞海》，上海辞书出版社 1979 年 9 月第 4 版，第 943 页。

（八）网络资料：①王生长：《中国加入世界贸易组织后的仲裁法》，载 http: //www. cietac. org. cn /CD14/CD145. htm，2013 年 6 月 19 日访问。

（九）外文：

①Robert Gilpin, Economy of International Relations, Princeton: Princeton University Press, 1986, p. 5.

②See G. Gordon & P. Miller (ed.), The Foucault Effect: Studies in Governmentality, Hemel Hempstead, England: Harvester Wheatsheaf, 1991, pp. 32－35.

③K. J. Leyser, "The Polemics of the Papal Revolution", in Berly Smally ed. , Trends in Medieval Political Thought. Oxford: Oxford University Press, 1965, 3rd ed. , p. 53.

④Alessandro Giuliani, "The Influence of Rhetoric of the Law of Evidence and Pleading", in Judical Review, 62 (1969), p. 231.

（十）英文以外的外文文种：依照该文种注释习惯。